ISBN 978-2-918682-64-5
www.arkhe-editions.com
En couverture, illustration de Simon Landrein

MAXIME BROUSSE

LES NOUVEAUX NOMADES

TOUJOURS AILLEURS, PARTOUT CHEZ EUX

ARKHĒ

VOX'

Vox' décrypte les tendances et les phénomènes qui agitent notre société. Une collection qui apporte un regard inédit, toujours « pop » et éclairant sur les enjeux d'actualité.

«

Nomade, adjectif et nom – xvie siècle[1].

Étymologie. Emprunté au latin d'époque impériale *nomas, -adis*, « membre de tribu de pasteurs itinérants », surtout au pluriel, pour désigner des peuplades errantes d'Afrique du Nord. Emprunté au grec *nomas, -ados*, « qui change de pâturage, qui erre à la façon des troupeaux ou des conducteurs de troupeaux d'un pâturage à l'autre ». Dérivé de « faire paître ».

1. Adjectif. Qui est errant, qui n'a pas d'habitation, d'établissement fixe. *Une tribu nomade. Les populations nomades et les populations sédentaires.* Par métonymie. *Vivre à l'état nomade.*

2. Nom. Personne qui a un mode de vie itinérant. *Un, une nomade. Les nomades des régions sahariennes. Les campements, les tentes des nomades.*

– Droit. Personne ne possédant ni domicile ni résidence fixe, qui circule sur le territoire sans avoir le statut de forain. *Terrain réservé, interdit aux nomades.*

– Figuré. *Vivre en nomade,* changer souvent d'habitation, n'avoir aucune attache. *Un tempérament de nomade.*

SOMMAIRE

PROLOGUE

UNE TASSE DE CAFÉ FUMANT EN ÉQUILIBRE sur un tableau de bord usé par le temps, des planches de surf harnachées sur la galerie de toit d'un vieux van jaune. L'intérieur chaleureux en bois clair d'une minuscule maison montée sur remorque, entourée de feuillus. Des types de mon âge qui travaillent les pieds dans l'eau avec vue sur des vagues déferlant à l'infini... J'ai vu ces images romantiques et mises en scène envahir l'écran de mon ordinateur depuis mes débuts dans la vie active, il y a une dizaine d'années. D'abord comme un bruissement lointain puis de plus en plus pressant. Comme si elles prenaient de l'ampleur, jusqu'à former une masse plus importante : un mouvement, peut-être.

Dans le même temps, j'ai vu le mot « nomade » apparaître un peu partout dans les villes que j'ai traversées. À Montpellier, où je vis depuis trois ans, c'est le nom d'une agence immobilière, d'un traiteur, d'un réparateur informatique, d'une école de danse et d'un restaurant. « Nomad Concept », c'est même le nom de toilettes postées à l'entrée d'une grande plage bordée de dunes, en Camargue. Une marque de vêtements a intitulé l'une de ses collections « Club Nomade », un créateur de parfums a lancé ses « *nomad stories* »... Élargissez un peu vos recherches, disons à des termes comme « bivouac » ou « vagabond », et c'est carrément un raz-de-marée. Pourtant, les ethnologues spécialistes des peuples nomades attirent désespérément l'attention sur leur disparition. Ces photos et l'usage de ces mots signifieraient-ils que de nouvelles formes de nomadisme se développent au sein de nos sociétés sédentaires ?

En mai 2019, j'ai entassé quelques affaires dans mon break et je suis parti à la rencontre de personnes qui avaient adopté des modes de vie mobiles pour trouver une réponse à cette question. Dans les Landes, j'ai partagé une soirée avec Pierre, qui a transformé un vieux bus scolaire en auberge de surf itinérante. J'ai passé un week-end dans la *tiny house* de Yann et Charlotte en Sologne, dormi au pied d'un château d'eau en me demandant si les autorités allaient me forcer à lever le camp. J'ai interviewé un Canadien depuis une plage bretonne. Il m'a conseillé un livre de l'écrivain et philosophe naturaliste américain Henry David Thoreau que, le soir même, j'ai trouvé sur l'étagère de l'ami kayakiste chez qui je logeais. J'ai travaillé dans l'espace de coworking le plus branché du Cher où j'ai pris un repas avec des entrepreneurs « *full remote* ». J'ai aussi passé énormément de temps assis sur une chaise, pendu au téléphone pour recueillir les histoires de voyageurs circulant entre l'Asie et l'Océanie. Je suis resté des heures le nez plongé dans des livres, des articles ou des statistiques pour comprendre si les trajectoires individuelles que je récoltais s'inscrivaient dans un mouvement plus global. J'ai découvert un nouveau langage ponctué d'anglicismes parfois inutiles, de nouveaux modes de vie et une envie d'expérimenter. Quelque part entre la « *start-up nation* », les ZAD et les ronds-points, j'ai suivi ces nomades d'un genre nouveau : des jeunes naviguant à vue à la recherche d'un monde qui leur convienne.

Les périodes troubles étant propices aux remises en question, il n'y a rien d'étonnant à ce que ces nouvelles formes de nomadisme se soient développées après la crise de 2008. Les dix dernières années ont été elles aussi pour le moins mouvementées, et rien n'indique que l'humanité se dirige vers des rivages plus calmes. Puisque l'avenir est incertain, suivre une voie toute tracée a moins de sens pour une partie des jeunes générations. Certains sautent dans un véhicule et taillent la route, façon hippie 2.0. D'autres optent pour le *downsizing* et se construisent de petites maisons sur roues. D'autres encore ne perdent pas le sens des affaires et maximisent leurs revenus aux quatre coins de la planète. *Vanlifers*, *digital nomads*, *tiny houses* : ce sont les nouveaux nomades.

Les *vanlifers* vivent dans des fourgons aménagés qu'ils ont souvent retapés eux-mêmes. Il s'agit fréquemment de couples qui travaillent depuis leurs ordinateurs. Ils documentent leurs voyages, écrivent ou prennent des photos qu'ils publient sur leurs réseaux sociaux ou dans la presse. Ils mettent en avant une éthique de vie plus simple et plus saine que celle des sédentaires, et revendiquent un rapprochement avec la nature.

Les *tiny houses* sont des « micromaisons » en bois d'environ 15 m², montées sur remorques. Elles n'ont pas vocation à être déplacées fréquemment, car leur transport peut les fragiliser. J'appellerai leurs habitants des « tinistes », même si certains préfèrent d'autres appellations (notamment le mignon mais redondant « tinynistes »). Certains « tinistes » déménagent tous les ans, d'autres, très rarement.

Les *digital nomads* sont des personnes dont la localisation n'a pas d'impact sur le travail. Ici, il s'agira plus spécifiquement d'Occidentaux qui ont décidé de quitter leur pays d'origine, généralement pour des pays d'Asie du Sud-Est ou d'Amérique latine. Ils voyagent essentiellement en avion et travaillent dans le numérique.

Ces catégories ne sont évidemment pas figées : certaines personnes peuvent passer d'un nomadisme à l'autre, et *vanlifers* ou « tinistes » peuvent se définir comme *digital nomads*.

Comment devient-on nomade, et pourquoi ? Qui sont ces nomades ? Comment s'inscrivent-ils dans la longue histoire du nomadisme ? Dans les récits de voyage, le périple est toujours la métaphore d'un cheminement intérieur – la confrontation au monde doit changer le protagoniste. Les personnes que j'allais rencontrer vivaient-elles, elles aussi, un bouleversement intérieur ? Et qu'allaient-elles me révéler de nos vies sédentaires ?

I.
POURQUOI NOUS RÊVONS TOUS DE NOMADISME

Deux yourtes, comme deux petits points blancs dans l'immensité verte des steppes mongoles. Devant, un groupe d'hommes discute. De la fumée s'échappe des habitations ; un peu plus loin, près d'un cours d'eau, les chevaux paissent. C'est la seule présence vivante à perte de vue. Dans le Montana, un Westfalia orange garé devant un gros feu de camp assorti : sa porte latérale ouverte révèle un joueur d'harmonica et une guitariste qui hurle comme un loup. Le soleil se couche, mais il fait encore bon. Un gros pick-up quitte un champ humide au matin, tractant derrière lui une maisonnette de bois sur sa remorque. Le véhicule s'engouffre sur une départementale déserte et trace sa route, il déplace sa maison vers... sa prochaine maison. Deux hommes chevauchant dans le lointain, chapeau enfoncé sur les oreilles et brin de paille au bec : des cow-boys à l'ancienne, logés à la belle étoile. Un trentenaire replie l'écran de son ordinateur portable, saisit une noix de coco fraîche et pose son regard sur les vagues qui déferlent, imperturbables, en contrebas. Des pasteurs peuls et leurs vastes troupeaux de zébus noirs aux cornes évasées parcourent des terres ocre...

Des visions nomades de ce genre, on pourrait en évoquer des centaines – assez pour avoir l'impression d'être constamment en voyage sans jamais partir de chez soi. Ces images peuplent nos imaginaires, elles nous font rêver, fantasmer. On se projette dans ces modes de vie qu'on croit tour à tour disparus, inaccessibles, enviables ou inconfortables. Elles balaient d'un coup tout ce qu'on voudrait fuir de la vie « normale », sédentaire. Fermer une dernière fois la porte de cet appartement trop exigu. Quitter la ville grise et triste. Goûter à nouveau aux grands espaces, à un sentiment indescriptible de liberté, de légèreté, de simplicité.

Notre attrait pour le voyage se retrouve dans les noms des magazines qu'on lit, des restaurants qu'on fréquente, des entreprises pour lesquelles on travaille. Dans les rues, on croise des camping-cars ou des fourgons qu'on devine confortablement aménagés ; en périphérie, une fête foraine installée pour quelques semaines ; sur les réseaux sociaux, des photos d'à peu près tous les recoins du monde connu déferlent à n'en plus finir. Et tout ça, ce mélange d'images, de visions, de souvenirs et de fantasmes, semble faire appel à une part de nous enfouie, profonde et secrète. Une part commune qu'on aurait réduite au silence, mais qu'on ne parvient pas à oublier pour de bon : on se dit alors que le nomadisme est en nous. Qu'il est constitutif de notre humanité, façonné par notre culture, que c'est un héritage génétique autant qu'un esprit du temps, profondément ancré et terriblement contemporain... Et, surtout, qu'il nous fait rêver.

1. NOMADES DEPUIS TOUJOURS

LE NOMADISME, *Sapiens* aurait ça dans le sang. C'est le genre de choses qu'on entend régulièrement dans la bouche de voyageurs : on part parce qu'on a la bougeotte, que c'est plus fort que nous, qu'on *doit* le faire, presque au même titre que manger ou dormir. « Tout homme naît nomade doté d'un cerveau paléolithique aux aspirations verticales, assure le sociologue Noël Cannat[2]. C'est la société qui le "néolithise", le sédentarise et l'urbanise. » De nos lointains ancêtres, on aurait conservé ce besoin presque irrépressible d'aller voir un peu plus loin. Après tout, la sédentarisation n'a que quelques millénaires, c'est un phénomène extrêmement récent à l'échelle de l'histoire humaine. Peuls, Sames, Evenks, Bédouins... partout autour de la planète, une poignée de peuples ont d'ailleurs conservé des modes de vie nomades.

Nos ancêtres les nomades

3 millions d'années que l'être humain marche à la surface du globe, 15 000 ans à peine qu'il y plante des graines.

La naissance de l'agriculture a joué un rôle considérable dans la sédentarisation, qui reste une minuscule goutte d'eau dans notre histoire.

Avant ce lent bouleversement, *Homo* vivait en petits groupes mobiles de chasseurs-cueilleurs « organisé[s] autour de la quête de la nourriture, et sans doute de l'eau[3] ». Mais nos ancêtres n'étaient pas des vagabonds. Ils pouvaient passer plusieurs jours au même endroit, et revenir à différentes périodes sur les mêmes sites. Tout au long du paléolithique (de 3 millions d'années à 12 000 ans A.P.[4]), *Homo* conserve ce mode de vie mobile, en l'améliorant peu à peu. « Les premiers habitats organisés font leur apparition il y a environ 500 000 à 450 000 ans » : il s'agit de cabanes, de huttes ou de tentes qui peuvent mesurer jusqu'à quinze mètres de long, construites par des populations qui « se déplaçaient selon leurs besoins » et « implantaient leurs habitats en fonction de la proximité des ressources naturelles : point d'eau, gîte de matières premières, position topographique intéressante par rapport aux passages de gibier[5] ».

Certains chercheurs, comme l'ethnologue Pierre Bonte, refusent néanmoins de qualifier de « nomades » les populations de cette époque. Selon eux, c'est par rapport aux sédentaires que certains peuples ont été (ou se sont) définis comme nomades : parler de nomades avant l'apparition de sédentaires n'a donc pas de sens.

Passons sur les aventures d'*Homo rudolfensis*, *Homo habilis*, Néandertal et consorts pour nous intéresser à la vie que menait *Homo sapiens*. Lors de son apparition il y a environ 300 000 ans et pendant de longs millénaires, c'est probablement un *Homo* comme les autres, au comportement proche de celui des grands singes. Il occupe le milieu de la chaîne alimentaire, cueille des baies et des champignons, chasse de petites proies et quelques gros herbivores, et se nourrit de carcasses. « Nombre de nos caractéristiques sociales et psychologiques actuelles ont été façonnées au cours de cette longue ère préagricole, écrit Yuval Noah Harari[6]. Aujourd'hui encore, à en croire les spécialistes, nos cerveaux et nos esprits sont adaptés à une vie de chasse et de cueillette. Nos habitudes alimentaires, nos conflits et notre sexualité sont tous le fruit de l'interaction de nos esprits de chasseur-cueilleur et de notre environnement post-industriel actuel. »

On peut observer de rares fragments matériels de ce passé qui ont résisté aux ravages du temps. Mais les matériaux fragiles comme le bois ou les peaux, qui étaient utilisés en grande quantité, ont pratiquement tous disparu, et on n'a quasiment aucune information sur les modes d'organisation sociaux ou culturels de l'époque. Chaque groupe, composé de quelques dizaines de personnes, pouvait parler une langue différente, avoir sa propre organisation, clanique ou familiale, ses tabous, ses croyances… Mais tous ou presque se déplaçaient et restaient rarement plus de quelques jours ou semaines au même endroit, toujours à la recherche de vivres dans un territoire qui pouvait faire quelques centaines de kilomètres carrés. Les saisons, les migrations animales et les plantes dictaient leurs mouvements. Et en l'absence d'animaux ou de techniques de transport, ces populations n'emportaient que l'essentiel. Malgré tout, d'après Harari, qui cède peut-être au romantisme, la vie au paléolithique n'était pas si rude : « Les fourrageurs jouissaient apparemment d'un mode de vie plus confortable et gratifiant que la plupart des paysans, bergers, travailleurs et employés de bureau qui leur succédèrent. Dans les sociétés d'abondance actuelles, on travaille en moyenne 40 à

45 heures par semaine ; dans le monde en voie de développement, la moyenne hebdomadaire peut aller jusqu'à 60, voire 80 heures[7]. »

Au Paléolithique supérieur, *Sapiens* vivait donc en petits groupes, se déplaçait pour se nourrir, était plus autonome que ceux qui lui ont succédé, avait plus de temps pour ses « loisirs », fréquentait essentiellement une petite communauté de semblables, était probablement animiste, jouissait d'un certain confort et d'une vie gratifiante et était, *de facto*, minimaliste... À peu de chose près, c'est un portrait des personnes que j'ai rencontrées, ou de leurs aspirations. Ceux qui ont pris la route dans les années 2010 – comme ceux qui, surfeurs, hippies, *backpackers* voyageant avec des sacs à dos ou *travellers* « punks à chien », l'avaient fait dans les décennies précédentes – sont traversés par des réflexions de ce type. Limiter ses possessions matérielles, être mobile, se sentir indépendant, avoir du temps pour soi, fréquenter ses semblables... Paléolithique, XXIe siècle : même combat ?

Nos voisins les nomades

Contrairement à la paléontologie, l'ethnologie s'attache à l'étude des sociétés qui lui sont contemporaines. À ses débuts, au XIXe siècle, celle-ci a eu une fâcheuse tendance à voir dans les peuples qu'elle étudiait des survivances anachroniques : les peuples nomades, notamment, étaient perçus comme des « sociétés archaïques », selon l'expression de Lewis Henry Morgan (1818-1881). Comme d'autres à son époque, Morgan considère que les sociétés humaines progressent de façon linéaire et qu'elles passent toutes, successivement, par trois stades : l'état sauvage, la barbarie, et enfin, la civilisation. Ainsi, regarder ces peuples « sauvages » ou « barbares » revient à contempler le passé. En évoluant, les sociétés abandonneraient certaines pratiques, dont le nomadisme.

Cette idée a depuis été largement battue en brèche. « Être nomade relève d'identités riches et complexes qui plongent leurs racines dans l'histoire des sociétés humaines, mais se définissent en réalité dans l'opposition qui s'est instaurée plus récemment entre nomades et sédentaires[8] », écrit Pierre Bonte dans *Les Derniers Nomades*. Le chercheur français a distingué trois types de sociétés nomades : les pasteurs nomades, comme les Peuls en Afrique de l'Ouest ou les Sames en Laponie ; les chasseurs-collecteurs comme les Aborigènes d'Australie ou les Indiens des Plaines en Amérique du Nord ; et les nomades de la mer, comme les Kawésqars de Patagonie ou les Vézos de Madagascar. « Les nomades exercent sur nous une fascination croissante, ajoute-t-il, car le nomadisme n'est pas seulement un mode de vie, c'est aussi une manière d'être, de concevoir le monde, et de ce point de vue un choix, volontaire ou contraint, dans notre monde sédentaire. »

Rester nomade dans un monde qui s'arrête, c'est une décision forte – surtout pour les sédentaires qui rêvent de prendre la tangente.

Lors d'un séminaire à l'École des hautes études en sciences sociales, l'ethnologue André Bourgeot liste[9] quant à lui les « spécificités notoires » de « l'identité nomade » : « La mobilité, la représentation de l'espace, la connaissance de ce que recèle la nature, [un] cosmos particulier, etc. [...] Une identité nomade qui s'oppose à une identité sédentaire. » C'est parce qu'il est identifié comme différent par les sédentaires qu'un groupe est considéré comme nomade. À ce propos, l'ethnologue précise : « Il n'y a pas de nomadisme pur. C'est une aberration de parler de nomadisme pur. Toutes les sociétés nomades [...] ne peuvent se reproduire qu'avec des apports venus de l'extérieur. Sous forme d'échange, sous forme de commerce, sous différentes formes. »

Les mouvements sont au cœur de l'identité nomade et ils répondent à des logiques précises, souvent rationnelles : ce ne sont donc pas des vagabonds. Mais il ne faudrait pas réduire ces peuples à leur faculté de déplacement. Pierre Bonte insiste également sur leur « relation quasi symbiotique avec leur environnement », leurs abris souvent sommaires mais qui « jouent un rôle essentiel, non seulement parce qu'ils permettent la survie matérielle du groupe, mais aussi parce qu'ils mettent en scène des valeurs sociales », et leur rapport singulier à l'espace : « L'espace concentrique du sédentaire » s'oppose à « l'espace rayonnant du nomade ».

Les formes de nomadisme qu'étudient ces ethnologues « ont fortement décliné[10] » au XXe siècle, et le titre même de l'ouvrage de Bonte semble exprimer l'inquiétude de voir ce mode de vie disparaître. Dans le même temps, dans les sociétés industrialisées, de nouvelles formes de nomadisme ont vu le jour : celles qui sont l'objet de ce livre, mais pas seulement. Travailleurs précaires, saisonniers, migrants... organisent eux aussi leur vie autour du mouvement.

Considérer ces nouvelles formes comme héritières des premières n'aurait bien entendu aucun sens. Notamment parce que, comme on le verra, les déplacements des adeptes de la *vanlife*, du nomadisme numérique ou des *tiny houses* sont rarement contraints par le travail ou la recherche de ressources. Ces nouveaux nomades ont aussi tendance à se déplacer en groupes restreints, et ne constituent pas des groupes sociaux au sens propre du terme. Toutefois, ils mobilisent le même imaginaire chez les sédentaires : celui de groupes presque dissidents optant pour la liberté, même si celle-ci se paie au prix fort. Les derniers nomades, comme les nouveaux, font rêver les sédentaires. « Qui est le plus heureux, l'homme qui aura bravé la tempête de la vie et vécu, ou celui qui sera resté en sécurité sur la berge et se sera contenté d'exister[11] ? » interrogeait le jeune Hunter Thompson, futur auteur de *Las Vegas Parano*. Cette question toute rhétorique, qu'on verrait bien figurer en exergue d'un blog de *vanlifers*, résume assez bien la tension entre nomades et ceux qui aspirent à l'être. Et si être sédentaire, c'était rater quelque chose ?

Le gène du voyageur

Homo sapiens est un voyageur exceptionnel. « On est le seul mammifère à se déplacer ainsi, explique le chercheur en paléogénétique Svante Pääbo dans le *National Geographic*[12]. On franchit des frontières. On explore de nouveaux territoires, même quand on a suffisamment de ressources là où on est. Les autres animaux ne font pas ça. Les autres humains non plus. Les hommes de Néandertal ont vécu pendant des centaines de milliers d'années mais ils ne se sont jamais répandus sur la planète. En à peine 50 000 ans, on était partout. C'est un peu fou. On a pris la mer sans savoir ce qu'il y avait de l'autre côté. Et maintenant, on va sur Mars. On ne s'arrête jamais. Pourquoi ? » Peut-être parce que le voyage est inscrit dans nos gènes.

DRD4-7R est une variante du gène DRD4 responsable des récepteurs de la dopamine, elle-même associée à la curiosité et à l'agitation. Son histoire comme symbole du voyage commence en 1999, quand Chuansheng Chen, de l'université de Californie à Irvine, remarque qu'elle est davantage présente chez les peuples nomades – des résultats confirmés en 2011. Plus surprenant encore : cette variante du gène semble être un avantage chez les populations nomades, et un handicap chez les sédentaires. C'est ce que montre une étude de 2008 consacrée aux Ariaals, une ethnie du nord du Kenya, dont certains membres ont conservé leur mode de vie nomade, alors que d'autres se sont sédentarisés. Dans le groupe nomade comme chez les sédentaires, 20 % des hommes sont porteurs de la variante 7R. Mais chez les nomades, ceux-ci ont un indice de masse corporelle supérieur à la moyenne, alors que c'est l'inverse chez les sédentaires : en un mot, les Ariaals porteurs du « gène du voyageur » sont en meilleure santé quand ils se déplacent, et en moins bonne santé quand ils se sédentarisent.

Cette variante, présente chez un cinquième d'entre nous, a aussi été corrélée au trouble du déficit de l'attention avec ou sans hyperactivité (TDAH) : « Les recherches récentes en neurosciences montrent que les personnes ayant un TDAH sont en fait programmées pour rechercher la nouveauté – une caractéristique qui représentait il n'y a encore pas si longtemps un gros avantage évolutif, assure le psychiatre Richard A. Friedman[13]. Comparés aux nôtres, leurs circuits de récompense du cerveau sont apathiques et sous-alimentés, ce qui fait que la vie quotidienne leur apparaît dans son ensemble routinière et peu stimulante. » On retrouve ce gène chez les personnes qui ont tendance à prendre plus de risques : boire plus, tester des drogues, multiplier les expériences sexuelles, sortir dans de nouveaux endroits, et donc, assez logiquement, voyager. Ce minuscule morceau d'ADN façonnerait donc notre rapport au monde.

Enfin, en partie. « Il est plus probable que différents groupes de gènes contribuent à différents traits de caractère, certains nous permettant d'explorer et d'autres, dont 7R fait très probablement partie, nous incitant à le faire », écrit David Dobbs dans le *National Geographic*. Dans le même article, le professeur de génétique et de neurosciences Jim Noonan explique l'influence des gènes sur la taille de nos membres et de notre cerveau : nos jambes et nos hanches nous permettent de parcourir de longues distances, nos mains sont « intelligentes » et notre cerveau grossit « beaucoup plus doucement mais beaucoup plus » que celui des autres hominidés. Nous sommes mobiles, adroits et dotés d'un cerveau capable d'imagination. L'enfance particulièrement longue de *Sapiens* a aussi son intérêt. Gorilles et chimpanzés allaitent environ un an et demi de plus que les humains mais leur puberté ne dure que trois à cinq ans ; la nôtre, dix. Cette période pendant laquelle on peut laisser libre cours à « notre désir d'explorer tout en dépendant encore de nos parents » est cruciale. Contrairement aux autres animaux, les enfants humains jouent à partir de scénarios fictifs – ils ne se contentent pas de répéter « des compétences de base, comme chasser ou se battre ». Notre cerveau crée des fictions, certains de nos gènes nous poussent à les mettre en œuvre, et notre physique nous permet de le faire.

Les Modernes, la nature et la culture

Vous avez remarqué ? On vit dans un monde où la nature et la culture[14] ne sont plus les forces opposées qu'elles étaient autrefois. On a grandi dans l'idée que ces deux termes symbolisaient les choses les plus éloignées qui soient. Même pas les deux pôles d'un même axe – ce qui impliquerait encore que ces pôles puissent se rapprocher. Elles étaient irréconciliables, faisaient référence à des sphères séparées qui n'avaient pas vocation à se rencontrer un jour. Tout ça a changé. Sans qu'on s'en aperçoive, alors qu'on était sagement assis sur les bancs de l'école, une poignée de chercheurs s'évertuait à démonter cette opposition (et bien d'autres), à renouveler de fond en comble l'anthropologie et la philosophie des sciences, pour faire voler en éclats ce dogme.

Ont-ils réussi ? Peut-on dire qu'aujourd'hui, nature et culture ont cessé d'être des ennemies farouches ? Sans doute pas. N'importe quelle actualité (les feux de forêt en Amazonie par exemple) aurait même plutôt tendance à nous persuader du contraire : rien dans notre quotidien n'incite à croire que l'homme a fait la paix avec son environnement. C'est normal, les grands chantiers prennent du temps. Certains travaux anthropologiques et philosophiques, amorcés au milieu des années 1970 et au début des années 1980, ont été inlassablement poursuivis par leurs auteurs, développés, critiqués, analysés, repris et étayés par d'autres. En quarante ans, ils ont pris de l'ampleur et infusé dans différents champs de la société. Les chercheurs anonymes d'alors font aujourd'hui l'objet de longs portraits dans la presse grand public, leurs recherches inspirent des bandes dessinées, des expositions d'art contemporain… et nos rêves de nomadisme.

En France, deux personnalités ont joué un rôle crucial dans l'effacement de la frontière entre nature et culture : Bruno Latour et Philippe Descola.

Le premier, philosophe des sciences, publie *Nous n'avons jamais été modernes* en 1991 – un titre volontairement provocateur qui lui vaudra quelques critiques et pas mal d'éloges. Dans cet essai, il s'en prend à ce qu'il appelle « la modernité », qui constitue, selon lui, notre cadre de pensée. Latour s'évertue à montrer que les Modernes (c'est-à-dire, nous) font le contraire de ce qu'ils prétendent faire, et donc... qu'ils n'ont jamais été modernes !

Reprenons, plus calmement. « Est moderne – ou plutôt se croit moderne – celui qui pense avoir derrière lui un passé "archaïque" et devant lui un futur "rationnel"[15]. » La société moderne, c'est celle qui entreprend un « grand partage » entre nature et société (ou culture), et entre objet et sujet. La nature et l'objet sont du domaine de la science : c'est le non-humain, unique, toujours semblable. Ce que le scientifique étudiera avec soin pour découvrir *la* vérité. En face, on trouve la société, le politique, le domaine de l'humain qui, lui, est multiple. Les Modernes, dont le règne s'étend du XVIe siècle à nos jours, sont ceux dont l'objectif ultime est « la maîtrise de la nature[16] ». C'est le triomphe de l'être humain sur son environnement, la mise au pas des éléments, et le refus de voir qu'entre nature et culture, entre humains et non-humains, sujets et objets, les contacts se multiplient, qu'ils se façonnent l'un l'autre, qu'il y a des « traductions » : des « hybrides » qui n'appartiennent à aucun des deux mondes, et qui ne peuvent donc pas être pensés par les Modernes. En réalité, ceux-ci n'ont jamais appliqué leur projet : la recherche du savoir n'est pas devenue indépendante du social et du politique. Et la croyance en une nature unique a été mise à mal, notamment par l'anthropologie.

Latour propose de construire une « anthropologie symétrique », dans laquelle l'anthropologue scruterait sa propre société avec les outils qui lui servaient auparavant à étudier les sociétés « exotiques ». L'idée n'est alors plus d'imposer son savoir au monde, de penser l'Occident comme détenteur d'un savoir universalisable, mais de se demander : « À quoi tenons-nous vraiment ? Quelles sont nos valeurs ? »

Un peu comme Zarathoustra venait annoncer la mort de Dieu, Latour vient annoncer la fin de l'Occident :

> « Il n'y a plus d'Occident et plus d'Occidentaux. Quel soulagement ! Il y a dorénavant des Européens, des États-Uniens, des Japonais, des Canadiens, des Turcs, en plus de toutes les anciennes cultures [...], auxquelles il faut maintenant ajouter la multiplication des néocultures qui s'engendrent, de bric et de broc, d'un bout à l'autre de la planète. Cela fait du monde, direz-vous ? Oui bien sûr *cela fait du monde*, mais du moins sait-on que, si l'on est devenu si nombreux, nul ne peut plus répartir cette foule entre ceux qui feraient partie de l'Occident – accès à la nudité de la nature – et ceux qui feraient partie seulement des cultures. [...] Ce n'est plus la science anthropologique occidentale qui parle des autres cultures en évitant de parler de soi [...]. C'est à la fois moins grandiose, plus risqué, plus vital aussi, moins condescendant : *comment survivre un peu*[17] ? »

Avec la fin du mythe des Modernes, l'anthropologue, et avec lui toute la société, doit enfin se regarder comme il est : un humain en quête d'*une* vérité.

Philippe Descola est un élève de Claude Lévi-Strauss. Il a passé près de trois ans avec les Achuars, un peuple autochtone d'Équateur. C'est au cours de ce long séjour qu'il prend conscience que la notion de nature, telle que la définissent les Occidentaux, ne peut pas s'appliquer à toutes les populations de la planète – pour les Achuars, par exemple, ce concept n'a aucun sens et ne renvoie à rien. La nature est une production sociale. En 2005, il publie *Par-delà nature et culture*, ouvrage dans lequel il théorise quatre

« modes d'identification et de relation » entre humains et non-humains, qui sont des façons de tracer une frontière entre soi et les autres, et redéfinit ainsi le rapport de l'homme à son environnement. D'après Descola, les groupes humains peuvent soit s'identifier, soit se différencier de leur environnement ; soit sur le plan physique, soit sur le plan psychique.

▶ LES QUATRE ONTOLOGIES DE PHILIPPE DESCOLA

Naturalisme : c'est la vision occidentale, la seule à penser le concept de « nature » comme une entité radicalement différente de l'homme et de sa culture. Pour les naturalistes, humains et non-humains partagent la même physicalité – ils sont composés des mêmes atomes, des mêmes cellules, régis par les mêmes lois « naturelles » – mais l'humain se différencie des non-humains : il ne fait pas partie de la nature.

Animisme : Descola réactualise ce terme. Pour lui, les sociétés animistes sont celles où humains et non-humains partagent la même intériorité, mais pas la même physicalité.

Totémisme : ici, intériorités et physicalités sont les mêmes pour les humains et les non-humains. Les humains s'identifient totalement aux non-humains.

Analogisme : intériorités et physicalités diffèrent chez les humains et les non-humains.

Ce qu'on peut retenir du travail de Descola, c'est qu'il existe plusieurs modes de rapport au monde : la vision occidentale n'est pas la seule qui vaille, pas la seule qui existe. En acceptant que nature et culture sont des constructions sociales, on se donne donc la possibilité de se projeter dans d'autres systèmes, d'autres modes de vie.

On peut voir dans ces débats des projets purement universitaires, intellectuels, et cantonnés à une matière, à des spécialistes... Et donc sans intérêt pour nous. C'est une erreur. Les débats scientifiques ont de véritables effets sur nos vies : les progrès de la recherche améliorent notre santé, des millions de personnes sont émues par la photo d'un trou noir... des sommes considérables sont consacrées à la recherche. Cela est aussi vrai pour les sciences sociales et l'anthropologie, dont *nous* sommes l'objet d'étude. Une discipline qui se demande comment on fonctionne mérite qu'on s'y attarde.

Certes, les nomades du XXIe siècle ne se sont pas mis à lire massivement ces anthropologues-philosophes. À ma connaissance, on n'a pas encore vu les rues adjacentes au Collège de France (où Descola est titulaire de la chaire d'anthropologie de la nature) prises d'assaut par des Combi VW. Les nomades de passage à Chiang Maï ne se refilent pas des exemplaires de Latour sous le manteau entre deux appels clients. En fait, les nouveaux nomades ont d'autres références littéraires – aucune des personnes que j'ai interrogées, aucun des blogs ou des articles que j'ai lus ne faisaient référence à ces penseurs. Mais les idées défendues par Latour et Descola depuis de nombreuses années ont fait leur chemin. Elles sont reprises dans les médias, infusent et laissent des traces. Ces deux chercheurs n'expliquent pas que Pierre, un jeune Breton, ait quitté son emploi fixe dans une start-up pour transformer un vieux bus scolaire en auberge de surf itinérante, ni que Sophie ait quitté la France pour s'installer à Bali et y créer une marque de sous-vêtements pour hommes, c'est vrai. Mais ils aident à comprendre pourquoi la société valorise leurs expériences et ne les considère pas comme de dangereux marginaux.

Pour moi, ces théories nous forcent à descendre de notre piédestal, et nous permettent d'opter plus facilement pour d'autres modes de vie. Choisir le nomadisme n'est plus une lubie de « sauvage », une aberration, mais devient un mode possible d'existence. On peut décider que ce qu'on nous propose ne correspond pas à la vision qu'on se fait du monde. Que la vie nomade « vaut mieux » que la vie « normale », disons... moderne.

Comme on le verra, d'autres raisons expliquent ce retour en grâce du nomadisme. Elles relèvent de choses moins « nobles » que la philosophie – le marketing, l'augmentation des inégalités et de la précarité du travail – mais, dans la multitude des raisons qui nous font rêver, il est bon de se dire que les recherches anthropologiques jouent un petit rôle.

2. CHANGER SON RAPPORT AU MONDE

Des facteurs qu'on ne maîtrise pas nous poussent à voyager, mais la décision de partir, elle, est un choix conscient – on ne peut pas tout mettre sur le dos des gènes et des philosophes. Pourquoi rêve-t-on de nomadisme ? Parce que la vie sédentaire ne répond pas à nos attentes. Selon la phrase bien connue[18] : « Trouvez un travail qui vous plaît et vous ne travaillerez plus un seul jour de votre vie. » On pourrait l'adapter aux nomades : trouvez un lieu où vous êtes bien et vous n'aurez plus jamais l'impression d'y être bloqué. Si on veut partir, c'est que l'ailleurs nous paraît plus enviable qu'ici. Qu'on veuille « multiplier les expériences », « s'ouvrir (ou se confronter) aux autres » ou « voir le monde », le ressort est le même, on a envie d'autre chose, que le quotidien ne peut pas nous fournir. Peut-être que la vie « normale » nous paraît étriquée ou contrainte, qu'on n'a pas envie de « faire carrière » ou que cette perspective nous paraît impossible, inatteignable, comme appartenant à un autre âge. Peut-être qu'on rêve de fuir sans se retourner. Peut-être que notre monde semble dénué de sens et que partir, prendre du recul, permet d'y remettre de l'ordre. Pour certains, l'aventure nomade est aussi un moyen de se dépasser – de voir ce dont on est capable, ce qu'on peut endurer mais aussi tout ce qui peut arriver de positif quand on sort de son train-train quotidien. Pour d'autres, le nomadisme permet de voir la vie au plus proche, de se plonger dans de nouvelles formes de quotidien, de renouer avec des parties oubliées de soi-même et de poser un nouveau regard sur son travail. On part aussi pour rencontrer l'autre, nomade ou sédentaire, et pour découvrir des villes et des morceaux de nature qui nous dépaysent. Ce sont toutes ces raisons qui ont poussé Paul Salopek, journaliste de cinquante-sept ans, à se lancer dans une grande aventure nomade qu'il relate dans de longs articles pour le *National Geographic* ou le *New Yorker*.

Quitter le jardin d'Éden

« Contrairement à tout ce que les mauvaises nouvelles peuvent nous faire penser, c'est le bon moment pour parcourir la planète. Il y a mille ans, avant l'invention des États-nations et de la police, j'aurais rapidement été agressé par des brigands. Il y a cinquante ans, la guerre froide interdisait l'accès à tout un sous-continent[19]. » Paul Salopek sait de quoi il parle : journaliste auréolé de deux prix Pulitzer – l'une des plus prestigieuses récompenses des États-Unis –, il a, pour écrire ses reportages, voyagé dans les Balkans, en Afghanistan, en Irak, au Tchad, au Soudan, au Niger, au Mali, au Sénégal... Mais il se consacre désormais à l'une des expériences les plus extrêmes et les plus longues de journalisme et de nomadisme : cela fait plus de huit ans que Salopek traverse le monde à pied, dans le cadre de son projet *Out of Eden Walk*. Au moment de son départ en janvier 2013, il se donne sept ans pour atteindre son but : retracer le chemin de nos ancêtres, des premiers *Sapiens* à avoir quitté l'Afrique au dernier lopin de terre colonisé par notre espèce. 50 000 ans d'histoire retracés en quelques années. 34 000 kilomètres, de la vallée du Rift à la Terre de Feu. Un projet que les journalistes de *GQ India* qualifient de « *batshit insane* », soit littéralement « dingue comme de la merde de chauve-souris ». On imagine facilement que la majorité des personnes vivantes partagent cet avis, mais, pour Paul Salopek, c'est la sédentarité qui n'a aucun sens :

> « Je dirais que n'importe quel homme ou femme, qu'il ait vingt ou soixante-dix ans, qui dédie son unique et précieuse vie à travailler pour quelqu'un d'autre entre des murs qu'il n'a pas choisis, à des horaires qu'il n'a pas choisis pour une récompense – morale, en termes d'expérience, ou sous forme de rémunération de quelque sorte que ce soit – qui, en grande partie, ne lui revient pas directement, me paraît un peu fou[20]. »

Si on a le choix, pourquoi rester en place ? s'interroge le journaliste. « Parcourir les continents, c'est normal, dit-il. Passer sa vie assis, c'est ça l'activité extrême[21]. » Précisons que le projet a pris un léger retard : il a parcouru moins de 20 000 kilomètres alors que son périple était censé se terminer en 2020. Mais l'important n'est pas là. Paul Salopek réalise le rêve des voyageurs qui nous intéressent, poussé à l'extrême : il étire le temps jusqu'à ce que celui-ci n'ait presque plus d'importance. Une rencontre, une galère de visa ou un passage de frontière compliqué : chaque instant devient une bonne histoire potentielle et donc une raison de plus de faire durer le voyage. Quand on n'a pas de billet de retour et pas d'obligations, on n'a aucune raison de se presser. La motivation de Salopek fait écho à celle de la plupart des nomades que j'ai rencontrés – même si la majorité d'entre eux ne vont pas aussi loin. Il s'agit de poser un regard différent sur le monde qui les entoure. Or si le voyage est un excellent moyen d'atteindre cet objectif, cette forme de nomadisme lent l'est encore plus. Pendant des années, pour sa carrière de journaliste, Paul Salopek a parcouru la planète, visité un grand nombre de pays différents, s'est frotté à des contextes, a rencontré des acteurs politiques, sociétaux et couvert des événements d'importance internationale. Il était alors davantage un grand voyageur qu'un nomade – ce qui n'a rien à voir. Il passait d'une destination à une autre, enchaînait les courts séjours dans des lieux différents qui ne lui paraissaient pas forcément connectés. Avec *Out of Eden*, Salopek voit le monde tel qu'il ne le voyait plus : comme un grand continuum colonisé par *Sapiens*, dans lequel toutes les histoires (le dérèglement climatique, les réfugiés et les crises migratoires, les luttes féministes, la vie de communautés isolées sur les hauts plateaux afghans et celle des communautés nomades d'Afrique de l'Est) sont interconnectées, inextricablement liées. Ce qui constituait des sujets d'articles ou des expériences distinctes devient, avec cette aventure du nomadisme, une seule et même chose. Il inscrit dans sa chair les territoires qu'il traverse et ceux qui les peuplent. Il mène une vie plus lente – une aspiration qui a incité beaucoup de *vanlifers* et de « tinistes » à se lancer dans leur aventure.

Le nomadisme de Salopek, comme celui de nombreux nouveaux nomades, est un dispositif, plutôt qu'une fin en soi. Son but n'est pas le déplacement. C'est de décentrer le regard, de vivre autrement, de décrypter le monde.

Le rétrécissement du quotidien

Partir pour découvrir, c'est noble, c'est vieux comme *Sapiens* et c'est parfaitement justifiable. Il y a d'autres motivations dont on parle moins, peut-être parce qu'elles sont moins identifiables, moins conscientes. Ce sont celles qui nous donnent l'impression d'être de plus en plus à l'étroit dans notre vie de tous les jours.

Quand on adopte une vue d'ensemble extrêmement vaste, qu'on considère la planète sur un temps long, on en conclut que l'humanité navigue sur une sorte de courbe ascendante qui ne s'arrêtera jamais : on roule invariablement vers le progrès. C'est la thèse que défend *Le Monde va beaucoup mieux que vous ne le croyez !* de Jacques Lecomte[22], succès de librairie en 2017, statistiques à l'appui. « L'extrême pauvreté a radicalement chuté [...]. La faim a régressé [...]. L'éducation fait des progrès constants, la démocratie s'installe dans de plus en plus de pays et les nations vivant sous une forme plus ou moins démocratique dépassent maintenant le nombre de régimes autoritaires. La santé globale s'améliore et la mortalité infantile diminue de façon constante et rapide », résume *Les Inrockuptibles*[23]. Même sur le climat, l'auteur expert en *positive attitude* se veut rassurant : après tout, les États ayant signé un protocole pour résorber le fameux trou de la couche d'ozone, rien n'empêche de croire que le même genre de chose peut advenir pour lutter contre les dérèglements à venir.

Cette vision d'ensemble a un intérêt : elle va à l'encontre de la tendance à nous accabler de mauvaises nouvelles sans nous armer pour y faire face. Mais elle semble verser dans une espèce d'optimisme béat, peu en phase avec notre vécu. Nous sommes nombreux, parmi les personnes nées dans les années 1980-1990, à avoir entendu professeurs et médias nous répéter qu'on serait « la première génération à vivre moins bien que celle de ses parents ». On sait que les inégalités s'accroissent, que les loyers augmentent, qu'il est de plus en plus difficile de devenir propriétaire, de conserver un emploi. On sait que l'état de la planète est préoccupant, qu'il y a beaucoup trop de plastiques dans les océans, que les glaciers fondent... Bref, c'est comme si le quotidien se rétrécissait, comme si l'éventail des possibles auxquels on pensait pouvoir prétendre s'amenuisait, comme si la vie « normale », celle qu'on était censés avoir, devenait peu à peu hors d'atteinte. C'est un sentiment extrêmement pénible, et, dans certains cas, libérateur. Parce que plus la normalité nous écrase, plus on est tenté d'en sortir, et plus on est ouvert à d'autres manières de concevoir son quotidien, afin de l'élargir à nouveau.

Redonner du sens au monde

Élargir ce quotidien, c'est aussi une façon de redonner du sens au monde. On est à peu près tous d'accord là-dessus : de la fin des « grands récits » à la désormais célèbre déclaration de Greta Thunberg, on sait que les activités qui nous occupent depuis si longtemps sont aujourd'hui dénuées de sens. En 2009, *Le Monde* avait publié des témoignages de jeunes Français à propos de leur vision de l'avenir ; parmi eux, Benjamin, vingt-cinq ans, disait : « Avec la fin des grandes utopies (communiste d'abord, capitaliste maintenant, sans surprise), nous nous trouvons être la première génération désabusée, sans idéologie structurante[24]. » Dix ans plus tard, la jeune militante suédoise déclare : « Pourquoi devrions-nous étudier pour un futur qui n'existera bientôt plus ? » Dans les deux cas, une impression vertigineuse de vide. Comment s'intéresser au présent, comment se projeter dans l'avenir, si ceux-ci deviennent complètement incertains ? Si notre environnement nous prive de sens, il faut aller le chercher ailleurs. C'est ce qu'avait bien pressenti Benjamin dans *Le Monde*, qui soulignait « l'individualisme poussé à l'extrême » de sa génération, tout en précisant que celui-ci allait de pair avec « une certaine envie de communauté ».

Mettre en accord sa vie et ses valeurs

On a changé de regard, accepté que d'autres modes de vie étaient possibles, que le quotidien pouvait ne pas se résumer à une longue angoisse existentielle. Maintenant, le plus dur reste à faire : appliquer ses valeurs à sa vie quotidienne. Il y a eu une parenthèse enchantée, disons des années 1970 à 2010, durant laquelle on pouvait vivre une vie qui contredisait les valeurs qu'on croyait siennes. Se penser de gauche et ne pas voir que le PS en bafouait les grands principes les uns après les autres, être un écologiste qui soutient la croissance et l'économie de marché, un militant de droite persuadé de faire barrage contre le FN, un syndicaliste en accord avec le patronat, un industriel épris de croissance verte... Ces comportements existent encore, mais ils ne font plus vraiment illusion – on se demande même si ceux qui les ont y croient franchement.

À la croyance en la « fin de l'histoire[25] » a succédé une forme d'accélération de celle-ci : instabilités géopolitiques, attentats, dérèglement climatique, réfugiés, régimes « forts » ou « illibéraux »... Une succession d'événements de grande ampleur est venue secouer le cocotier de la tranquillité sous lequel nos parents avaient tendu leurs hamacs. Nos vies sont devenues une litanie d'injonctions contradictoires – mangez McDo, mais pas trop gras ni trop salé ; restez en forme même si votre travail implique de passer quarante heures devant un écran et six heures dans les transports en commun ; partez en vacances mais ne polluez pas la planète... – qui engendrent une dissonance cognitive de plus en plus grande. Nos actions entrent en contradiction avec nos valeurs ou inversement et cela devient intenable. On ne peut plus travailler pour une marque de grande distribution et rentrer paisiblement le soir cultiver son potager en rêvant de bio pour tous, commander un livre sur Amazon Prime et regretter les fermetures des commerces en centre-ville, représenter juridiquement les industries pétrolières et se rêver en documentariste animalier, partir un week-end à Porto et reprocher à ses colocataires de ne pas couper l'eau quand ils se brossent les dents.

Les conséquences de nos actions sont devenues trop visibles, trop immédiates et trop bien documentées pour qu'on les cache plus longtemps sous le tapis. Pas d'autre choix donc, que d'accorder sa vie et ses valeurs – ce qui peut aussi bien vouloir dire « ne plus jamais prendre l'avion » que « continuer de le prendre et juger que ce n'est pas grave ». On ne peut plus se mentir, on ne peut plus faire une chose et rêver de son contraire. Il y a une phrase qu'on attribue à Bossuet : « Dieu se rit de ceux qui maudissent les effets dont ils chérissent les causes. » Cela fait un bail que Dieu n'est plus intervenu dans les affaires humaines et que personne ne l'a entendu rire, mais notre conscience collective, elle, serait hilare si elle n'était pas aussi angoissée par nos comportements. Devant les affres de la sédentarité, les nouveaux nomades ont tranché : pour eux, rester en place n'a plus aucun sens. C'est ailleurs que les choses se jouent. Dans des destinations lointaines, ou dans le principe même du déplacement. Leurs valeurs peuvent paraître floues, incohérentes, elles ne le sont pas plus que celles des sédentaires. Pour eux, le domicile fixe ne tient pas ses promesses de refuge et d'épanouissement, il faut donc lui tourner le dos.

Le fantasme de la fuite

Se tirer sans prévenir. Dans la liste de nos fantasmes, celui de disparaître tient une place à part, car fuir c'est abandonner, en un battement de cils, toutes ses responsabilités, couper tous les ponts et se donner l'opportunité de commencer une nouvelle vie. C'est une décision violente, impulsive, qui traverse l'esprit de milliers de gens. Et que certains mettent à exécution. Chaque année en France, près de 10 000 personnes majeures s'évaporent sans laisser de traces. Impossible, bien sûr, de dire combien d'entre elles le font volontairement. Pères de famille, cheffes d'entreprise, jeunes… socialement, le fantasme de la fuite ratisse large et il est souvent une manière de s'extraire d'une situation à laquelle on n'arrive pas à faire face. « Un jour, j'ai jeté mon téléphone et mon trousseau de clés et j'ai tout plaqué, raconte un quadragénaire sur le site *Psychologies*[26]. Trop de stress, de responsabilités, d'histoires affectives compliquées, j'avais l'impression de ne plus vivre ma vie. La première semaine, j'ai erré dans Paris, pensant souvent au suicide sans en avoir le courage. Par désespoir et au hasard, j'ai choisi de partir au Cap, en Afrique du Sud. Au bout de trois mois, je me suis senti assez fort et j'ai recontacté ma famille. » Une Allemande a disparu pendant plus de trente ans avant de refaire surface, à trois cents kilomètres de chez elle : victime d'un cambriolage, elle a été obligée de dévoiler l'identité qu'elle avait abandonnée alors qu'elle était jeune adulte.

On peut aussi rêver d'une fuite moins tragique, à la Jack Kerouac, l'auteur de *Sur la route*, qui serait simplement une manière de se soustraire au monde. Monter dans une voiture, traverser un continent, ne pas oublier de passer un coup de fil à sa mère de temps en temps et lui demander un peu d'argent par la même occasion. Un journaliste de *Néon* a tenté l'expérience il y a quelques années[27]. « Je fonce hors de Paris, avec une incroyable sensation de liberté », écrit-il. Fuir, c'est affirmer qu'on ne doit rien à personne, qu'on n'a aucune obligation. Ce n'est pas raisonnable, c'est même complètement dingue, et c'est pour cette raison que c'est terriblement excitant – pour ça aussi que la plupart d'entre nous rangent ça au rayon des fantasmes. En un sens, les nouveaux nomades ont réussi à développer un rapport non pathologique à la fuite. Ils ne sont pas assignables à résidence et voient famille et amis quand ils le décident. C'est une forme de fuite socialement acceptable : on reste joignable, mais on n'est pas à disposition. C'est aussi un moyen de voir de quoi on est vraiment capable.

Le dépassement de soi

Les plus vieux ont beau répéter – comme tout le monde avant eux – que les générations qui leur succèdent sont fainéantes, que les jeunes d'aujourd'hui ne veulent plus travailler, ne savent plus s'investir, n'ont plus envie de se dépasser, ils ont tort. Comme ceux qui, à leur âge, quelques dizaines d'années plus tôt, tenaient le même discours. En témoigne, entre autres, l'engouement pour le CrossFit ou les *bootcamps*, ces entraînements sportifs ultra-intensifs. Quels paresseux seraient prêts à payer pour qu'on les enferme dans une salle aux relents de sueur, où un coach surmusclé les encouragerait en hurlant à jeter des pneus, agiter des chaînes, taper dans des sacs en écoutant de l'EDM sous stéroïdes ?

La « génération Y », les Occidentaux nés entre 1980 et la fin des années 1990, n'est ni plus ni moins flemmarde que les autres. On trouve même dans ses rangs des gens qui crèvent d'envie de se dépasser, de voir ce qu'ils ont dans le ventre. Se frotter aux nouvelles formes de nomadisme peut être une manière de voir à quel point on est solide et dans quelle mesure on est capable de se débrouiller. Pas forcément tout seul, les nomades ne sont pas des ermites, mais avec des réseaux qu'on a développés soi-même et qui dépassent le cercle des proches.

La fin de la carrière

L'idée de carrière est morte et enterrée – en tout cas sa tombe est déjà creusée. La faute au marché de l'emploi, aux envies des nouvelles générations, au droit du travail ou à son détricotage… peu importe. De plus en plus de personnes se sont faites à l'idée que leur vie professionnelle, qu'elles le souhaitent ou non, serait constituée d'une succession d'emplois dans différentes entreprises, dans différents secteurs, sous différents statuts. Le nombre de CDD augmente peu, mais ceux-ci durent de moins en moins longtemps.

Parallèlement, le nombre de travailleurs indépendants a, lui, augmenté de 120 % en dix ans : en 2017, plus de 10 % des actifs étaient *freelance*[28]. Dans un cas comme dans l'autre – et que ces conditions de travail soient choisies ou subies –, cela signifie moins de temps dans un bureau sous le regard d'un supérieur hiérarchique. Pour beaucoup, c'est une opportunité à saisir, la promesse d'une vie riche et moins ennuyeuse, pour d'autres, une source d'angoisse. Le résultat est le même, on peut avoir des emplois plus flexibles et donc plus mobiles, et on peut avoir des périodes de latence entre deux emplois ou projets. Pour peu qu'on ait un minimum de moyens, ces moments sont propices aux nouveaux nomadismes.

3. L'AIR DU TEMPS

Il y a un dernier ensemble de raisons qui nous amènent à passer des mois sur les routes et à faire nos besoins dans un seau en plastique ; comparer les cafés infusés à froid des espaces de coworking de Jakarta à ceux de Medellín ; ou consacrer tout un été à échafauder les plans d'une cabane à roulettes avec notre belle-famille : le nouveau nomadisme, c'est une tendance. On peut appeler cela « révolution » ou « style de vie » pour s'imaginer à la pointe d'un véritable mouvement culturel, la réalité est bien là : si on prend la route, c'est aussi parce que l'époque nous y incite. Appelons cela « être dans l'air du temps », au même titre qu'écouter du rap, réduire sa consommation de viande ou raconter sa vie sur les réseaux sociaux. Depuis une dizaine d'années, le nomadisme s'affiche partout, dans la pub au cinéma, sur des T-shirts, dans des hashtags... on l'a sous le nez, et on comprend qu'il est à notre portée – on se dit qu'on devrait tenter notre chance. Et peu à peu, la *vanlife*, les *tiny houses* et les *digital nomads* font boule de neige. Leurs communautés grossissent, leur exposition aussi, donnant envie à d'autres de s'y mettre.

Tous touristes

Partout, tout le temps, on nous incite à partir en vacances, à découvrir le monde, à voyager. Météo des plages, météo des neiges, changement des grilles de programme : on en oublierait presque que 40 % des Français ne partent pas en vacances. L'émission de France Culture *Entendez-vous l'éco*, par exemple, a consacré une semaine à l'économie du voyage avec des émissions intitulées « Tourisme de masse : un modèle à réinventer » ou « Le voyage contre le tourisme ». On y apprenait notamment que « le tourisme mondial a connu une nouvelle année record » et que « le nombre de touristes internationaux a augmenté de 6 % ». En bateau de croisière ou à dos de chameau, dans le Cotentin ou au Groenland, tout le monde a envie de partir mais personne n'assume d'être un touriste. On veut « se démarquer », partir pour les nouvelles destinations à la mode, voyager « différemment », rencontrer les locaux, manger, dormir, boire comme eux, apprendre, sortir des sentiers battus, voire donner un coup de main à un projet local... Le vacancier est celui qui a l'opportunité d'aller voir ailleurs comment ça se passe, pour une période plus ou moins longue. Le nomadisme renverse l'équation : si toute la vie est un voyage, on n'est plus vraiment un touriste.

Hashtag #nomad, hashtag #livethedream

Les réseaux sociaux nourrissent abondamment nos rêves de nomadisme. Le succès du hashtag #vanlife en est l'une des meilleures illustrations. Aujourd'hui, le mouvement a pris une ampleur phénoménale. Il est le sujet de livres, de blogs, de documentaires et d'à peu près tous les produits dérivés imaginables. Le fait de vivre dans un camion n'a pourtant rien de révolutionnaire. Ce qui est nouveau, c'est Instagram. C'est là que le mouvement est né il y a une dizaine d'année. Alors que les photos de vans se répandaient sur la Toile, il a gagné en substance. Comme une sorte de Frankenstein 2.0, le mot-dièse a grandi et complètement échappé à Foster Huntington, le premier à l'avoir utilisé.

En « s'émancipant », #vanlife est devenu une bannière pour tous ceux qui avaient déjà franchi le pas, ceux qui vivaient dans de vieux vans rouillés mais stylés et qui passaient leur temps à surfer sur la côte Ouest. C'est aussi un idéal pour d'autres, qui n'avaient peut-être tout simplement jamais pensé à claquer toutes leurs économies dans un vieux Mitsubishi Delica. La puissance des réseaux sociaux, c'est de nous exposer à un tas de choses dont on n'a pas idée. À un paquet de trucs sans intérêt et parfois, au milieu de tout ce fatras, à des choses intéressantes.

Au fil du temps, le nombre de hashtags utilisés sur Instagram pour qualifier ces photos a lui aussi explosé. À #vanlife ont succédé #vanlifediaries, #vanlifemovement ou même #rvlife. D'autres mots-dièse sont utilisés aussi bien par les *vanlifers* que par les adeptes de *tiny houses*, comme #homeiswhereyouparkit, #homeonwheels, #theroadismyhome… D'autres, enfin, se retrouvent chez tous les nouveaux nomades : #travellife, #nomadiclife, #travelwithus ou le plus générique #lifegoal[29]. Que nous dit cette liste non exhaustive ? Que le nomadisme est une tendance, qu'il se répand à grande vitesse sur les réseaux sociaux, qu'il génère des « *likes* », de la dopamine et du désir.

D'autres hashtags nourrissent ce rêve d'une vie différente, loin de la société « normale », #cabinporn, par exemple. Forgé sur le même modèle que #foodporn, il ne répertorie pas des scènes de cul en forêt, mais dresse un inventaire des cabanes les plus cools de la planète. Le compte du même nom inonde ses 430 000 abonnés de refuges glacés perchés sur des pics alpins, de constructions précaires perdues dans le Montana, d'abris de pêcheurs dans les fjords norvégiens et de minuscules merveilles architecturales en bois. Là, ce n'est pas le mouvement qui est mis en scène mais la solitude, le fait de s'échapper et le retour à la nature : le même fantasme, au fond. Constructeurs de cabanes et nomades s'influencent mutuellement, quand ils ne sont pas une seule et même personne.

Le bulldozer #minimalism et ses 15 millions d'utilisations participent du même phénomène. Sur Instagram, il est utilisé aussi bien pour des *selfies* que pour des photos de chemises, de *mugs* émaillés en bord de rivière, de campings, d'intérieurs chics ou de skateurs… C'est une foire à la saucisse incohérente mais très vivante, qui dit l'envie de l'époque, sincère mais pas toujours suivie d'effets, de vivre avec moins, de sortir d'un consumérisme à tous crins.

Un milliard de personnes utilisent Instagram chaque mois, et 500 millions visitent l'application chaque jour. Quand elles ouvrent l'appli, une généreuse poignée d'entre elles parcourt ce genre de contenu et continue de rêver à une vie sur les routes.

Les lectures incitent au voyage

On s'enfonce inexorablement dans le XXIe siècle et malgré les réseaux sociaux, malgré les prédictions apocalyptiques, on lit encore du texte imprimé, qu'il s'agisse de magazines ou de livres – en fait, on en publie même davantage qu'avant. Ceux qui parlent de voyage semblent avoir de beaux jours devant eux. Le magazine *Géo* se décline maintenant en *Géo Aventure*, le *National Geographic* a lancé son édition *Traveler* française en 2016 et même le *Lonely Planet* a son magazine... Entrer chez un marchand de journaux, c'est se faire bombarder de nouvelles destinations, d'idées de voyage, de paysages sublimes à découvrir, d'escapades en amoureux ou de *city breaks*.

Côté édition, c'est la même chose. Le catalogue de l'éditeur allemand Gestalten en témoigne. On peut lire, sur le site Internet de cette maison créée en 1995 : « Nous documentons et anticipons les mouvements les plus importants dans les domaines de l'architecture, la culture visuelle, le design et la mode, l'*escapism*, la nourriture et les boissons, le voyage et l'art contemporain »... Oui : si Instagram et Vimeo faisaient des livres, ça ressemblerait à ça. De beaux livres de photos qui suscitent le désir, et qui font très bien sur la table basse du salon ou dans la microbibliothèque de votre *tiny house*. Leurs dernières sorties ? *The New Outsiders* ; *Two Wheels South* ; *Roadtrip* ; *Surf Shack* ; *Bon Voyage* ; *The Great Outdoors* ; *Hit The Road* ; *Off The Road*...

Dans le même ordre d'idée, le magazine français *Les Others* connaît un beau succès et entretient lui aussi le fantasme du voyage et des chaussures de randonnée en cuir. Tout comme Gestalten, *Les Others* propose aussi des podcasts et du contenu en ligne. Interviews d'auteurs, de photographes de voyage, d'explorateurs, côtoient les récits d'aventures plus intimes – « Trois jours de rando dans les Vosges », par exemple – et démontrent que le voyage est à la portée de ses lecteurs. La vision romantique du voyage qui y est présentée est la même que celle défendue par une grande partie des nomades. C'est celle du voyage au long cours, ou en tout cas profondément dépaysant, une quête de soi, une expérience sur laquelle on médite et on écrit... Les éditeurs aussi rêvent de grands espaces.

L'éducation nomade

Même les universitaires se sont mis à rêver de nouveaux nomadismes. Depuis près de vingt ans, le chercheur en science de l'éducation John Moravec, fondateur d'un *think tank*, parcourt le monde et promeut son concept de *knowmads* – un mot-valise construit sur la contraction de *nomads* et *know* (savoir), et qu'on pourrait traduire par « nomades de la connaissance ». Il définit ce nouvel être comme un travailleur dont le capital principal est, précisément, la connaissance. Le *knowmad* est créatif, imaginatif, il innove et il peut travailler avec « presque n'importe qui, n'importe quand, de n'importe où ». Bref, c'est un travailleur de l'ère postindustrielle pour lequel, d'après Moravec, on a grand besoin d'une école également postindustrielle. L'idée : l'éducation ne correspond plus au monde d'aujourd'hui. À l'aide de slogans coup de poing : « L'école 1.0 ne peut pas enseigner à des étudiants 3.0 », « L'éducation, c'est tellement plus que l'école », ce docteur également diplômé de marketing veut créer l'école de demain... Ou plutôt, la non-école.

Comme le souligne la sociologue Marie Verhoeven, le *think tank* « annonce tout bonnement la fin de l'école pour les environs de 2040, ainsi que l'avènement d'un nouveau régime éducatif, qualifié de "singularité technologique" au service des *knowmads*[30] ». Le chercheur rêve d'une éducation qui « dépasse » les vieilles notions du XIXe siècle – État-nation, identité d'entreprise et communauté – et qui forme des individus « responsables de leur propre futur » car « le talent individuel devient de plus en plus important ». Les *knowmads*, qui représenteraient déjà plus de 45 % des actifs en Occident[31], vivent dans un monde plein de post : postnational, postorganisationnel, postculturel... et font une différence très claire entre *job* et *work*, emploi et travail. Ils savent que le premier est fluctuant et le second, indissociable d'eux.

S'il ne met pas forcément l'accent sur le déplacement physique – pour lui, on peut être *digital nomad* sans être *knowmad*, et *knowmad* et sédentaire –, c'est tout de même d'une société mobile que rêve Moravec. Une société diluée dans laquelle les individus naviguent au gré des opportunités, monétisant leurs savoirs et leurs talents : des sortes de nomades atomisés. En fait, une nouvelle élite de « sachants », parfaitement adaptée au monde créé par ses prédécesseurs. Son message semble être : « Le monde change, ne luttez pas, adaptez-vous. » Les idées comme celles-ci s'enracinent, aux États-Unis mais aussi en Europe : une école de commerce *knowmad* a ouvert à Amsterdam et Marie Verhoeven cite d'autres initiatives en Belgique. Petit à petit, on se fait à l'idée d'une société mouvante dominée par les flux, auxquels il faut s'adapter dès le plus jeune âge.

Quand le libéralisme aime les nomades

L'approche de John Moravec colle parfaitement à l'idéologie libérale, qu'on pourrait résumer par : intervention minimale de l'État et primauté de l'individu sur le collectif. Or, les valeurs des nouveaux nomades s'accordent plutôt bien avec celles-ci. C'est flagrant dans le rapport au travail, par exemple. Ils rêvent d'indépendance et donc… de flexibilité. Pouvoir travailler où l'on veut, ne pas avoir de comptes à rendre à un patron, ne pas être coincé dans un bureau, passer d'un emploi à l'autre… Le travail doit être moins contraignant. Il doit être vécu comme un épanouissement personnel. Il doit être porteur de sens. Généralement, cela implique des métiers créatifs, et des statuts ou des revenus précaires : graphistes, rédacteurs Web, codeurs, traducteurs…

Exactement le genre de travailleurs « agiles » et libres dont rêvent les promoteurs de la « *start-up nation* ». Le mouvement, amorcé dans les années 1980, poursuit sa route. L'arrivée sur le marché européen d'entreprises comme Uber ou Deliveroo révèle au grand jour ces nouvelles pratiques et leur donne un nom : ubérisation. La mobilité, la libre entreprise, la prise de risque, ces fondements du libéralisme, les nouveaux nomades se les sont appropriés. Cette porosité explique sans doute que les nomades du XXIe siècle soient, contrairement à leurs prédécesseurs, si bien vus du grand public.

Marketing du nomadisme

Comme à peu près tout ce que font les humains depuis des siècles, le nomadisme peut ainsi devenir un allié du capitalisme et de son bras armé, le marketing. L'une des forces du capitalisme, c'est précisément de digérer sa propre critique et d'en diffuser une forme vidée de sa charge critique, bref, de savoir s'approprier les contre-cultures à la perfection. Ça a fonctionné pour le skateboard et le punk, ça fonctionne avec les nomades, le bio, les vegans, les luttes LGBTQ+… Ocean Howell, ancien skateur professionnel et professeur d'histoire de l'architecture, explique : « Les intérêts privés étudient et documentent méticuleusement toute création culturelle représentant un obstacle […] puis la diabolisent en en faisant une menace pour le public, tout en revendiquant comme leur une version aseptisée de la philosophie de cette culture[32]. » La *vanlife* et les *tiny houses* n'échappent évidemment pas à la règle. Les *digital nomads* quant à eux, ne remettent pas en cause le système capitaliste et celui-ci n'a donc pas besoin de les digérer, il se contente de leur ouvrir les bras.

Pour la *vanlife* et les *tiny houses* donc, le marketing opère un double mouvement. En premier lieu, il se sert de leur image positive pour vendre d'autres produits. Ces deux types de nomadismes brassent un large imaginaire : proximité avec la nature, simplicité, voyage, artisanat de qualité, mais aussi bon goût – intérieurs soignés ou objets chics. Aux États-Unis, plusieurs spots publicitaires mettent en scène des mini-maisons. Leurs habitants sont gentiment tournés en ridicule, mais on apprécie la simplicité de leur mode de vie, qui est l'occasion de leur proposer des services censés faciliter leur quotidien. Parfois, la mini-maison est simplement un ressort comique, par exemple lorsque Uber met en scène un groupe de grands-mères italiennes préparant leurs lasagnes dans des *tiny houses* en mouvement. Quant aux vans, on en voit partout. Après tout, les comptes Instagram de nombreux *vanlifers* pourraient faire office de campagnes publicitaires. Des corps jeunes, souvent dénudés, des paysages idylliques, des sourires… ajoutez le produit de votre choix, gourde en inox, tapis de yoga ou fruits secs mais aussi batteries portables et autres gadgets *high-tech*, et le tour est joué. Généralement, ce genre de publicités ne s'adresse pas aux communautés qui sont l'objet de ce livre, elles n'en maîtrisent d'ailleurs pas les codes, mais à une cible beaucoup plus large. Mettre en scène des *vanlifers* ou des mini-maisons revient à dire à votre cible : « Regardez, ces gens dont la vie est mieux que la vôtre utilisent nos produits. Vous devriez faire la même chose. » C'est un peu la théorie du ruissellement du cool.

En second lieu, les responsables marketing des grands groupes ont compris qu'ils avaient à faire à une nouvelle niche, à qui vendre leurs produits. Les marques visent directement la communauté ou ceux qui sont à deux doigts de sauter le pas. Ici, on parle moins de spots télé que d'annonces sur les réseaux sociaux. Suivez quelques pages de *vanlifers* sur Facebook, et vous verrez fleurir sur votre mur des dizaines de publicités pour des sweatshirts à messages du genre « *I hate crowds* » (« Je déteste les foules ») accompagnés de dessins de tentes, de vans ou de feux de camp. On vous proposera des *mugs* qui ressemblent comme deux gouttes d'eau à ceux que l'on retrouve comme par magie dans tous les vans d'Instagram... Bref, on essaiera de vous vendre une part de l'authenticité de la *vanlife*, sans que vous ayez à quitter votre appartement. Parfois, ce sont les *vanlifers* eux-mêmes qui se chargent de faire cette promotion, en monnayant leurs posts Instagram ou en échange de matériel. Le résultat, c'est que la présence de l'esthétique *vanlife* et de ses centres d'intérêt est décuplée. Qu'on en soit ou pas, on est directement exposé au phénomène. Forcément, certains d'entre nous sont alors incités à sauter le pas.

Mystification du nomadisme

En 2011, l'anthropologue Jean-Loup Amselle soulignait déjà, dans une tribune, les liens entre nomadisme et capitalisme. Selon lui, certains penseurs inspirés par un courant « libéral-libertaire » se seraient approprié l'idée même du nomade en le pensant comme un être essentiellement « libre » et « désirant » – une vision bien entendu sans rapport avec la réalité des sociétés nomades. « Il existe une corrélation étroite entre la promotion de l'individu et les besoins du capitalisme », résumait alors *Le Monde*[33]. Or cette glorification de l'individu fait, au bout du compte, le jeu du capitalisme. Le nomade moderne, loin de remettre en cause ce système économique, lui fournit exactement ce dont il a besoin – un être flexible, autonome et généralement assez isolé. De manière plus générale, les sociétés nomades sont le réceptacle de nombre de nos fantasmes. Et ce qui est vrai pour les nomades traditionnels l'est aussi pour les nouveaux. On projette sur ces groupes plus ou moins en marge nos préconceptions. On loue leur ingéniosité, leur envie d'ailleurs, de déplacement et ainsi de suite. D'autres populations, comme les Roms ou les « punks à chien », n'ont pas droit aux mêmes égards et sont le plus souvent condamnées à rester à la périphérie des villes et de l'ordre social. Dans les deux cas, on mystifie complètement le nomadisme.

II.
SUR LA ROUTE

1. *VANLIFE* : ÉLOGE DU MOUVEMENT PERMANENT

Comme beaucoup d'histoires de ce début de siècle, celle-ci commence par un hashtag. En 2011, Foster Huntington, designer de vingt-trois ans qui travaille pour Ralph Lauren, touche une avance de 20 000 dollars en vue de la publication de son premier livre – une adaptation de son blog, *The Burning House*, dans lequel il demandait à des internautes de photographier ce qu'ils sauveraient de l'incendie de leur maison. Surfeur, fan d'Hemingway, de photographie et de voyages, il profite de cette manne pour quitter un travail qui l'ennuie et s'acheter un van. Un vieux T3 Syncro noir et blanc de chez Volkswagen, au volant duquel il va sillonner les États-Unis pendant quelques années. Il chasse les vagues, fait du skate, passe ses soirées autour de feux de camp et ses nuits dans les bois, et rencontre d'autres gens qui font comme lui. En Californie, il tombe sur une étrange voiture blanche transformée en improbable camping-car, la prend en photo et la poste sur Instagram en l'accompagnant du hashtag #vanlife – une référence au tatouage « *thug life* » du rappeur Tupac Shakur, pour faire marrer ses amis restés au bureau. Quelques semaines plus tard, alors que les photos de fourgons se font de plus en plus nombreuses sur son fil, Huntington annonce : « Je lance un projet photo qui s'appelle #vanlife. C'est un hommage aux vaisseaux de la route et à l'idée que "ta maison est là où tu te gares"[34]. » Le fil Instagram devient un livre, puis une série de livres. Chaque fois, des pages et des pages de nouvelles photos de véhicules. Dans les plus beaux espaces sauvages de la planète, dans des coins sombres et forestiers, rouillés jusqu'à l'os, customisés, flambant neufs, japonais, allemands, américains, habités par des couples ou des hommes seuls – plus rarement des femmes –, pour quelques semaines ou pour des années... La *vanlife* devient un véritable « mouvement ». Depuis sa création, le hashtag a été utilisé près de 7 millions de fois et engendré une flopée de déclinaisons comme #vanlifediaries (1,26 million d'occurrences), #vanlifemovement (420 000), #vanlifers (790 000) ou #vanlifeeurope (220 000), ainsi que des dérivés du genre #homeonwheels (740 000) ou #homeiswhereyouparkit (utilisé 1,9 million de fois sur Instagram).

C'était il y a bientôt dix ans : une éternité. La plupart des *vanlifers* aujourd'hui ne savent sans doute pas qui est

Foster. Lui continue de voyager un peu et s'est construit une maison, haut perchée dans les arbres du Nord-Ouest des États-Unis. Évidemment, le jeune trentenaire n'a pas inventé grand-chose. « Des gens vivent dans leurs vans depuis que les vans existent », commente un internaute lucide sous une vidéo consacrée au voyageur[35]. Huntington n'a jamais prétendu le contraire. Néanmoins, à l'époque, quitter un emploi stable pour habiter dans son van « était loin d'être considéré comme cool », rappelle-t-il. En fait, il a agi comme un révélateur. En documentant le style de vie légèrement marginal qu'il partageait avec quelques autres, il a démontré à des hordes de jeunes gens qu'il n'était pas si compliqué de prendre la route et de devenir un « clochard céleste » à durée limitée.

La vie en van

Concrètement, à quoi ressemble cette vie ? Au-delà des pleins d'essence et des kilomètres de bitume, comment se rythment les journées de ces routards 2.0 ? Pour le savoir, j'ai interrogé une dizaine d'« équipages ». En retranscrivant nos entretiens ou en lisant les réponses reçues par e-mail, je me suis aperçu de l'homogénéité des personnes avec qui j'avais discuté. J'ai échangé avec six couples et trois *vanlifers* célibataires (tous des hommes), âgés de 27 à 36 ans, tous blancs et hétérosexuels. La grande majorité d'entre eux sont français, mais j'ai aussi échangé avec un Canadien, un Allemand et une famille belge. La plupart sont actifs sur les réseaux sociaux et produisent du contenu sur leur vie, sous la forme d'articles de blog ou de presse spécialisée, de livres ou de vidéos. J'indiquerai le nom de leurs plateformes quand je les présenterai, car c'est ainsi qu'ils sont connus dans leurs communautés. Ils sont une mine d'informations ou d'inspiration pour ceux qui seraient tentés de leur emboîter le pas.

J'ai aussi consulté de nombreux témoignages, blogs ou vlogs de *vanlifers* disponibles sur Internet – là aussi, une majorité de Blancs hétérosexuels. La *vanlife* est-elle un truc de Blancs ? Un truc d'hommes ? Les « minorités » ont-elles autre chose à faire que de retaper des vieux Combi ? N'ai-je pas suffisamment cherché ? Difficile à dire car il n'existe aucune statistique fiable concernant les *vanlifers*. Cela dit, si on considère qu'une journée réussie pour un *vanlifer* consiste à pratiquer un peu le surf, boire l'apéro, brûler des bûches et voir du pays en citant Jack Kerouac, on peut sans doute en déduire que le mouvement attire plutôt des hommes blancs – le fait qu'ils se sentent plus en sécurité et plus légitimes pour voyager joue aussi sur cette propension. Ces considérations sociologiques de feu de camp mises à part, voilà à quoi ressemble le quotidien de ces nouveaux camionneurs – la notion de « quotidien » étant relative puisque, comme plusieurs d'entre eux me l'ont fait remarquer, vivre sur la route va à l'encontre du concept de répétition ou d'habitude.

C'est ce qu'illustre parfaitement le cas de Gaëtan, 36 ans, qui a répondu à mes questions en pleine traversée de l'Afrique – il voyage avec Marianne, 36 ans également, et leurs trois garçons de 10, 8 et 3 ans (*@nodimages*) : « On n'a pas spécialement de rituels, mais des petites habitudes. Une journée qui démarre sans notre café dans notre cafetière italienne, c'est impensable ! Il y a également tous les rituels de la mise au lit des enfants, mais ce sont les mêmes qu'à la maison, en fait. Nous avons quelques habitudes lorsque nous nous arrêtons quelque part où nous souhaitons dormir : on va boire un café, acheter un truc dans la boutique d'à côté et discuter pour tâter le terrain – pour voir si on ne dérange pas et si on peut rester dormir. » La famille s'est donné 274 jours pour traverser treize pays d'Afrique de l'Ouest en « prenant le temps, lentement, de découvrir ensemble, de vivre des expériences, d'être curieux de tout ». « Durant nos voyages, nous sommes clairement des nomades. Des gens qui bougent au gré de leurs besoins ou tout simplement parce qu'on a envie de reprendre la route, de poursuivre l'aventure, d'aller encore voir ailleurs. » Mais ce mode de vie ne dure qu'un temps, puisque après de longues périodes en mouvement, la famille renoue avec la sédentarité et les habitudes. « Le retour d'une grande aventure n'est jamais simple, même s'il n'a jamais non plus été compliqué pour nous. On passe par des moments d'euphorie, comme quand on revoit la famille ou les amis… Tout est à nouveau "nouveau" ! Mais également par des moments plus difficiles. Les mauvaises habitudes reviennent rapidement, on se fait rattraper par la vie à mille à l'heure. On est très vite à nouveau réglés par des horaires, des obligations. Mais c'est aussi du bonheur, de partager les expériences, les anecdotes, de raconter ce qui s'est passé de notre côté et d'entendre ce qui s'est passé du côté de ceux qui sont restés. »

Luce et PF (*levanmigrateur.com*) avaient un mode de vie relativement réglé, quand la graphiste et développeuse de 27 ans a répondu à mes questions. Elle travaillait en *freelance* depuis son Renault Master « L2H2[36] » et son compagnon était assistant logistique en intérim. Installés dans les Landes pour plusieurs mois, ils goûtaient au confort d'une vie sans déplacements. « Vivre dans le van, on adore. On a pris notre rythme pour la saison et c'est parfait. On vit dans un petit espace mais on a tout ce qu'il nous faut. Alors qu'en voyage, on n'a pas forcément d'eau ni d'électricité tous les jours. Si tu as prévu de bosser mais qu'il n'y a pas d'élec... il faut s'adapter. » Pour Luce, il y a en fait deux manières de vivre dans un van : celle qui consiste à se déplacer en permanence pour visiter un maximum de lieux, et celle qui consiste à se garer et à passer du temps au même endroit. La clé, pour ce couple qui vit à plein temps en camion, c'est évidemment d'alterner les deux. « On essaie de trouver notre rythme de croisière en se détachant de l'idée des horaires de bureau et d'une vie normale. Il faut tout réinventer et tout réorganiser, réimaginer. Cet hiver, on a voulu partir au Portugal pour chercher le chaud. On s'est rendu compte qu'un rythme intensif de *freelance*, plus faire un *road trip*, c'était juste impossible. Il aurait fallu doubler voire tripler la durée de notre voyage pour pouvoir en profiter. Si on veut visiter un lieu, il faut se dire "ce matin je travaille, demain je visite". »

Si la sédentarité a été une pause bénéfique pour Luce, ce n'est pas tout à fait le cas pour Joana et Éric (*@desfenetressurlemonde*). Ce couple de « trentenaires originaires du sud de la France » possède un Volkswagen T3 (le même modèle que celui de Foster Huntington, mais en version deux roues motrices) et sillonne le continent américain depuis 2015... Ce qui fait d'eux des anciens dans le paysage. La vie sédentaire ? « Elle ne nous correspond plus pour le moment. Lorsque nous avons eu l'occasion de rentrer quelque temps en France, nous nous sommes sentis totalement en décalage avec nos proches. Pas au point de vue sentiments, mais nous n'étions plus sur le même rythme, nous n'avions plus les mêmes préoccupations... La dernière émission, le dernier magasin, l'insatisfaction du travail, les petits problèmes du quotidien qui prennent de grosses proportions alors que ce n'est pas si important... Nous voyons ça d'un autre œil maintenant. Tout cet environnement et l'ambiance que peut créer la vie sédentaire, cette espèce de renfermement sur soi ou dans un périmètre restreint... une sensation d'emprisonnement. » Joana précise : « La sédentarité est pour moi un schéma, une routine qui se répète jusqu'à ce que ce soit vraiment la fin. Je m'y sens vraiment à l'étroit même si la vie sur la route me déroute parfois. En van, les paysages défilent et chaque matin est différent – même quand on se réveille sur le parking d'un supermarché Walmart. » Les débuts en van sont un peu « stressants », concèdent-ils, car chaque journée est une aventure : « Tu ne sais pas où tu vas dormir, où tu vas faire le plein en eau... Mais une fois l'acclimatation faite et les réflexes pris, tu relativises et tu sais que tu vas de toute façon trouver une solution. Une panne alors que la nuit tombe ? Pas de soucis, on gère une chose à la fois et on finira par repartir et trouver un endroit où passer la nuit ! Le van manque de puissance en montée sur l'autoroute ? OK, on serre les fesses quand un camion passe... De façon consciente ou inconsciente, tu penses toujours à ta propre sécurité et à celle de ton van, qui devient une extension de toi-même. »

En comparaison, Yoann et Alizée (*@wildhumanlife*), 30 ans tous les deux, font figure de nouveaux venus – ils vivent dans un van depuis 2018. Leur quotidien nomade, ils le découvraient encore quand ils ont répondu à mes questions depuis l'Andalousie, malgré une connexion pourrie. Pour Alizée, « quand tu vis en van, il y a un truc assez fort : tu ouvres vite la porte de chez toi, tu invites les gens dans ton intimité ». Et effectivement, quelques minutes après s'être présentés par webcams interposées, Yoann et Alizée me font faire le tour du propriétaire, et je découvre leur camion dans ses moindres recoins : 300 watts de panneaux solaires, une cuve de 18 litres d'eau et un Berkey (une espèce de fontaine en inox qui permet de filtrer et de purifier l'eau), pas de toilettes, pas de douche – « C'est quelque chose qu'on avait prévu sur les plans, explique Alizée, mais on a vu qu'il y avait soixante centimètres de longueur de différence entre nos plans et le van réel, donc on a supprimé la douche et les toilettes sèches… »

La journée type ? Pour eux non plus, elle n'existe pas vraiment. « On passe pas mal de temps à bricoler des systèmes, mais ça dépend des jours, explique Yoann. Si on décide de rouler pendant trois heures, tu vas tout ranger, tu sangles tout, tu te tapes tes trois heures de conduite… Quand t'arrives, t'as plus envie de boire une bière que de te mettre à bosser ! Hier, on était à la plage, et tout l'après-midi on a travaillé. On s'est fabriqué une cabane pour pas cramer, et on avait les ordis, les cahiers, les crayons. […] Et parfois, t'as prévu de faire quelque chose de ta journée, puis tu rencontres un gars qui t'amène dans sa plantation d'oranges, qui te montre son système d'irrigation qui arrive de la Sierra Nevada… c'est hyper intéressant ! »

Mais il y a tout de même « un truc qui change assez peu, poursuit le designer, c'est qu'il y a une logistique d'entretien qui est assez forte. Comme tu es dans un petit espace, t'es obligé, tous les jours, de nettoyer ». Alizée confirme : il faut « ranger les choses à leur place. Tu défais quelque chose, tu le reranges au même endroit, sinon ton espace de vie il devient beaucoup trop encombré ». Yoann reprend avec un exemple : « Tu te fous à poil le soir pour aller te pieuter, si tu laisses tes affaires partout, le lendemain t'as l'impression que t'as fait la fête avec quinze copains dans le van… »

Comment choisir son van

Certains ont des critères très précis en tête : mécaniques, esthétiques, budgétaires... D'autres fonctionnent à l'instinct, traquent la bonne affaire ou craquent complètement. Mais à peu près tous sont d'accord : ils ont fait le bon choix – même si ça ne veut pas dire qu'ils n'en changeront pas.

Clémence et Thomas (*@roammates*) ont 35 ans et vivent dans leur Volkswagen LT 40 4x4, surnommé « le Lieutenant », depuis « le 22 décembre 2017 ». « Quand l'idée de vivre en van s'est arrêtée, on a échangé avec des gens qui vivaient déjà sur la route pour connaître les choses importantes à prendre en compte », m'explique Clémence, sur la terrasse de l'appartement de sa mère, à Montpellier. « Évidemment [le choix du véhicule], c'est très personnel. Nous, le truc de base, c'était de trouver quelque chose à la taille de Thomas, qui fait 2,02 m. Il nous fallait quelque chose de suffisamment haut et suffisamment long et on voulait un 4x4 pour passer partout, en *off-road* et tout ça. En l'occurrence, le Lieutenant est 4x4 mais le moteur est petit donc... on passe partout, mais pas très vite ! En même temps, le but de cette vie-là, c'est de prendre le temps, donc ça colle. » Le van de Clémence et Thomas a nécessité plusieurs mois de remise en état : d'abord par des garagistes et carrossiers, puis par le couple et le père de Thomas. « J'ai dessiné tout le mobilier, dit Clémence, architecte d'intérieur, et un ami menuisier nous a aidés à le concevoir. On a décidé de ne pas avoir d'eau : on a des gros bidons et une douche solaire, on a deux petits réchauds... On a juste les toilettes sèches. Et ça, on ne regrette pas du tout, assure-t-elle. Il y a plein de copains plus jeunes qui ont revendu leur premier camion qui était petit pour en racheter un plus grand, y mettre une douche… c'est marrant, je pense que c'est vraiment une question d'âge : nous, on a vraiment eu ce besoin de retour à l'essentiel. Alors ça nous manque parfois, la douche, mais on reviendra pas là-dessus. Nous, en règle générale, c'est facilement trois, quatre jours entre deux douches, l'hiver. »

Parmi ces « copains plus jeunes », Luce et PF. Comme Luce me l'avait annoncé, ils ont désormais investi dans un véhicule « plus grand et plus adapté ». Avant ce changement, elle déplorait : « Quand je bosse, PF doit être sur le lit pour bosser (ou le contraire), on ne peut plus faire à manger… On peut rien faire, quand il y en a un qui bosse : pas aller aux toilettes, pas prendre sa douche… » Ils ont donc remplacé « Kirikou », leur « Renault L2H2 », par un Volkswagen Crafter qui mesure 7,35 m de long, soit deux mètres de plus que son prédécesseur.

Joana et Éric, eux, savaient précisément ce qu'ils voulaient quand ils sont allés outre-Atlantique : « Quand nous avons quitté la France pour le Canada, nous savions que notre van devait être un Combi. Nous sommes passionnés de vieux bolides, et il y a quelques années, nous avions trouvé un vieux Combi T2 – une très bonne affaire que nous avions totalement restaurée. Ce genre de véhicule nous a toujours séduits, et nous les connaissons assez bien. Dans un premier temps, nous avons pensé à importer notre T2 au Canada mais nous avons vite mis de côté l'idée. Nous voulions donc absolument un Combi T2 Westfalia, aménagé d'origine. Pour nous, c'était le véhicule parfait pour un *road trip*. Petit, compact, il passe partout et son aménagement offre tout ce dont nous avons besoin : un lit, une cuisine, du rangement et même une chambre d'amis si on ouvre le toit. Surtout, sa mécanique n'a aucun secret pour nous et, contrairement à des véhicules plus récents, on peut mettre les mains dans le moteur et réparer au bord de la route, sans avoir besoin de se faire remorquer et de passer par la case garage. La faible présence d'électronique limite également les problèmes. » Ces considérations techniques mises à part, ce qui a également guidé leur choix, c'est le symbole, et le désir. « Un Combi, soyons honnêtes : c'est quand même *le* véhicule synonyme de *road trip* et de liberté. Un cliché que l'on accepte volontiers, tellement il est vrai ! D'ailleurs, à un péage en Floride, on nous a demandé si nous étions des hippies… »

Parti comme ça, vous vous dites probablement que le couple est arrivé à ses fins et que rien ne peut le faire changer d'avis. Pourtant… « Rêver d'un T2 Westfalia c'est bien, mais la réalité du marché québécois est tout autre, poursuit Joana. Qui dit Québec dit hiver, sel sur les routes… et rouille ! Trouver un véhicule sain n'est pas une mince affaire. Nous avons donc dû nous résigner et jeter notre dévolu sur un modèle plus récent et nous avons poursuivi nos recherches pour un modèle T3, mais vraiment à contrecœur au début… Si on le regarde bien, il ressemble plus à une brique sur roues qu'autre chose, alors que le T2 est plus rond, plus en douceur… Cela peut paraître futile, mais il nous semblait important de choisir un véhicule dans lequel nous nous sentirions bien. » Quelques photos de leur van, « Popo » (le surnom du modèle en Europe), ont été publiées dans le nouveau livre de Foster Huntington qui traîne sur mon bureau depuis que j'ai commencé l'écriture de ce livre – j'imagine que c'est une forme de consécration, qui doit faire relativiser le fait d'avoir acheté cette « brique à la couleur non vraiment définie » ! « Popo est donc un T3, ou Vanagon, comme ils le nomment en Amérique du

Nord, de 1984, aménagé Westfalia. Son moteur 1,9 L essence est assez résistant puisqu'il cumule maintenant 530 000 kilomètres. Son nom comme son allure sont de bons moyens d'engager la conversation. Popo est un peu un entremetteur. Les rencontres sont assez simples avec lui tant il attire la curiosité et l'empathie. Certains en Amérique n'ont jamais vu de leur vie ce véhicule et pour d'autres c'est le van de Scooby-Doo ! »

Le Belge Gaëtan et sa famille (*@nodimages*) ont choisi le leur « pour plein de raisons ». « On l'a acheté un an avant notre départ à un couple plus âgé, dans le nord de la France. Ils l'avaient depuis une dizaine d'années mais n'avaient pratiquement rien fait avec ! À la base, c'était un camion de pompier et il a le même âge que moi : il est de 1983. C'est un Renault Saviem qui était déjà équipé de la cellule [la partie habitable d'un véhicule], mais nous l'avons adapté pour y vivre à cinq. On a beaucoup cherché sur Internet, puis nous sommes tombés sur lui. On est allés le voir et puis… à un moment, il faut franchir le pas. On voulait un camion 4x4, un vrai franchisseur capable de passer n'importe quelle route. À cinq, nous voulions de l'espace et un peu plus de confort (douche et toilettes) que lors du voyage précédent[37]. Nous voulions un camion sans électronique, et bien sûr, notre budget n'était pas illimité – nous l'avons acheté 30 000 euros, soit 5 000 de plus que le budget qu'on s'était fixé. Et puis, nous avions rencontré une famille, lors de notre voyage en Amérique du Sud, qui voyageait dans le même camion. Ils sont venus à la maison pour qu'on en discute, et ils nous ont ôté nos derniers doutes. »

Jakob, développeur allemand et nomade depuis 2016, documente la restauration et l'aménagement de son van dans les moindres détails sur son blog, *Ruby On Wheels* – un jeu de mots basé sur *Ruby On Rails*, le « *framework* » utilisé pour coder chez GitHub, l'entreprise pour laquelle il travaille. « On peut dire que je vis sur un chantier de construction mobile, donc je peux constamment tout changer, m'assure-t-il. J'étais pressé quand j'ai acheté mon premier fourgon, un Mercedes Benz 209D de 1984, et je n'ai pas consacré beaucoup de temps à le retaper parce que je n'avais pas vraiment prévu de vivre dans un van pour de vrai. Les mois ont passé et j'ai réalisé que je n'avais pas envie de retourner vivre dans mon appartement, mais j'ai aussi réalisé que mon 209D n'était pas parfaitement adapté à mes besoins. »

Pourtant, les entrées de son blog de l'époque sont une véritable déclaration d'amour à ce camping-car très rétro. « J'adore vraiment les voitures anciennes, et on va dire que je suis tombé amoureux des vans et camions Mercedes T2. Je cherchais plus précisément un Mercedes 508D avec un toit surélevé et un petit empattement. Quand j'ai trouvé cette ancienne ambulance militaire, aux Pays-Bas, ç'a été le coup de foudre. Je n'ai pas fini de l'aménager, mais j'ai déjà installé un système de panneaux solaires de 500 watts, des antennes pour avoir Internet, une douche, un système de filtrage de l'eau, un bureau et un lit. » En fait, Jakob a quasiment le même van que Yoann et Alizée. Leur 508D est un ancien camion de pompiers autrichien acheté alors qu'il avait à peine 18 000 kilomètres au compteur, et « pas un point de rouille ».

Pierre, lui, a vu les choses en un peu plus grand puisqu'il a opté pour… un ancien bus scolaire Renault de 1985, qu'il a réaménagé en auberge de surf mobile, le Commodore Hostel. Son *business model* : remplir son bus de surfeurs et parcourir les spots de la côte. Impossible de rater cet énorme engin et son charme déglingué. C'est un vieux tacot à l'allure bien française, décoré de grands aplats de couleur bleu, rose et blanc. Moitié branché, moitié désuet, le Commodore remplit parfaitement sa tâche.

Quand on l'aperçoit, on n'a qu'une seule envie : se précipiter à l'intérieur et écumer les spots de surf. Je l'ai découvert un soir au coucher du soleil, près d'une plage discrète du sud de Mimizan. Le bus était garé à l'ombre d'immenses pins landais. Forcément, on entendait le bruit de la mer déchaînée, toute proche. La saison d'été approchait et Pierre était donc en week-end de rodage. Ses passagers, ce week-end-là, n'étaient pas des clients mais des amis qui avaient soutenu le projet sur une plateforme de financement participatif.

Quand je suis arrivé, ils s'équipaient pour profiter des dernières vagues avant la nuit : Pierre trimballe dans son bus des combinaisons et des planches de surf. Le groupe est parti et le Breton de 28 ans m'a fait entrer dans son nouveau domicile, aménagé par ses soins. Il a mis « un an et demi de construction pure et dure » parce qu'il « ne savai[t] pas bricoler », mais le résultat en vaut la peine. L'effet que produit l'intérieur sur mesure de son auberge roulante la première fois qu'on en monte les marches est assez difficile à décrire, mais un Allemand de passage, venu taxer des feuilles à rouler pendant notre entretien, l'a assez bien résumé. « *This is a sick bus, guys, it's fucking awesome. Oh, man. A driving surf hostel? Oh shit. Duuude! Good job, man, that's awesome! What a cool idea, man, great, congratulations. Do you have a business card? I'll tell all my friends. This is so sick. We're just the hippie guys behind you. Do you have a website? Man, this is awesome, congratulations*[38]. » Bardage en bois brut, meubles blancs aux poignées en cordes, fauteuils recouverts de wax, l'intérieur tient à la fois du voilier et du bar de plage. Les deux premiers tiers sont occupés par le « poste de pilotage », qui devient la chambre de Pierre, et par l'espace commun, composé de tables, de banquettes et de la cuisine – un gros frigo, un évier, un plan de travail… Dans le dernier tiers se trouvent les couchages. Jusqu'à huit personnes peuvent dormir dans les lits superposés bordés de filets, qui évoquent, cette fois, complètement la vie aquatique.

On a parlé suffisamment longtemps pour rater les dernières vagues de la journée, et comme on dormait sur le même parking, j'ai fini par dîner avec Pierre et sa bande. Ces quelques heures suffisaient à comprendre ce qui avait pu le pousser à embrasser ce projet plutôt que de conserver son ancien métier. La simplicité de ce style de vie, le calme des endroits dans lesquels il s'arrête, la possibilité de se concentrer sur le surf et la gestion de tâches quotidiennes suffisamment prenantes pour ne pas sombrer dans l'ennui. Pour cet ex-commercial dans une start-up, c'est le projet qui a déterminé le choix du véhicule. Il a d'abord envisagé de construire une auberge fixe, et de se servir d'un bus pour accueillir ses premiers clients, le temps de faire sortir de terre son bâtiment. Quand le projet est tombé à l'eau, « j'ai gardé l'idée d'acheter un bus et de l'aménager mais je me suis dit qu'il pourrait rouler et que ça pourrait être une auberge mobile. Je pourrais me déplacer avec les clients, changer d'endroit en fonction des conditions. J'ai regardé s'il y avait déjà des concepts similaires qui existaient, et quand j'ai vu que c'était le cas[39], je me suis dit "banco, faut y aller" et je me suis lancé dedans ».

Dans la plupart des cas, le choix du véhicule se fait donc sur des critères subjectifs, affectifs. L'essentiel étant, quand même, d'être sur la route.

La plupart des *vanlifers* immatriculés en France m'ont spontanément parlé du VASP. Lâchez ce sigle dans un groupe Facebook dédié aux vans aménagés, comme « Vivre autrement et être nomade », « Camtard peinard » ou « *Vanlifers* autour du monde » et préparez-vous à regarder tomber les commentaires comme la pluie un soir d'automne à Douarnenez. Ces quatre lettres sont l'objet de discussions sans fin, parfois d'angoisse et, généralement, d'énervement. Il s'agit en fait d'une homologation, obligatoire depuis mai 2018 pour tous les véhicules disposant notamment des équipements inamovibles suivants : rangements, lit ou banquette, cuisine équipée en gaz ou électricité. Le sigle signifie « véhicule automoteur spécialisé de PTAC inférieur ou égal à 3,5 tonnes » – le deuxième sigle signifiant, quant à lui, « poids total autorisé en charge », et autant dire qu'il divise. « Une nouvelle loi [il s'agit en fait d'une directive européenne de 2007] restreint beaucoup les aménagements dans les anciens camions », avance une *vanlifeuse* anonyme. « Le camion n'est pas homologué VASP Caravane, explique son compagnon. Pour passer le contrôle technique, avec nos équipements, il faut faire comme beaucoup de gens en van. Tu démontes l'aménagement, et tu le remontes après. T'es pas emmerdé si t'achètes un camping-car neuf à 50 000 euros, mais si t'achètes un camion… »

C'est précisément pour échapper à cette homologation que Thomas et Clémence, les *Roammates* de Montpellier, ont fait l'impasse sur l'eau et le gaz. Pierre a quant à lui décroché le « Graal » pour le Commodore : « Il est homologué VASP Caravane neuf places », souffle l'aubergiste-chauffeur en se remémorant « toutes les galères ». « Pendant toute la construction, on conçoit le bus de manière à ce qu'il réponde à l'homologation, détaille-t-il. La galère, c'est quand j'ai découvert des choses que j'ai laissées de côté au début du projet, alors que j'aurais pas dû. Quand j'ai découvert que le bas de la caisse était vachement rouillé et qu'il n'allait peut-être pas passer le contrôle technique, j'étais en stress ! Mais finalement, c'était rien – 1 500 euros dans un garage. »

L'écosystème vanlife

À l'aube des années 2020, la communauté se structure. En France, Clémence, de *Roammates*, apporte sa pierre à l'édifice. « J'ai créé un collectif sur Instagram qui s'appelle *@nouveauxnomades* et qui regroupe une petite dizaine d'équipages. » Quand je lui dis que le terme d'équipage évoque la mer plus que la route, son compagnon, Thomas, répond en riant : « Oui, il y a un côté comme ça. Chacun son embarcation et la route, c'est l'océan quoi ! » Clémence renchérit : « Et puis t'aménages un van un peu comme un bateau. Tout est petit, il faut optimiser l'espace, c'est le même principe. D'ailleurs, il y a plein de produits que tu peux acheter qui sont détournés de l'aménagement des bateaux. »

Quant au compte Instagram, « le but, c'était, quand on recevait une question, de donner des réponses différentes » selon le vécu des différents *vanlifers*. Une sorte de mise en commun des expériences, pour guider au mieux les prétendants à la *vanlife* : « Comment choisir son véhicule, comment se laver, choisir son "spot dodo". Et surtout, c'est hyper important pour ne pas être un marginal, reprend Clémence. T'as beau essayer d'ouvrir tes portes le plus possible vers l'extérieur, quand c'est l'hiver il n'y a pas grand monde sur la route, donc tu gardes un lien social comme ça aussi. Les réseaux sociaux, malgré tous les mauvais côtés, ont quand même de chouettes côtés dans cette vie-là. » Thomas renchérit : « Il y a l'entraide aussi : "On est en galère là, est-ce que quelqu'un est dans les parages ?" Des équipages viennent en dépanner d'autres alors qu'ils ne se connaissent pas. Il y a une solidarité incroyable. »

Les *Roammates* ne sont pas les seuls chez qui les réseaux sociaux jouent une place importante. Pour Alizée, Instagram est « un plaisir plus qu'une contrainte ». Elle profite des heures de voyage pour éditer ses photos et écrire des articles pour son blog, car Yoann conduit un peu plus qu'elle – Clémence et Thomas fonctionnent de la même façon. « Avec les réseaux sociaux, tu trouves des endroits où aller, tu découvres pas mal de lieux que tu n'aurais pas découverts et qui sont mis en commun par une communauté de voyageurs, et [tu rencontres] des gens », racontent Yoann et Alizée en repensant à cette femme qui leur a proposé, *via* Instagram, de venir prendre une douche chaude chez elle quand elle a vu qu'ils étaient installés près de son petit village.

Du côté de Luce et PF, la gestion des réseaux sociaux atteint des proportions quasi industrielles. Ils reçoivent « entre cinq et dix e-mails par jour, plus Instagram, plus les autres réseaux », précise Luce. Sur leur blog, ils s'efforcent de répondre à chaque commentaire, à justifier leurs choix, aiguiller les débutants, débattre avec les plus aguerris… Et leur implication dans la communauté virtuelle ne s'arrête pas là. Ils sont administrateurs du groupe Facebook privé « *Vanlifers* autour du monde » (environ 7 000 membres) et ont également créé *Vansity*, une plateforme de mise en contact entre *vanlifers* en devenir et artisans aménageurs de vans. À ce propos, Luce m'explique : « On a aménagé notre fourgon avec un artisan l'année dernière. On en a rencontré énormément sur notre route, quand on a fait un tour de France, et beaucoup de personnes nous demandent si on connaît un artisan qui fait ceci ou cela. En voyant cette demande de la part des internautes, et sachant que les artisans étaient à fond dans le boulot manuel et n'arrivaient pas du tout à gérer ce qui était digital, on a eu cette idée. »

Le Van migrateur œuvre aussi « *IRL*[40] » pour souder la communauté de fous de fourgons. Du 12 au 14 avril 2019, ils organisaient la première édition du « Vanlifest » dans un camping des Landes avec Frédéric et Caroline, un autre couple de 31 ans qui fait route vers l'Inde. Ce « festival du fourgon 100 % fait maison », qui proposait ateliers et conférences sur des thèmes comme « Le zéro déchet », « Tout savoir sur les panneaux solaires et l'électricité » ou « se lancer seul.e dans l'aménagement d'un fourgon », a affiché complet et une nouvelle édition est prévue.

Hors de nos frontières, la communauté se fédère encore autour de la figure de Foster Huntington. Du haut de sa cabane dans l'État de Washington, le trentenaire continue de publier des livres à la gloire des rouleurs, comme celui dans lequel figurent des photos de Joana et Éric. Le flambeau a été repris par Calum Creasey et Lauren Smith, un couple de Britanniques qui a passé six ans sur les routes d'Europe dans un Volkswagen T4, de 2010 à 2016, et a créé *The Rolling Home Journal*, un magazine de récits, photos et illustrations de *vanlifers*. Avec cinq numéros en trois ans, celui-ci offre un bon aperçu de la culture *vanlife* contemporaine, et permet aussi de souder la communauté.

Au-delà de ce noyau gravitent une myriade d'entreprises, qu'il serait trop fastidieux de lister ici en intégralité. Des magazines grand public comme *Van Life Magazine*, des loueurs de fourgons aménagés pour ceux qui veulent y goûter, des guides spécialisés, du mobilier, des T-shirts… La *vanlife* a la cote, et c'est bien parti pour durer.

Quand c'est un peu nul

Les kilomètres de route, les recoins sauvages, les levers du soleil… Vous commencez à voir le topo. La *vanlife* est cool, la *vanlife* est détendue, la *vanlife* est belle. Surtout sur Insta. En mai, Alizée postait une photo de son camion de pompiers dans la lueur rasante d'un début de soirée en Aquitaine. L'herbe est dorée, le lac brillant comme une mare de mercure liquide. On distingue Yoann, occupé sur le toit de la camionnette rouge dont le capot est barré de la mention « *Feuerwehr* » (pompiers) en énormes capitales blanches. Franchement, difficile, en voyant la photo, de ne pas ressentir une pointe de jalousie – après tout, si on traîne sur Instagram, c'est qu'on n'a pas beaucoup mieux à faire et tout porte à croire que leur situation est alors plus enviable que la nôtre. Mais est-ce vraiment le cas ? « Cette image montre bien comment une photo prise à un instant précis peut être trompeuse, écrit Alizée sur le réseau de partage de photos. On est arrivés en France sous la pluie, on a conduit cinq heures pour trouver un premier spot près du lac qui n'était pas terrible ; on a conduit vingt minutes de plus pour arriver à ce lac, plus naturel, toujours sous la pluie. J'ai fait cette photo lors de l'unique rayon de soleil qu'on a eu et qui a duré environ trente secondes, pendant que Yoann était sur le toit, où il essayait d'attacher un sac en plastique sur la ventilation, qui gouttait à cause du déluge[41]. » Le texte, accompagné d'un emoji songeur, force à relativiser. La *vanlife*, ça peut aussi être un peu pourri.

Luce en sait quelque chose – sur le site du *Van migrateur*, il y a même une rubrique dédiée aux « galères *vanlife* ». Après des débuts idylliques sur la route, la vie en fourgon a été source de quelques difficultés pour elle et PF. « On a été… un peu bousculés cette année. On s'est lancés dans la vie en van il y a deux ans : on a fait nos premiers voyages en Croatie et en Norvège. On a vraiment adoré, et c'est là que nous est venue l'idée d'aménager notre fourgon pour vivre dedans. Mais si on a adoré, c'est parce qu'on n'a fait que voyager, explique la jeune femme. Là, on se rend compte que vivre dedans, voyager, et travailler en *freelance*, c'est pas la vie idéale qu'on voit sur Instagram. C'est très loin de ça. Se comparer à ce qu'on voit sur Instagram, c'est le gros piège. En fin de compte, on se dit : "Mais c'est pas vrai en fait, c'est pas que du rêve, on s'est fait arnaquer !" »

Si Luce continue d'alimenter son blog plusieurs fois par mois, c'est notamment pour montrer l'envers du décor. Ces moments chiants ou un peu foireux qu'on a tendance à gommer des réseaux, mais qui constituent une part non négligeable du quotidien – en camion, ou pas. « On en a marre de voir les gens se vanter d'avoir une vie de rêve, reprend-elle. On n'a pas envie que les gens pensent qu'il suffit qu'on aménage son fourgon, on part et tout va bien. Il faut s'attendre à ce qu'il y ait beaucoup de choses à changer dans son mode de vie. Il faut passer d'un mode de vie "normal" à un mode de vie complètement différent. Et c'est compliqué. Faut pas s'imaginer la liberté à 100 %. Il y a des contraintes qui sont différentes, mais il y a des contraintes quand même. »

Chez les *Nodimages*, la traversée de l'Afrique de l'Ouest a été l'occasion de découvrir une nouvelle source d'angoisse. J'ai envoyé mes questions par e-mail à Gaëtan, qui a répondu à une bonne moitié d'entre elles presque immédiatement. Je lui ai récrit après plusieurs semaines sans nouvelles de sa part, pour avoir les réponses à mes dernières questions – notamment « quelle a été votre plus grosse galère sur la route ? ». Entre nos deux échanges, lui et Marianne avaient eu le temps de faire évoluer leur point de vue sur le sujet. « Avant, j'aurais répondu que les galères, c'étaient les pannes mécaniques – on vient encore de vivre cette expérience : deux semaines coincés à Abidjan afin de réparer notre pont arrière. » Une autre difficulté récurrente quand, comme eux, on aime traverser des océans et des continents entiers, c'est l'acheminement du van et le passage des frontières. « Organiser un *shipping* est également toujours compliqué, poursuit le trentenaire. La corruption, les formalités douanières et policières peuvent être également des galères. Mais ce n'est rien comparé à un problème de santé. » La plus grande galère de ce voyage ? « Incontestablement, la crise de paludisme que nos trois enfants ont faite il y a trois semaines ! C'est la première fois depuis que nous voyageons que nous avons un souci de santé. Et là, ils ont fait fort : tous les trois malades en même temps… »

Pierre ne vit pas encore depuis assez longtemps dans le Commodore Hostel pour avoir accumulé les moments d'angoisse ou de déprime. Mais, des coups de stress, il y en a eu pendant le chantier. Outre l'homologation déjà évoquée, son aménagement lui a causé quelques sueurs froides… Mais rien de dramatique, *a posteriori* : « J'ai eu plein de difficultés ! Ça semblait être une immense galère, mais avec le recul, c'était pas si grave… Quand on est dedans, ça paraît insurmontable, mais en fait, une fois que c'est passé, ça va quoi. » Cela dit, poursuit-il, « il y a plein de moments qui ont été durs. Quels matériaux utiliser, comment je vais faire ma douche en liège, comment je fais les lits pour pas qu'ils cassent... beaucoup de stress ! Chercher une assurance, une responsabilité civile professionnelle aussi. Mais je n'ai jamais remis en question le projet ».

Pour Éric et Joana, aux États-Unis, « tout dépend de la définition que chacun met derrière le mot "galère" et plus encore de la capacité à les gérer. La vie dans un van, c'est de l'adaptation, de nouveaux repères qui changent quotidiennement, et finalement des "problèmes" auxquels nous devons trouver des solutions ». Il faut dire que le couple a de la ressource : en quatre ans sur la route, il n'a eu recours à un garage qu'une seule fois. « Les premiers mois ont été notre baptême du feu. Lorsque la transmission nous a lâchés, au bout de quelques semaines, ç'a été une mauvaise surprise : ce n'est pas le genre de réparation que l'on peut faire sur un parking de supermarché, et notre budget en a pris un coup. Par la suite, le peu d'électronique du van n'a pas supporté la chaleur de la Death Valley. Nous avons dû plus d'une fois nous arrêter au bord de la route, mais ayant un mécano à bord, ce n'était pas plus que du temps et beaucoup de sueur. » Pour eux comme pour Pierre, les difficultés semblent n'être que de petits défis, qui ne demandent qu'à être relevés les uns après les autres, et « la mécanique, à force, fait partie du jeu... tout comme le manque d'intimité. Parfois, l'espace du van devient trop étroit ». Mais au fond, selon eux, « la plus grosse difficulté, c'est peut-être d'accepter de lâcher prise » : de se doucher sur une plage bondée de monde, de rester poli avec les curieux qui veulent voir l'intérieur du van... « La flexibilité est importante en van, car l'inconnu et les imprévus sont la base de ce mode de vie. »

Le prix du désir

Au début de mes recherches, confronté à l'expérience de Foster Huntington, je pensais qu'une grosse somme de départ était nécessaire pour commencer une vie sur les routes. En effet, Huntington ne s'est lancé dans son aventure qu'après avoir touché son avance de 20 000 dollars – largement de quoi acheter un T3 d'occasion et faire quelques pleins l'esprit léger. Pour moi, qui l'ai suivi quasiment depuis le début, la thèse du pactole présentait un grand avantage : elle justifiait le fait que, contrairement à lui, je choisisse de rester dans mon bureau. J'ai écumé des pages et des pages d'annonces de *La Centrale* ou du *Bon Coin* pour traquer les Westfalia toutes générations et les 806 décrépits ; tracé sur Google Maps des dizaines de trajets possibles – des boucles de plusieurs milliers de kilomètres à travers l'Europe ou les États-Unis –, sans jamais franchir le pas. Je me disais que je manquais de fonds, que si moi aussi je touchais plusieurs milliers d'euros d'un coup, je passerais les années suivantes dans un camion sans hésiter, mais c'était faux, bien entendu. Avoir 20 000 dollars d'avance, ça aide, bien sûr. Mais on peut faire le *trip* pour beaucoup moins que ça. Oublier le van qui claque et goûter à la *vanlife* par intermittence. Pour un week-end ou même pour une semaine ou deux, n'importe quelle voiture fait l'affaire. Avant d'avoir un bus géant, Pierre a enchaîné les *surf trips* en Kangoo, souvent à plusieurs et parfois sous la pluie. Un jour, un ami bricoleur m'a fait remarquer qu'on pouvait très bien passer des semaines dans une Twingo. « Tu installes des barres de toit, tu y fixes deux planches montées sur charnières pour les replier, et tu accroches une tente 2 Seconds dessus » : une tente de toit pour moins de cent euros, qui promet déjà quelques bonnes virées.

Certes, ces petites escapades ne sont pas vraiment comparables à ce que vivent les personnes que j'ai rencontrées. Pour la plupart d'entre elles, le van est une maison autant qu'un véhicule. Elles ont fait une croix sur le concept d'intimité ou de chambre d'amis, mais ont besoin d'un minimum de confort – plus que ce que peut offrir une Twingo, en tout cas ! Disons que c'est une initiation à la *vanlife*, à portée de la plupart des bourses.

Les *vanlifers* sont-ils prêts à parler d'argent ? Je pensais que non, jusqu'à ce que je tombe sur une vidéo de Grégoire, 23 ans, et de son camping-car Hymer – plus connus sur Internet sous le nom de Gregsway et Henri The Bus. Greg est un « youtubeur à plein temps » très actif – il a publié cinquante-sept vidéos entre février 2018 et début août 2019. Avec des titres comme « Partir à l'aventure dans un studio roulant », « Les challenges de vivre en van » ou « Tomber en panne d'essence en plein milieu de l'Italie avec mon van », il traite d'un paquet de sujets qui intéressent les *vanlifers*, et notamment d'argent : « Vivre en van, financièrement, c'est facile ? », « Deux ans de voyage sans gagner d'argent ? », « Gagner sa vie sur YouTube en 2019 »... Mais celle qui nous intéresse ici, c'est « Combien coûte la vie en van ? » dans laquelle il détaille assez précisément son budget, après avoir un peu tourné autour du pot. « Budgétiser un mode de vie, c'est assez compliqué : si tu vis sur un bateau, tu peux vivre sur un voilier comme tu peux vivre sur un yacht. C'est la même chose pour la *vanlife*. Tu peux vivre dans un van, dans une voiture pourrie, comme tu peux vivre dans un bus d'expédition à 800 000 balles », explique le jeune Belge. Lui a acheté son véhicule 13 800 euros, et son budget dépasse légèrement les 22 000 euros quand il y ajoute les assurances, quelques aménagements et rafraîchissements, les installations électriques – dont une batterie Goal Zero à plusieurs milliers d'euros… En gros, pour cette somme-là, il est propriétaire d'un « studio roulant » autonome en eau et en électricité pendant plusieurs jours. Comme il le répète à longueur de vidéo, son projet est assez spécifique et on peut facilement s'en tirer pour beaucoup moins cher. À titre d'exemple, les *Roammates* ont acheté et aménagé leur LT 40 pour 16 000 euros.

Son budget mensuel, Greg l'estime à environ 1 100 euros pour 30 000 kilomètres parcourus, répartis comme suit :

490 € d'essence (avec un prix au litre de 1,4 € et une consommation de 14 l/100)

60 € de péage

30 € de camping (il les évite autant que possible, comme les péages)

270 € de repas, soit 9 euros par jour

138 € d'assurance, de wifi et d'abonnement téléphonique

100 € de réparation.

Les *Roammates*, comme Greg, ont déjà dû répondre plus de deux cents fois à cette question. Leur réponse : « On va dire 45 euros en moyenne, par jour et tout compris », hors réparations et vétérinaire (Clémence et Thomas voyagent avec leur chat). « 35 euros en fourchette très basse, et 45-50 en fourchette haute », détaille Thomas. « Entre le nord et le sud de l'Europe, ça n'a rien à voir », précise Clémence. Pour eux, dans tous les cas, la vie nomade coûte moins que la vie sédentaire. Le couple a aussi « une petite enveloppe » pour les « trucs exceptionnels » et passe parfois une nuit en camping ou en chambre d'hôtes. Ils se sont même offert une journée de ski à Cortina d'Ampezzo[42], « en mode van – on a trouvé un parking gratuit, on se douchait à la patinoire olympique ».

En prenant leur fourchette haute et en y ajoutant les réparations selon le même calcul que Greg, leur budget s'élève donc à environ 1 600 euros pour deux, pour 30 jours – soit 800 euros par personne. « En vivant en van, on a pris l'habitude de ne manger qu'une fois par jour, m'explique Clémence. Je me lève, je bois le café, on grignote un morceau de pain, trois biscuits, et on fait un vrai repas par jour. Pour des raisons financières, déjà, et aussi parce qu'on roule. Du coup, on préfère profiter des journées. Et je me suis rendu compte que j'avais vachement plus d'énergie depuis. » Dans une vidéo de 2018[43], Clémence annonçait déjà le chiffre de 45 euros, ce qui avait suscité quelques commentaires. « Tant mieux pour eux, il y a des gens qui n'ont pas 45 euros à dépenser pour vivre par jour et qui n'ont pas choisi leur boulot de m… », s'indignait une internaute. « 45 euros par jour = 1 350 euros par mois. C'est quand même 300 euros de plus que ce avec quoi je vis, seule avec ma fille, sédentaires, toutes aides comprises… faut quand même avoir des sous de côté pour vivre comme eux. »

Joana et Éric, de *Fenêtres sur le monde*, ont abordé le sujet avant même que je le leur demande. Les questions qui touchent à la manière dont ils financent leur mode de vie ont l'air de passablement les agacer et ils se montrent parfois sur la défensive, peut-être parce qu'ils ont l'impression d'y voir un reproche – comme si le fait de s'interroger sur la nature de leurs revenus remettait en cause leur démarche. Et ils n'ont pas tout à fait tort. Chaque fois ou presque que j'ai parlé de *vanlifers*, on m'a demandé de quoi ils vivaient. Et, la plupart du temps, il y avait dans cette question une dose de soupçon. En creux, on se dit que les gens qui mènent une vie non conventionnelle, en habitant dans un fourgon aménagé par exemple, sont des « profiteurs » qui abuseraient du système et toucheraient des aides « indues ». On se dit aussi qu'il doit y avoir une raison pour laquelle ils sont capables de mener cette vie différente : un gros pactole (on y revient), un héritage… Bref, la *vanlife* et l'argent génèrent un mélange de fantasme et de suspicion assez bien résumé par Joana, qui m'écrit : « Vivre différemment est à la fois mal vu et envié… » Ce qu'elle pointe du doigt ne concerne évidemment pas que les *vanlifers*. C'est le rapport ambigu que nos sociétés entretiennent avec leurs marges. Tout ce qui est marginal est fascinant et suscite à la fois curiosité et méfiance – on veut l'explorer tout en le gardant à distance.

« Souvent, tout est régi par l'argent, c'est dommage. Vivre en van et découvrir tout ce qui nous entoure nous coûte moins que ce que nous pouvions dépenser à Marseille. Un appartement, des abonnements, différentes assurances, les courses… La facture d'une vie sédentaire peut très vite chiffrer, surtout avec nos faux besoins de posséder et de consommer. Mais on ne s'en rend pas forcément compte. » Il faut le reconnaître, les coûts fixes de nos vies sédentaires sont tellement intégrés qu'on en vient à les considérer comme des dépenses normales. S'extraire de ce schéma (troquer le loyer d'un appartement contre l'achat d'un van et des pleins d'essence, par exemple) crée une sorte de dissociation cognitive : on a tout à coup l'impression de découvrir des dépenses totalement injustifiées. Le couple a acheté Popo avec ses économies, et a depuis parcouru 77 000 kilomètres, entre les États-Unis et le Canada. Pour eux, « la *vanlife* n'est pas un mode de vie très coûteux, si l'on compare avec notre ancienne vie sédentaire. Les principales dépenses sont pour le van : l'essence (beaucoup moins chère en Amérique qu'en Europe), quelques doses d'amour et ensuite la nourriture et quelques activités. La plupart des choses que nous aimons faire ne coûtent rien : randonner, faire un feu, parler avec des locaux, regarder un coucher de soleil… Et nos nuits sont gratuites. Cela sonne un peu hippie, mais le bonheur ne s'achète pas ». En Amérique comme en Europe, « plus nous nous dirigeons vers le sud, moins le coût de la vie est important ». Bref, si le budget global du couple reste un mystère, on saisit l'essentiel : c'est moins que lorsqu'ils étaient sédentaires et c'est à la portée de la plupart d'entre nous.

On est tenté de scruter à la loupe le budget des *vanlifers* pour y déceler le secret qui leur permet de vivre ainsi – un rapide passage sur le compte Instagram de *Fenêtres sur le monde* laisse en effet songeur : photos d'ours et de bisons, glaciers à perte de vue, caravane en alu dans les étendues glacées du Québec… c'est le genre de photos qui pourraient illustrer un séjour « Terres d'aventure » à plusieurs milliers d'euros les deux semaines. En revanche, on s'interroge moins sur nos budgets de sédentaires. L'enquête Insee « Budget de famille 2011[44] », parue en 2014 et dernière en date à avoir été publiée, offre pourtant quelques pistes intéressantes. On y apprend notamment qu'un couple sans enfants (comme c'est le cas des *Roammates* et de *Fenêtres sur le monde*) dépense annuellement 28 772 euros – soit 2 393,5 euros par mois et donc 78 euros par jour. C'est effectivement bien plus que le budget de Clémence et Thomas.

Plus précisément, les dépenses annuelles se répartissent comme suit :

Type de ménage	Ensemble	Personnes seules	Familles mono-parentales	Couples sans enfants	Couples avec enfants	Autres ménages
Dépense totale	26 562	17 231	24 077	28 722	36 824	28 428
Produits alimentaires et boissons non alcoolisées	4 361	2 419	3 916	5 059	6 168	5 431
Logement, eau, gaz, électricité et autres combustibles	4 173	3 934	4 588	4 086	4 401	4 627
Transports	4 610	2 450	3 543	5 260	7 002	4 792

Avec des budgets annuels respectifs de 13 200 euros pour Grégoire et 19 467 euros pour les *Roammates*, la vie de ces *vanlifers* est donc effectivement moins coûteuse que celle de la moyenne des sédentaires – même si, évidemment, cette moyenne est une donnée « trompeuse » et qui nécessite d'être maniée avec précaution.

Parler de budget, de dépenses, s'est avéré plus facile que prévu – de nombreux *vanlifers* détaillent volontiers cet aspect de leur vie sur Internet. En revanche, évoquer les recettes est un peu plus compliqué et j'évoquerai pourquoi plus loin. On peut simplement noter dès maintenant que le revenu mensuel médian d'un couple sans enfants en France est de 3 036 euros[45]. Et que, selon l'OCDE, l'immense majorité (68 %) des Français se situe dans la classe moyenne, ce qui signifie qu'ils gagnent entre 1 252 et 3 420 euros par mois pour une personne seule[46].

Les *vanlifers* que j'ai rencontrés évoluent dans cette classe moyenne et, si le fait de vivre dans un véhicule leur a permis de compresser leurs budgets, leurs dépenses restent comparables à celles de nombreux sédentaires qui leur ressemblent – des travailleurs indépendants diplômés qui, sans tomber dans la précarité, connaissent parfois des fins de mois difficiles.

Siddhartha à roues motrices

Popo, le Commodore, le Lieutenant, Kirikou… Vous avez remarqué ? La plupart de ces véhicules ont un nom. Et les *vanlifers* que j'ai interrogés ne sont pas les seuls à sacrifier à ce rituel. Le 22 juin 2019, une membre du groupe « *Vanlifers* autour du monde » écrivait à la communauté : « Coucou tout le monde. Y'a que moi qui donne un prénom à mon van ?! Si vous aussi, ce serait rigolo de nous dire comment il/elle s'appelle. » Elle accompagnait son message de quelques emojis curieux ou rigolards, et d'une photo de la *Mystery Machine,* le van mythique de la bande de Scooby-Doo, avec sa décoration *flower power*. Plus d'une centaine de personnes ont répondu à son appel, partageant le nom de leur véhicule et, dans de nombreux cas, les raisons de leur choix. Ce qui fait sans doute de ce post Facebook ce qu'Internet a de plus proche d'un dictionnaire des prénoms. « Steve », écrit un internaute en joignant une photo du film *Captain Fantastic*, dans lequel un père de famille qui élève ses enfants dans les forêts du Nord-Ouest américain se retrouve contraint de les emmener en ville, à bord d'un bus scolaire du même nom. Il est loin d'être le seul à personnifier ainsi son véhicule. On trouve des Dudley, Raymond, Suzanne, Sam, Billy, Viviane, Gaston, Éliote, Hector, Léon, Maurice, Gaspard, Martin, June, Liberty, Bobby, Shirley, Samy, Lucette, Oscar, Vlad… Les références cinématographiques ou télévisuelles ont également la cote, de Vhan Solo, clin d'œil à un personnage de la saga Star Wars à Baloo parce qu'« il en faut peu pour être heureux », en passant par Pumba, Passepartout, « Wall-E comme le petit robot de Disney : il est *has been* et orange ! », Camtaro ou encore Chatbus, qui est « tout doux et tout moelleux comme dans le film ». Plusieurs noms font référence au modèle du véhicule, à l'image du Lieutenant des *Roammates* qui fait écho au LT. Citons par exemple Tomy, un « Multivan T4 version Tim Tom », Popo Surf et Popozey pour des T3 comme le Popo de *Fenêtres sur le monde*.

Pourquoi donner un nom à son véhicule ? Jakob, le développeur allemand, n'en a pas la moindre idée. « Je suis vraiment passionné par mon van, mais je préfère passer mon temps à le réparer et à l'entretenir plutôt que de le traiter comme un humain. Ça reste un véhicule, écrit-il quand je lui demande s'il a baptisé son 508D. Je ne suis pas ce genre de personne. »

Pour les *Nodimages*, ce sont les enfants qui ont choisi, en référence à leurs rappeurs préférés : « Lors de notre voyage en Amérique du Sud, l'immatriculation de la voiture c'était FLO, donc les enfants lui avaient donné ce nom. Et cette fois-ci, comme le camion est plus gros et qu'ils sont fans de Bigflo et Oli, ils ont immédiatement proposé de l'appeler BigFlo. » Donner un nom à son véhicule, c'est une manière d'affirmer qu'il fait partie du groupe. Ainsi, un véhicule doté d'un prénom devient bien plus qu'un moyen de transport. C'est un compagnon de route avec lequel on partage son quotidien, et donc ses galères. Joana et Éric l'expliquent très bien : « Nous connaissons Popo sur le bout des doigts. Chaque son, chaque vibration, chaque réaction sur la route… c'est un véritable langage. Nous avons une relation particulière avec lui », et lui donner un prénom, c'est donc « une façon de le personnifier, car il a tout simplement sa propre personnalité, et il fait clairement partie de notre famille. C'est le troisième membre de l'équipage. »

Dans *Siddhartha*, l'écrivain allemand Hermann Hesse raconte la vie d'un jeune Indien qui quitte sa famille de brahmanes car il commence « à se sentir mécontent de lui-même[47] » : « L'esprit n'était pas satisfait, l'âme n'était pas sereine et le cœur n'était point tranquille. » Malgré les richesses et le bonheur qui l'entourent, malgré l'amour des siens et d'à peu près tous, le jeune homme sent l'appel de quelque chose de plus grand et décide de partir. Il connaît l'extrême pauvreté, les mortifications, tombe amoureux, se vautre dans la richesse et finit sa vie comme passeur au bord d'un fleuve. Seul, en paix avec lui-même et les autres, qu'il aide à traverser, il a atteint l'éveil. À un moment du récit, le personnage du prix Nobel allemand partage la vie de son illustre homonyme, Siddhartha Gotama. Ce dernier, né du flanc de sa mère après qu'elle a rêvé d'un éléphant blanc à six défenses, est le fondateur du bouddhisme, dont on différencie généralement deux courants, le « petit véhicule » et le « grand véhicule ». Si le Siddhartha de Hesse décide de ne pas suivre l'enseignement du futur Bouddha, c'est parce qu'il sait qu'il doit partir seul pour atteindre l'éveil. Appliquer à la lettre la doctrine d'un autre ne le mènera nulle part.

Le rapport avec la vie en van ? Quand je me perds dans la contemplation des livres de Foster Huntington, quand l'imaginaire *vanlife* – ses feux de camp, ses espaces vierges et sauvages et l'impression de paix intérieure qui s'en dégage – prend possession de la quasi-totalité de mon fil Instagram, je me dis que les *vanlifers* sont des sortes de Siddhartha motorisés, et que le fourgon aménagé est leur véhicule. Oui, je m'emballe parfois. Le romantisme et les clichés tiennent une bonne part dans la fascination qu'exerce sur nous ce mode de vie. Et si les réseaux sociaux ont tendance à le sublimer en gommant ses difficultés, il reste quand même des parallèles à tracer entre ces trentenaires européens des années 2010 et le fils de brahmane du ve siècle avant notre ère.

Les *vanlifers* que j'ai rencontrés ont quitté leur confort. Ils sont sur un chemin, tracent leur propre route – même si celle-ci croise régulièrement celle d'autres *vanlifers*, de blogueurs *lifestyle*, de camping-caristes et d'autres touristes – sans forcément savoir où elle les mène, mais persuadés que c'est à eux de la trouver. C'est une quête personnelle, individuelle et, comme celle de Siddhartha, dépolitisée. Partir en van, c'est reprendre un peu le contrôle de sa vie, même si cela implique une certaine dose de précarité, et une immense incertitude face à l'avenir. Est-ce que je m'attends, un jour, lors d'une pause sur une aire d'autoroute alors que je fonce vers les Landes à bord de mon break noir, à tomber sur les *Roammates* qui, dépossédés de leur fidèle Lieutenant, m'éclaireraient de la sagesse qu'ils ont acquise sur la route ? Est-ce que je crois vraiment que, quelque part entre Lowell, Massachusetts, et Cuernavaca, au Mexique, au moment de charger ma voiture sur une barge, je serai guidé par Joana et Éric ? Que ces derniers, ayant abandonné Popo, blog et appareil photo, auront trouvé dans le dénuement le plus total les réponses que des milliers de kilomètres n'avaient pas pu leur fournir ? Pas vraiment. Les *vanlifers* se sont fixé un but moins sacré, plus atteignable aussi, que Siddhartha. Ils veulent être heureux, pas éveillés. La plupart d'entre eux ne vivront sans doute plus sur les routes dans dix ou vingt ans. Certains auront peut-être même renoncé au bout d'un an ou deux, mais ce n'est pas grave. En un sens, ils ont déjà gagné puisqu'ils ont galéré, mûrement réfléchi, et vivent un moment de leur vie qui a du sens pour eux – ce qui semble déjà énorme. Ce qui les a fait partir en premier lieu, c'est la prise de conscience qu'on n'est pas obligé de vivre toute sa vie de la même manière. Le but de leur vie sur la route, c'est aussi de se convaincre que l'existence n'est pas une expérience linéaire.

S'ils ont pu faire le choix de vivre sur la route, c'est en partie parce qu'ils bénéficient, consciemment ou non, d'un filet de sécurité – tout comme les deux Siddhartha, le fictif et l'historique. Siddhartha avait un père brahmane ; nombre de *vanlifers*, Huntington en tête, ont des parents de la classe moyenne supérieure et de « bons diplômes ». En cas de ratage, on sait qu'on trouvera quand même un toit et de quoi manger. Ça aide, mais ça n'enlève rien au défi quotidien que représente cette vie sur les routes.

2. *TINY HOUSES* : FOYER, DOUX MICROFOYER

Yvoy-le-Marron, dans le Loir-et-Cher. Alentour, les communes s'appellent Villeny, Vouzon, Chaumont-sur-Tharonne ou La Ferté-Saint-Aubin. C'est la Sologne, une

« région naturelle » de près de 5 000 km² située au sud d'Orléans, et dont une bonne partie fut longtemps marécageuse. Quelques parcelles sont cultivées, d'autres sont occupées par du bétail – des moutons notamment, dont une partie au moins doit être solognote, une race « très ancienne », nous apprend Wikipédia, qui comptait dans les 300 000 têtes au milieu du XIXe siècle, soit cent fois plus qu'aujourd'hui. Les forêts de feuillus, qui couvrent la majeure partie du paysage, sont denses et humides. Elles sont aussi giboyeuses à souhait, ce qui explique que la région attire « le plus gros cheptel de chasseurs fortunés[48] » de France. J'arrive dans le village par la D35, qui traverse son centre et longe une succession de maisons basses en briques rouges typiques de la région. Une épicerie, un salon de coiffure, quelques commerces et maisons définitivement vides, une belle église, Saint-Caprais et son vaste parc.

C'est charmant, sauvage, peu encombré par les touristes et les camping-cars. Pourtant, ce n'est pas le genre d'endroits qu'on trouve sur les comptes Instagram des *vanlifers* : le coin a moins la cote que la Norvège ou le Portugal. Ce n'est pas non plus un repaire à *digital nomads* même si, comme on le verra plus tard, La Mutinerie, l'un des plus célèbres lieux français dédiés à ces travailleurs du numérique n'est pas loin. Yvoy-le-Marron, donc, ses 693 habitants et… sa *tiny house* – une micromaison de moins de 20 m² montée sur remorque.

Quelques semaines plus tôt, Yann m'a envoyé une suite de chiffres et le message suivant : « Ça, c'est les coordonnées de l'entrée du chemin qui mène à notre prairie, tu pourras t'y engager et je viendrai te chercher à la barrière. » Je quitte la départementale pour m'engouffrer sur une piste, et je le vois approcher : il me salue et soulève une barrière en bois pour me faire entrer dans un pâturage bordé d'arbres. À gauche, un petit troupeau de moutons. Juste derrière eux, le gros corps de ferme où vit le propriétaire du grand champ dans lequel je viens d'entrer – un ancien documentariste trentenaire qui a quitté New York pour redonner vie à l'exploitation familiale, et qui met un bout de son terrain à disposition de la grosse roulotte de Yann et de sa compagne, Charlotte. La « *tiny* » est à droite, dans un recoin du terrain. Elle évoque une immense cabane de jardin, qui doit culminer à plus de quatre mètres de haut. C'est à la fois minuscule et imposant. Minuscule si on la regarde comme l'habitat permanent d'un couple, et imposant si on s'imagine la conduire – particulièrement sur les routes que j'ai empruntées pour arriver jusqu'ici.

Je vais passer un week-end ici, avec Yann, manipulateur en radiologie de 35 ans, et Charlotte, travailleuse sociale de 31 ans, mais surtout « tinistes » depuis juillet 2017. Pour l'occasion, le champ se transforme en un trois-pièces spacieux. Leur construction fait office de salle de bains, de cuisine et de chambre pour eux deux. Ma voiture devient la chambre d'ami. Et pour plus d'intimité, les toilettes sèches, qui sont normalement dans la *tiny house*, ont été délocalisées dans le gros fourgon blanc qui sert à la tracter chaque fois que Yann et Charlotte déménagent. Un trois-pièces donc, aux couloirs bien aérés.

Les *tiny houses* telles qu'on les connaît aujourd'hui – le plus souvent en bois, rectangulaires, étroites et hautes, et toujours sur des châssis métalliques – sont nées aux États-Unis à la fin des années 1990 et elles sont l'œuvre d'un homme, Jay Shafer, qui estime qu'on devrait « pouvoir s'endormir n'importe où dès qu'on se sent fatigué[49] ».

En 2011, le *New Yorker* consacrait un long article à ce « claustrophile » aujourd'hui sexagénaire, illustré de photos de lui, de sa femme et de leur enfant en bas âge apparemment rayonnants de bonheur. Jay Shafer, en train d'arroser la pelouse, tendait malicieusement son tuyau vers le photographe, faisant mine de l'asperger. Deux marches plus haut sous un minuscule porche, sa femme veillait tendrement sur leur enfant, qui tentait de piétiner les jardinières fleuries destinées à masquer les crics triangles qui stabilisaient la maison.

Une image parfaite d'un bonheur de banlieue pavillonnaire, version cabane de jardin. Un genre de *Downsizing*, ce film hollywoodien dans lequel Matt Damon et des volontaires sont réduits à une dizaine de centimètres de haut, où on aurait rétréci les habitations, mais pas ceux destinés à les occuper. Précisons que, si Jay Shafer a effectivement vécu plusieurs années dans diverses *tiny houses*, ce n'était plus le cas lors de la parution de l'article du *New Yorker*. La micromaison de la photo était installée dans le jardin de la « spacieuse » maison de 46 m^2 qu'il habitait avec sa famille à l'époque. Sa construction faisait office de bureau, et de maison-témoin : pendant des années, Jay Shafer a gagné sa vie en vendant des plans et en construisant ce genre de maison. Shafer n'a rien inventé : l'habitat léger et mobile est plus vieux que *Sapiens*, mais il l'a réactualisé. Surtout, il en a fait quelque chose d'acceptable. Vivre dans un mobile-home fait de vous un marginal, habiter une *tiny house*, non. « Plutôt que petites, ses maisons semblent raffinées », résume le *New Yorker*. « Les habitants de *tiny houses* sont généralement des personnes engagées dans leur cause, légèrement égocentrées, qui cuisinent sur des petits fours et dont les réfrigérateurs ressemblent à des coffres-forts encastrés.

Ils se débarrassent de souvenirs et de possessions accumulés pendant des années pour se contenter de deux T-shirts, deux pantalons, deux tasses et deux fourchettes, pour occuper autant d'espace qu'une cellule monacale, au nom de la simplicité, de la frugalité ou du désir sincère de vivre en respectant l'environnement. Ils sont souvent empreints du zèle des convertis », écrit encore le *New Yorker*.

Cette description ne s'applique pas tout à fait à Yann et Charlotte : ils adorent leur mode de vie mais n'en font pas spécialement l'apologie, et ils ont assez de vaisselle pour accueillir des gens de passage. Peut-être qu'en huit ans, le mouvement a gagné suffisamment de légitimité pour que les missionnaires du début, leur tâche accomplie, cèdent la place à des convaincus moins prosélytes.

Des maisons faites maison

Avant d'habiter une micromaison, il faut que celle-ci existe. En Europe, il y a bien quelques constructeurs qui en proposent des versions clé en main plus ou moins bien équipées. Mais pour Yann et Charlotte, comme pour de nombreux adeptes de ce type de logement, le fait de construire eux-mêmes leur habitation fait partie du projet. Chez ces « tinistes », c'est l'envie d'un logement adapté à leurs besoins qui a primé. Les micromaisons sur plan ou conçues sur mesure par des constructeurs ne correspondaient pas à leurs désirs.

Vu de l'extérieur, cela peut avoir quelque chose de surprenant, car toutes les *tiny houses* se ressemblent : elles sont limitées en longueur, en largeur et en poids par leur remorque et le cadre légal. Le *Collectif Tiny House* est un site Internet de partage de connaissances, notamment sur la question de l'autoconstruction. Parmi ses fondateurs, on trouve, outre mes hôtes du week-end, des membres des entreprises Baluchon et La Tiny House – deux des entreprises françaises les plus connues du secteur. Ceux-ci n'hésitent pas à partager leurs conseils, ce qui est théoriquement contraire à leur intérêt commercial. Et, si l'association et son site sont un peu en sommeil depuis quelque temps, le groupe Facebook qui leur est associé, riche de 10 000 membres, a pris le relais : une dizaine de messages – conseils, questions et retours d'expérience – y sont postés chaque jour.

Pour les Solognots temporaires, l'autoconstruction n'a pas fait débat : « Ça ne pouvait pas être autrement », explique Charlotte. Yann détaille : « Parce qu'on la voulait vraiment selon nos besoins. C'était une volonté de notre part, d'avoir ce genre de cuisine, spacieuse, avec deux plans de travail et de la place pour cuisiner… On n'a jamais eu une cuisine aussi grande finalement, même quand on vivait dans 80 m^2 à Chalon-sur-Saône ! » « Quand tu vas voir un constructeur, il ne prend pas des heures à réfléchir à tes plans, reprend Yann. Il te balance un truc, et toi tu dis "OK, ça a l'air pas mal, on va se lancer là-dedans". Alors que là, tout a été pensé. »

En fait, ce que le couple aime dans l'autoconstruction, c'est l'« agentivité », la puissance d'agir, que cela leur donne sur leur logement. Le fait de savoir comment la *tiny house* a été pensée et conçue, des plans à la construction finale, est rassurant. « Si demain il y a quelque chose à réparer, un pépin, la maison on la connaît », conclut Charlotte.

En 2016, un an après avoir évoqué pour la première fois l'idée de vivre en *tiny*, Yann a donc commencé par se former, seul, à un logiciel d'architecture en 3D pour dessiner les plans de leur future maison et « réfléchir aux moindres détails de la conception ». Puis « on a quitté nos boulots et vendu toutes nos affaires pour pouvoir se consacrer à plein temps à la construction », se souvient-il. Trois mois de travail intensif, et un chantier supervisé par le frère de Charlotte, bricoleur autodidacte qui vit dans un poids lourd porteur doté d'un salon rétractable et d'un garage assez grand pour y garer une Smart – le genre de personne qui peut être utile quand on doit choisir un isolant. En parallèle de la construction, Yann a passé le permis BE (indispensable pour tracter une remorque de plus de 750 kilos et de moins de 3,5 tonnes) et, en juillet 2017, le couple emménageait.

Leur *tiny house*, la Couledouce, mesure 2,5 m de large et 8 m de long en comptant la flèche, la partie en « V » à l'avant de la remorque. Plus large, elle serait considérée comme « convoi exceptionnel ». Elle fait un peu moins de 4,30 m de haut, comme la plupart des *tiny*, car c'est la hauteur minimale des ouvrages routiers – au-delà de cette hauteur, on ne peut pas passer partout. L'intérieur mesure 5,80 m de long pour 17 m^2, dont 5 de mezzanine. Sur le papier, cela peut sembler minuscule. Mais en fait, comme dans la plupart des *tiny houses*, les couleurs claires et la hauteur sous plafond donnent une impression d'espace. Et de toute façon, « même quand on habitait dans 80 m^2, on était toujours collés l'un à l'autre », se souvient Charlotte.

Le travail accompli par Yann et Charlotte est impressionnant, étant donné qu'aucun d'eux ne s'était lancé dans un projet de ce genre auparavant. En trois mois, ils ont quand même réussi à construire quelque chose de charmant, de confortable et qui résiste à l'humidité, ce qui force le respect. Cela dit, avant d'arriver chez eux, j'ai rencontré un couple jouant dans une autre catégorie : Martin et Audrey, de l'Atelier moins mais mieux. Yoann et Alizée, les *vanlifers* au camion de pompiers, m'avaient conseillé de les contacter. Je suis donc allé retrouver les deux designers dans leur immense atelier partagé de la rue du Sénégal, sur l'île de Nantes. Jusqu'à récemment, c'était le Marché d'intérêt national : dix hectares de poissons, de fruits et légumes notamment venus d'outre-mer, un grand marché aux fleurs et une imposante mûrisserie de bananes – à ne pas confondre avec le célèbre Hangar à bananes, haut lieu culturel de la vie nantaise. Avant que cet immense espace ne cède la place à de nouvelles constructions (résidences, bureaux, *food court*, CHU, tramway…), une petite partie de l'ancien marché aux fleurs est aujourd'hui dédiée à des « activités transitoires ». Un camping-car gît, seul, dans un coin de parking couvert. Des architectes occupent l'espace, également encombré d'une cabane en plastique et d'un peu de gazon synthétique. Des plants de tomates plantés dans des bottes de paille s'épanouissent dans la chaleur humide de serres. Le genre d'endroit rêvé pour accueillir un projet comme celui de Martin et Audrey. Dans un recoin de ce vaste espace : des outils, des tables de travail, des étagères débordant de bois, d'immenses rouleaux de matériaux et une imposante remorque métallique.

Quand je les ai interviewés, Martin et Audrey prévoyaient d'habiter dans leur *tiny house* en septembre, mais n'excluaient pas d'avoir un peu de retard – trois mois plus tard, ils étaient sur le point de poser les fenêtres. Ce qui m'intéressait dans leur projet, c'est qu'en plus de toutes les contraintes que représente l'autoconstruction d'un petit habitat mobile, eux avaient décidé de n'employer que des matériaux de récupération – d'où les étagères bien fournies. « La *tiny house*, c'est notre projet personnel, mais on l'utilise aussi comme un projet de recherche, et un projet manifeste », déclare Audrey. Travailler avec des matériaux de réemploi fait partie de leur démarche en tant que designers, et il leur paraissait donc logique de l'appliquer ici. « On se rend compte qu'on ne peut pas tous vivre sur cette planète comme on vit actuellement, alors on essaie de faire ce qui nous semble juste, à notre niveau. Le secteur du bâtiment, c'est le secteur qui produit le plus de déchets, en quantité et en poids. Dans une ville comme Nantes, qui se construit énormément, des déchets du bâtiment, il n'y a que ça ! Il y a ceux qui sont liés à la déconstruction (ou plutôt à la démolition) et ceux liés à la construction. C'est des chutes de tout et de rien, qui sont jetées, ou des restes. On ne sait pas quoi en faire, on doit aller vite… on bazarde. Donc nous, on a beaucoup fait les poubelles de chantiers. »

Une bonne partie du bois, par exemple, provient des mannequins de fenêtres, ces contre-formes qui permettent de matérialiser les ouvertures quand on coule du béton. Gaines électriques et fenêtres proviennent également de chantiers. « Le plus rapide, c'est d'entrer sur un chantier, de croiser une ou deux personnes et de demander : "Je peux récupérer ça ?" explique Martin. Ça peut être assez énergivore, chronophage, mais tu récupères des choses. Sinon, sur le chantier, tu peux organiser des ateliers de déconstruction avec une zone de revalorisation, où ce qui est réutilisable est mis de côté. » Une autre manière de récupérer du matériel, c'est *Le Bon Coin*. Le pare-pluie, leur bâche « microperforée pour laisser passer l'air mais pas l'humidité, comme un K-way Gore-Tex », a ainsi été acheté à un particulier qui avait commandé trop de rouleaux pour sa maison, tout comme le frein vapeur, qui protège la paroi intérieure de la condensation. La *tiny house* de

Martin et Audrey, appelée La Lacarde, du nom d'une petite cabane des Pyrénées, aura sensiblement les mêmes dimensions que celle de Yann et Charlotte : 3,5 tonnes, 17 m^2, mais elle aura davantage l'air d'une cabane.

Il faudrait un livre entier pour explorer la démarche du couple, creuser ses références et les réflexions qui nourrissent leur projet. Pour résumer, les deux designers s'inscrivent dans la tendance *low-tech*, qui consiste à préférer des outils ou des solutions simples, faciles à répliquer et peu coûteux. Alors que les périls du dérèglement climatique se font plus présents, cette mouvance prend de l'ampleur. Au printemps 2019, la revue *Socialter* leur consacrait un hors-série, qui contenait notamment un portrait de Corentin de Chatelperron – un autre ami de Yoann et Alizée. Cet ingénieur et son bateau, le *Nomade des mers*, ont également fait l'objet d'une série documentaire sur Arte : ils parcourent la planète à la recherche de solutions *low-tech*, afin de les documenter et de les populariser. En avril 2019, un ancien membre de l'équipage de Corentin a d'ailleurs construit une *tiny house* autonome grâce à ces technologies.

Van, *tiny house*, voilier : le nomadisme occupe une place de choix dans la *low-tech* et on comprend bien pourquoi. L'habitat léger permet de réduire son empreinte au sol mais aussi d'économiser les ressources. C'est une économie de la débrouille et du partage, un levier, là encore, qui redonne de la puissance d'agir à ceux qui en sont habituellement dépourvus. Le mouvement des micromaisons s'enracine peu à peu dans le paysage, mais tout le monde n'a pas l'âme d'un bricoleur : les constructions clé en main sont alors une bonne alternative, mais les budgets ne sont évidemment pas les mêmes.

Combien ça coûte

Il y a trois options : acheter sa *tiny house* toute faite, acheter les plans et la construire soi-même ou tout faire soi-même. Toutefois, même les plus débrouillards semblent d'accord sur un point : il faut acheter la remorque, et celle-ci représente une part importante du budget.

« C'est 4 000 euros minimum, assure Martin. Nous, on l'a achetée 5 000. » Audrey poursuit : « Tu peux en trouver jusqu'à 7 000 ou 8 000 euros. C'est vraiment cher, mais c'est la fondation. C'est la seule chose où on ne voulait pas de réemploi, parce que racheter une remorque de ce format qui a déjà été utilisée… Les gens peuvent facilement avoir dépassé le poids qu'on peut mettre dessus et abîmé l'essieu. »

Sur Internet, les fabricants de remorques spécialement conçues pour les *tiny houses* sont nombreux. Les dimensions de leurs remorques vont de 2,4 à 2,5 m de large, et de 4 m à plus de 8 m de long. La longueur de la remorque joue évidemment un rôle dans le prix, mais la qualité du métal également, tout comme les finitions. D'après le *Collectif Tiny House*, qui a écrit un article très complet sur le sujet doté d'un tableau comparatif[50], c'est l'un des éléments les plus importants du projet. À ne pas négliger, donc.

Ça y est, vous avez payé une fortune une remorque de plusieurs centaines de kilos… il est temps de penser à la manière dont vous allez la transporter. Et non, votre Twingo ne fera pas l'affaire. Il vous faut un véhicule du genre fourgon, ou pick-up. Une *tiny house* pesant aux alentours de 3,5 tonnes, il est indispensable de la tracter avec un véhicule dont le « poids total roulant autorisé » est supérieur au poids de la remorque plus celui de votre véhicule tracteur une fois chargé. Le site *Tiny House France* conseille de « prévoir un PTRA minimum de 5,5 tonnes ». Pour l'entreprise Baluchon, il n'est pas indispensable d'investir dans ce genre de véhicule si votre micromaison se déplace peu – la location est préférable. Mais pour Yann et Charlotte, investir dans un habitat mobile sans avoir de quoi le déplacer quand bon leur semblait n'avait aucun sens. Pour trimballer leur maison sur les routes, ils ont donc acheté un imposant Iveco blanc, 13 000 euros, à crédit. « On a fait le choix d'avoir de grosses mensualités [500 euros par mois] pour que le crédit soit rapidement derrière nous, m'explique Charlotte. On est stressés du crédit. On n'en a jamais eu, et c'est un truc anxiogène pour nous. »

Une chose est difficile à budgéter dans l'autoconstruction : le temps qu'on y passe. Yann et Charlotte ont consacré trois mois de travail à plein temps à leur projet – et ils ont bénéficié de l'aide du frère de Charlotte, qui avait des connaissances en la matière. Martin et Audrey sont designers : en un sens, leur *tiny house* peut être considérée comme un projet parmi d'autres. Ils ont passé « un an à récupérer les matériaux, les sourcer, les stocker », tout en dessinant les plans. La phase de fabrication proprement dite devrait durer entre quatre et six mois. Comment estimer la valeur monétaire de ces heures de travail ? Pour les deux couples, la question ne se pose pas puisque la construction fait partie de l'intérêt du projet. Il faut simplement garder en tête qu'un tel chantier prend du temps, surtout si on ne peut s'y consacrer que les soirs et les week-ends. Les matériaux, en revanche, doivent être achetés – au moins en partie.

La Couledouce de Yann et Charlotte leur a coûté 27 000 euros en comptant les panneaux solaires, « housse de drap et petites cuillères comprises, pas juste les murs ! » précise Charlotte. Soit environ 22 000 euros, si on soustrait le prix de la remorque. S'ils ont contracté un crédit pour leur véhicule, ils ont entièrement autofinancé la *tiny house*. 27 000 euros, cela représente l'équivalent de trois ans et demi de loyer[51], ou l'achat d'un appartement de 23 m² à Chalon-sur-Saône[52], où ils résidaient quand ils ont décidé de vivre en *tiny*.

Combien coûtera celle de Martin et Audrey ? « On peut difficilement l'évaluer, répond le jeune homme, mais on sera assez judicieux en termes d'argent. » Audrey calcule : « Pour l'instant, on a dépensé 1 650 euros en matériaux. » Normal, tout ce qui n'a pas été récupéré a été acheté d'occasion sur *Le Bon Coin* ou dans des recycleries. Sur le site d'annonces, les matériaux sont généralement vendus à moitié prix, « surtout quand c'est du neuf, et pas de la chute ». Dans les recycleries, on s'en tire pour un tiers du prix. « Mais on va devoir acheter des trucs, poursuit Audrey, et ce qu'on va devoir acheter, c'est ce qui va nous coûter le plus cher. Les gros postes de dépense, ça va être toute la partie autonomie. » À ce moment de notre conversation, j'avance : « Le poêle par exemple ? » car je sais que Yann est particulièrement fier du sien – un Grizzly de chez Cubic Mini Wood Stoves qui lui a coûté 800 euros, plus 650 de frais de port et de douane, et qui fonctionne à merveille. Non, pas le poêle. « Le poêle, on le fabrique aussi. Avec le bidon qui est là », me dit Audrey en pointant un fût. Leur future maison sera donc équipée du modèle « Poelito », un petit poêle à bois à inertie créé par Vital Bies et popularisé par David Mercereau[53], dont la construction revient à environ 300 euros. « C'est un poêle qu'ils ont imaginé avec des matériaux que tu peux trouver assez facilement, s'enthousiasme Martin. Le bidon d'essence près des usines, les tuyaux de poêle, de seconde main, ça le fait. L'intérieur, c'est un peu complexe à mettre en œuvre mais mis à part ta chamotte réfractaire et ton petit béton, que tu achètes, tous les trucs, tu peux les fabriquer avec quasiment rien. » Le budget autonomie, c'est donc celui qui sera consacré à l'achat de panneaux solaires, de pompes et de filtres pour l'eau, et d'un chauffe-eau.

Quelques réparations pour le fourgon, une cornière et une latte de bardage arrachées, début 2018 : voilà pour les grosses dépenses depuis que Yann et Charlotte ont emménagé dans leur habitat roulant. Au quotidien, leur logement occasionne peu de frais car ils sont relativement autonomes. L'électricité est fournie par des panneaux solaires, et donc utilisée avec modération – on recharge ordinateurs et téléphones pendant la journée, et on les débranche quand leur batterie est pleine. « L'hiver, le frigo ne fonctionne pas et on met la nourriture dans un petit coffre, à l'avant de la *tiny*. On fait attention aux appareils électriques qu'on utilise : on peut pas utiliser d'appareils trop puissants. Et tous sont sur batterie, pour pouvoir les recharger », m'explique Yann.

Autre poste de dépense à considérer, le loyer. Au cours de leurs deux ans en *tiny*, Yann et Charlotte ont vécu dans différents endroits, mais ils s'en sont bien tirés. « On a vécu un mois sur un terrain dans le nord Finistère, derrière les dunes. C'était génial, on sortait en maillot de la *tiny* et on était à la plage. On payait un loyer de 100 euros par mois – on l'a trouvé parce qu'il y avait un panneau "à louer" au bord du terrain. Ensuite, on a vécu un mois et demi sur un autre terrain dans le Finistère sud. Là, la mairie nous a envoyé un courrier pour nous demander de partir parce que c'était en zone inondable. Ensuite, on a trouvé un autre terrain où on est restés onze mois et où le propriétaire ne voulait pas de loyer. » Pour résumer, pas vraiment de dépenses considérables de ce côté-là, mais leur situation est particulière. Dans la plupart des cas, il est difficile de trouver un emplacement mis à disposition gratuitement, surtout pour les micromaisons qui ne sont pas autonomes.

Quant aux micromaisons clé en main, il faut compter dans les 60 000 euros, au minimum – un budget qui comprend les plans, la remorque, l'immatriculation… Le constructeur Baluchon annonce un tarif de 65 000 à 80 000 euros, « voire plus selon vos exigences (exemples : équipements d'autonomie) », qui comprend le gros œuvre, l'extérieur plus le second œuvre et l'ameublement. Sur son site, le fabricant nantais explique consacrer deux mois de travail à chaque habitation et détaille son tarif. 33 % du prix est consacré à l'achat de matières premières, 16 % aux salaires nets de l'équipe, 15 % aux cotisations sociales et 17 % (soit 20 % du prix hors taxes) à la TVA. Chez La Tiny House, on trouve un exemple de construction à 59 000 euros et un autre à 115 000 euros, pour une structure de 13 m de longueur intérieure dans laquelle une famille de quatre personnes vit en permanence. Un budget *tiny*, c'est comme un budget van : cela peut s'étendre à l'infini. Il est également possible d'acheter des maisons « hors d'eau hors d'air » pour environ 40 000 euros, et de réaliser l'intérieur soi-même. Dans ce cas, Baluchon conseille de prévoir quatre mois pour concevoir l'aménagement, qui devrait coûter dans les 7 000 euros.

La vie normale

Le quotidien en micromaison est plus proche de celui d'un sédentaire que d'un *vanlifer*. L'habitation n'est pas faite pour être déplacée en permanence, même si Jonathan et Yunaë, un couple de « tinistes » qui documente sa vie sur sa chaîne YouTube Tiny House Livingston, tentent de prouver le contraire. En juin 2019, ils se sont lancés dans un tour du monde avec leur maison. Partis de Rions, près de Bordeaux, ils ont parcouru 1 500 kilomètres en trois mois. Après une escale à Cergy pour présenter leur habitation au festival du voyage responsable No Mad, ils ont roulé vers le Mont-Saint-Michel. Mais les habitants de la Livingston sont des exceptions.

À titre de comparaison, en deux ans, Yann et Charlotte ont vécu sur quatre terrains différents. En moyenne, cela équivaut à un déménagement tous les six mois mais ils ont passé près d'un an au même endroit. Ils prévoyaient de rester jusqu'en septembre 2020 en Sologne, soit deux ans environ (ils sont finalement partis plus tôt que prévu). Le but de la *tiny*, ce n'est pas de voir chaque matin le soleil se lever dans un endroit différent. Charlotte fait un peu plus de trente kilomètres pour aller travailler dans une association d'éducation populaire à Orléans, tous les jours. Yann est hébergé par le cabinet pour lequel il travaille, à environ une heure de route : leur nomadisme, c'est celui de travailleurs en milieu rural, dépendants de leurs véhicules. Et leur quotidien, celui d'un couple de salariés fraîchement débarqués dans une nouvelle région. Ils font connaissance avec les voisins, prennent leurs marques dans les commerces du coin ou se baladent en forêts. Leur fonctionnement est bien rodé : Charlotte trouve un emploi « dans la moitié nord de la France », puis ils cherchent un terrain pour s'installer et, dans un troisième temps, Yann cherche à son tour un poste de manipulateur radio.

Alors, nomades ou pas ? « Je ne me définirais pas comme nomade, me répond Yann, mais on se donne la possibilité de l'être. » Si le couple veut pouvoir partir dès qu'il le souhaite, c'est pour échapper aux contraintes du salariat. « Le travail devient plus possible ? On n'a plus peur de le quitter et de changer de région pour chercher ailleurs, m'explique Yann. C'est notre priorité : ne pas souffrir au travail. » Charlotte valide : « Je veux avoir le luxe, dès que je sens que le travail me donne plus de mal-être que l'inverse, de le quitter. Cet habitat est vraiment lié à mon rapport au travail. [...] C'est ce que j'ai dit à mon employeur : "Vous savez qu'il n'y a rien qui me retient ici. Demain, si je veux partir, je pose ma démission et je me casse." C'est assez jouissif de pouvoir se le dire, et ça allège beaucoup le rapport au travail. » Yann : « Si ça devient insoutenable dans le boulot, on se posera pas la question trente-six fois. [...]. Il n'y a pas de chantage au chômage. »

Pour Audrey et Martin aussi, la question du nomadisme se pose d'une manière particulière. Ils m'expliquent :

Audrey : On est sur un nomadisme relatif, on ne va pas se déplacer toutes les semaines. Notre volonté, ce n'est pas de partir très loin. C'est d'être nomades autour de l'agglomération nantaise ou de la Loire-Atlantique. On a décidé de venir s'installer autour de Nantes, et on sait qu'on veut y rester.

Martin : Je dirais même que c'est une sédentarité souple et avantageuse. L'idée, c'est de trouver un lieu où on s'installe dans une vie de village. Ça nous plairait d'être dans cette démarche-là. Mais n'étant pas du tout campagnards à la base...

A. : Ça fait dix ans qu'on habite en ville. C'est un truc qu'on veut fuir mais...

M. : ... la transition « campagne » peut être un peu rude, si on y va franco.

A. : On voulait avoir notre maison, mais je n'aurais pas pu dire que je voulais m'installer à tel endroit. Là, on a notre maison, mais on va expérimenter. Se déplacer pendant six mois, un an, deux ans, dix ans... Et peut-être que si on trouve un endroit... J'en avais vraiment marre de payer un loyer pour rien, d'avoir l'impression que c'était un trou dans lequel les sous tombent et disparaissent. On s'est dit que ça nous revenait à deux ans de loyer, de construire la *tiny house*. Donc si on habite dedans pendant deux ans, ça nous aura coûté la même chose... Sauf qu'on aura un bien, à la fin. C'est pas un bien immobilier, mais il nous reste quelque chose.

M. : Et si t'arrives à le faire sans prêt bancaire, c'est tout bénef ?

A. : Il y avait aussi cette volonté de ne pas passer par les banques. On est indépendants, donc on aurait eu des prêts horribles, avec des taux... On n'a même pas demandé. Le prêt sur vingt-cinq ans, pff, on voulait pas, quoi !

Galères de « tinistes »

Vivre dans une micromaison, comme vivre tout court, compte son lot de difficultés. Jay Shafer, leur inventeur, en sait quelque chose. Il a construit sa première habitation mobile parce qu'il était fauché. Quand on lit l'article du *New Yorker* qui lui est consacré, on imagine un « original » guère taillé pour la vie « normale », un jeune qui dormait dans le pick-up de son père et qui a vécu dans une caravane Airstream mal isolée. Un type qui a un jour quitté son appartement après avoir fait un double des clés de son bâtiment pour pouvoir squatter la cave et dormir sur un matelas qu'il recouvrait d'un morceau de plastique pendant la journée. Sa femme, Marty Shafer, appelait ça ses « manières de dormir ésotériques[54] ». Quand Shafer déclarait qu'on devrait pouvoir s'endormir partout où on le désire, il voulait dire qu'on devrait tous avoir un endroit où dormir. S'il s'est abonné à ces espaces confinés, s'il a décidé de développer ces minuscules maisons, ce n'est pas par excentricité, mais parce qu'il était extrêmement pauvre.

Après un passage à la télévision qui l'a rendu célèbre[55] et quelques années de succès, Shafer est vite retombé dans la misère. « J'ai construit ma première *tiny house* parce que je n'arrivais pas à gagner assez d'argent pour construire une grande maison ou me permettre de payer autre chose qu'un loyer vraiment bas [...]. Quand j'ai commencé [...], je voulais toucher autant de personnes que possible. Le terme *logement abordable* a vraiment mauvaise réputation », confiait-il au *Believer*[56]. La journaliste développe :

> Cependant, en tant que pionnier d'un mouvement bourgeonnant, il a eu tendance à gommer ce détail de son récit. Il a plutôt décrit son style de vie comme une quête de transcendance à travers une simplicité radicale, dans la veine de Thoreau. [...] Depuis, il a rencontré beaucoup de difficultés. Il a quitté Tumbleweed [son entreprise de fabrication de *tiny houses*] après s'être disputé avec son associé, a vécu un divorce difficile et a fini par devenir sans-abri. « Maintenant, je vis dans une porcherie », m'a-t-il dit – un cabanon qu'il partage avec des cochons, dans la casse automobile d'un ami. Récemment, pourtant, il a dessiné une nouvelle maison, et cette fois il adopte l'angle de l'habitat abordable : « Je ne me laisserai plus jamais vivre dans la rue, donc j'ai conçu une maison à 1 000 dollars. » C'est le prix de la structure : le reste, notamment l'équipement, coûtera plusieurs milliers de dollars supplémentaires. Pour faire un profit, Shafer pense vendre la maison un peu moins de 10 000 dollars. Elle mesure 4,5 m^2.

Oubliez le romantisme et l'image du petit cottage qui part à l'assaut des routes : la *tiny house* n'est pas née d'un fantasme du type *La Petite Maison dans la prairie*, mais d'une réponse à une crise du logement.

Pour Yann et Charlotte, vivre dans un si petit espace a effectivement des inconvénients, mais « on les accepte. On savait d'emblée que ça ferait partie du jeu », affirment-ils. « C'est le contrat, avec ce type de maison. Tout n'est pas tout beau, tout rose. » Premier écueil, l'hiver et le mauvais temps. « L'hiver, en effet, c'est moins sympa de vivre dans 17 m^2 qu'aux beaux jours, reconnaît Charlotte. Le premier hiver qu'on a passé, en Bretagne, il pleuvait tous les jours. C'était torrentiel, c'était atroce. C'était une mare de boue. Pendant quatre mois, on a marché dans la boue. Ça ne faisait pas rêver. » Mais Jonathan « Livingston », qui rêve de faire le tour du monde en *tiny*, relativise. « Les gens me demandent souvent : "Mais qu'est-ce que vous faites dans une *tiny house* quand il pleut, qu'il fait froid, en hiver, à deux ?" Et la dernière fois, je répondais à mon pote : "Mais qu'est-ce que tu fais, toi, dans ta maison ? Tu cours entre ton salon et tes chiottes ?" Ben nous c'est pareil, hein. On se pose, on joue, on bosse, on fait à bouffer, on regarde un truc, on fait un peu de ménage... On s'occupe. Et en fait, on ne s'est pas ennuyés une seule fois[57]. »

Avec le mauvais temps vient aussi le risque de manquer d'électricité pour les « tinistes » autonomes – il faut savoir se rationner. « Il est fort probable que dans un an, on puisse te dire qu'on a passé trois jours sans électricité ou sans eau, se projettent Martin et Audrey avant de préciser : Mais on veut essayer, absolument. »

« L'autre contrainte, pointe Charlotte, c'est quand on a de la visite. On ne peut pas accueillir du monde et ça, je le regrette. À Chalon, ça nous est régulièrement arrivé de recevoir une quinzaine de personnes pour une soirée. On aime ça. Là, ce n'est pas possible. On ne tient pas à plus de six dans la pièce. Et quand les gens veulent dormir, c'est compliqué. Mais on le sait ! Du coup, le week-end prochain, on loue une baraque pour accueillir des potes. »

Forcément, vivre dans un si petit espace pose aussi des problèmes d'intimité : « T'as pas de fuite possible, rappelle Yann. Tu peux claquer la porte, mais c'est la porte d'entrée quoi ! » Et « quand il y en a un qui passe un coup de fil, l'autre entend », ajoute Charlotte, qui précise par ailleurs que « les toilettes sèches, ce n'est pas ce qu'il y a de plus glamour ». Jonathan souligne quant à lui l'importance de la communication non violente, et conseille de mettre une bougie dans les toilettes. Rien de bien dramatique, au fond.

« Il faut que ce soit sain, il ne faut pas l'idéaliser, conclut Charlotte. On a vu des gens qui étaient dans le déni de ces contraintes et qui, au bout de six mois, un an, ont vendu leur *tiny*. Parfois, les gens ont l'impression que leur vie va totalement changer, comme si c'était une potion magique. Et ça, je pense que c'est le filtre Instagram, réseaux sociaux, blogs, influenceurs… des gens tombent dans le panneau et ont l'impression que leur couple va retrouver un nouvel élan, que leur famille va vivre un bonheur incroyable. Mais non. Ça reste ta maison. » Yann abonde dans son sens : « Il ne faut pas se lancer dans un projet comme ça en l'idéalisant trop, il faut prendre conscience des contraintes. Mais par rapport aux bénéfices, nous, on trouve ces tracas carrément supportables. Je vais volontiers porter mes plusieurs bidons d'eau chaque semaine pour remplir ma cuve, si ça m'autorise une certaine indépendance. »

Pourquoi on veut vivre dans des micromaisons

Qu'est-ce qui peut bien pousser les gens à vouloir vivre dans d'aussi petits espaces, s'interrogeait le *New Yorker* en

2011 ? « En règle générale, les New-Yorkais rêvent de vivre dans des lieux plus petits aussi souvent que les passagers d'une compagnie aérienne réclament de plus petits sièges. [...] Pour quelqu'un qui vit à New York, l'une des micromodes les plus énigmatiques de notre époque est cette décision de vivre dans le plus petit espace possible[58]. »

La journaliste Mona Chollet se pose la même question dans *Chez soi*. Elle écrit : « Incontestablement, il y a une magie dans les petits espaces. Ils correspondent à l'archétype du refuge, à l'abri primitif dont les frontières se rapprochent autant que possible de celles du corps. Pouvoir embrasser d'un seul regard tous les éléments indispensables à la vie procure une sensation de réconfort et de sécurité, une satisfaction intense[59] » et la « fierté enivrante à l'idée de pouvoir vous contenter de peu ». Les « tinistes » se reconnaîtront probablement dans cette description. En revanche, la suite risque de moins leur plaire. Selon elle, « [l]es adeptes du *living small* occupent donc exactement la place qu'un ordre social inique leur assigne », « ils se contorsionnent pour entrer dans le placard qu'on veut bien leur laisser et prétendent réaliser par là leurs désirs profonds ».

Ils seraient les pigeons d'un système qui se moque d'eux, des « idiots utiles » qui se réjouissent des miettes qu'on leur jette – et qui le revendiquent haut et fort. La réflexion de l'essayiste est intéressante et elle a du sens si on considère qu'il est du devoir de chacun de lutter contre les dérives du système capitaliste. Mais les « tinistes » ne sont pas tous militants, et ils ont conscience du monde dans lequel ils vivent. Un monde, comme le note la journaliste, où « entre 1998 et 2011, les prix de l'immobilier ont grimpé de... 158 %[60] ». Face à ce constat, Jay Shafer et les autres ont étudié les possibilités qui s'offraient à eux, et ont tranché.

Cette conversation entre Yann et Charlotte en témoigne :

Yann : On voulait vraiment trouver un moyen d'augmenter notre niveau de vie.

Charlotte : Du moins de le maintenir, en étant moins contraints par la pression du travail, qui prend des proportions énormes dans notre société. On a longtemps brainstormé sur « comment faire pour travailler moins tout en gagnant autant d'argent », pour pouvoir faire ce qu'on aime faire. Et on s'est rendu compte que la part du loyer et des charges était énorme, par rapport à nos salaires et que si on enlevait cette part-là, on aurait…

Y. : … un plus haut niveau de vie en fait. On s'est dit : « C'est ça qu'il nous faut, et qui conviendrait le mieux au mode de vie qu'on aimerait avoir. »

C. : L'idée, c'était de pouvoir avoir un pied-à-terre pour travailler une partie de l'année et le reste de l'année, pouvoir faire autre chose. Passer du temps avec des amis, de la famille, faire du volontariat et voyager, tout en sachant que quand on rentre, on a un chez-nous qui nous attend. Et on n'a pas à retrouver un logement.

Ici, le désir de liberté s'accompagne donc aussi d'une peur du déclassement. Le choix de Yann et Charlotte, comme celui de Martin et Audrey, est-il plus insensé que celui d'un trentenaire qui décide de retourner vivre chez ses parents afin d'économiser l'apport qui lui permettra de devenir propriétaire ? Les « tinistes » sont-ils plus « utiles » au système qu'un Parisien qui consacre plus de la moitié de son salaire à un logement minuscule ? Après tout, l'un de mes premiers appartements à Paris était plus petit que la maison de Yann et Charlotte. Les « tinistes » ont fait un vrai choix. Un peu flippant, peut-être pas toujours rationnel, mais informé. Sans être radical, ce choix n'est néanmoins pas conforme à la pensée dominante : c'est sans doute pour ça qu'on le questionne, qu'on le remet en cause, plus facilement que ceux qui sont conformes à un certain *statu quo*. Habiter dans une *tiny house* n'est pas un choix militant, dans le sens où ce n'est pas une alternative d'envergure crédible au système en place – d'ailleurs, Yann et Charlotte insistent sur le fait que leur démarche n'a rien de politique. Cela reste néanmoins une position forte, libératrice et sans doute préférable au non-choix qui consisterait à rester bloqué dans un appartement qui tient souvent, dans les grandes métropoles, de la cage à poule.

Tiny *partout*, tiny *nulle part* ?

Les micromaisons sont partout, sur Netflix, sur Airbnb, dans les magazines de décoration ou dans la presse nationale et régionale, qui consacre de nombreux articles à chaque personne qui saute le pas. Partout… sauf dans la vraie vie. Combien de vos proches ont effectivement revendu leur appartement pour s'offrir une micromaison ? Combien de ces habitations sur roues avez-vous croisées sur la route de vos dernières vacances ? Sans doute très peu.

En 2010-2011, Jay Shafer avait vendu un millier de plans de *tiny houses*, mais n'avait aucune idée de combien avaient *in fine* été construites. D'après le *Believer*[61], il y en aurait moins de 10 000 aux États-Unis. Une paille, pour un pays de 327 millions d'habitants, où le phénomène a inspiré une bonne dizaine d'émissions de télé (aux noms aussi variés que *Tiny House Nation*, *Tiny House Arrest*, *Tiny House Hunters*, *Tiny House Builders*, *Tiny Paradise* ou encore *Tiny Luxury*).

En France, c'est à peu près pareil. Difficile de lister le nombre de blogs, de chaînes YouTube ou de comptes

Instagram qui tournent autour du sujet. Une chose est sûre : leur nombre paraît disproportionné comparé à celui des personnes qui vivent réellement en *tiny*. Notre pays compterait une cinquantaine de fabricants[62], mais combien y consacrent l'intégralité de leur temps ? Combien de maisons fabriquent-ils chaque année ? La Tiny House, qui fait figure de « leader[63] » sur le marché, a construit 80 maisons depuis 2013. Baluchon, créé en 2016, consacre deux mois à chaque *tiny house*, la société en a donc fabriqué moins d'une vingtaine. Dans les Landes, au printemps 2019, une micro-maison moderne était exposée dans un champ, en face de la station-service où je faisais le plein. Quand j'ai appelé son fabricant, un charpentier-couvreur, il n'était pas vraiment d'humeur à parler de son œuvre – peut-être parce que je venais de l'interrompre au beau milieu de son déjeuner. « En fait, elle me fait plus chier qu'autre chose. Le problème, c'est qu'ici, sur toute la côte, ça ne décolle pas. » Il m'a laissé entendre que les mairies, peu coopératives, freinaient le développement de ce type d'habitat.

Bien sûr, les choses changent peu à peu, le succès croissant du sujet prouve que la tendance perdure – après tout, il paraît logique qu'un certain temps de maturation soit nécessaire. Changer nos habitudes ne peut pas se faire du jour au lendemain. D'ailleurs, même les pouvoirs publics s'y mettent. Pau a ainsi accueilli le premier « village » de *tiny houses*. Composé de… quatre habitations, il est destiné aux étudiants ou apprentis qui ne parviennent pas à trouver un logement. À Bordeaux, un conseiller municipal propose de s'inspirer de cette idée pour installer en urgence 200 *tiny houses* réparties sur trois sites du campus. D'après cet élu, les « logements recherchés par les étudiants et les ménages modestes » sont « passés en location touristique *via* Airbnb[64] ».

À Saint-Brieuc, le Ty Village propose lui aussi des *tiny* pour les étudiants, au tarif préférentiel de 450 euros par mois, tout de même. En été, ils laissent leur place aux vacanciers qui doivent débourser 500 euros pour la semaine. Ici, il s'agit d'une initiative privée, portée par une « ingénieure polytechnicienne spécialisée en développement durable[65] ».

D'après *18h39*, un site de contenus financé par Castorama qui a consacré des dizaines d'articles aux *tiny houses*, Rezé, près de Nantes, serait sur le point d'ouvrir son propre mini-village de 6 700 m^2 : trois à six propriétaires de *tiny houses* sont invités à postuler pour s'y installer[66]. En Écosse, depuis 2018, une vingtaine de sans-abri sont hébergés dans des micromaisons, pour des séjours de douze à dix-huit mois[67].

Quant à Jay Shafer, il participe au mouvement « *Tiny Houses for Sonoma Country* », qui tente de résorber, à son échelle, la crise du logement dans la région de San Francisco, où les prix de l'immobilier explosent à cause de l'afflux massif des travailleurs de la Silicon Valley. En bref, la micromaison est considérée comme une solution pratique et efficace pour abriter temporairement des personnes précaires. Mais qu'elle héberge des couples en recherche de liberté ou des clochards en réinsertion, elle a finalement la même fonction, redonner à ses habitants une capacité d'agir.

▶ LES *TINY* ET LA LOI : DÉPLACER SA *TINY HOUSE*

Une *tiny house* doit peser au maximum 3,5 tonnes, remorque comprise. Pour la tracter, il est obligatoire de passer un permis BE. L'examen est composé de deux épreuves :

– une théorique, le code. Vous en êtes dispensé si vous êtes titulaire de votre permis depuis moins de cinq ans.

– une épreuve pratique de conduite, décomposée en deux parties. Une partie hors circulation durant laquelle vous devrez répondre à quelques questions, effectuer des manœuvres et montrer que vous connaissez le fonctionnement de la remorque. Une épreuve en circulation où vous devrez convaincre votre examinateur que vous pouvez tracter votre propre domicile sans être un danger public.

Il y a deux notions importantes, quand on parle de tractage :

– le poids total autorisé en charge (PTAC) désigne le poids total que ne doit pas dépasser un véhicule lorsqu'il roule. On parle aussi de « masse maximale techniquement admissible ». Cela comprend donc la remorque et la structure de votre *tiny house,* mais aussi tout ce qu'elle contient. Pour le véhicule qui la tracte, cela comprend son poids et son chargement, conducteur et passagers compris.

– le poids total roulant autorisé (PTRA), ou masse en charge maximale autorisée (MCMA). C'est la limite de poids du véhicule et de son attelage.

À partir de ces deux chiffres, il vous faut calculer votre poids tractable maximum. Celui-ci correspond à la plus petite des deux valeurs suivantes : la somme des deux PTAC ; ou le PTRA du véhicule tracteur.

Quant à la *tiny* elle-même, elle est considérée comme une charge : elle doit être démontable, même si dans la majorité des cas, elle ne quittera jamais son châssis.

LES *TINY* ET LA LOI : INSTALLER SA *TINY HOUSE*

Les *tiny houses* ne jouissent pas d'un cadre légal bien défini en France, mais elles doivent respecter certaines lois.

« On n'a pas le droit de rester plus de trois mois [sur le même terrain] sans autorisation, et il faut que le terrain [suivant] appartienne à un propriétaire différent. À moins d'avoir des dérogations ou des autorisations de stationnement », expliquent Yann et Charlotte, « tinistes » installés en Sologne.

Précision détaillée avec l'article R 443-4 du Code de l'urbanisme[68] :

« Tout stationnement pendant plus de trois mois par an, consécutifs ou non, d'une caravane est subordonné à l'obtention par le propriétaire du terrain sur lequel elle est installée, ou par toute autre personne ayant la jouissance du terrain, d'une autorisation délivrée par l'autorité compétente.

Toutefois, en ce qui concerne les caravanes qui constituent l'habitat permanent de leurs utilisateurs, l'autorisation n'est exigée que si le stationnement de plus de trois mois est continu.

L'autorisation de stationnement de caravane n'est pas nécessaire si le stationnement a lieu :

a) Sur les terrains aménagés permanents pour l'accueil des campeurs et des caravanes, régulièrement autorisés et classés ;

b) À l'intérieur des terrains désignés à l'article R. 444-3 b et c ;

c) Sur les terrains aménagés en application de l'article R. 443-13 ;

d) Dans les bâtiments et remises et sur les terrains où est implantée la construction constituant la résidence de l'utilisateur. »

En France, la loi ALUR de 2014 a donné « une existence juridique à l'habitat léger », comme l'écrit le site *Tiny House France*[69]. Cette loi est censée faciliter le développement des habitats alternatifs, et leur reconnaissance comme habitations principales. Elle facilite notamment l'accès des habitats mobiles aux « zones pastilles », des parcelles inconstructibles, inscrites sur les plans locaux d'urbanisme.

En 2019, la Belgique a suivi le même chemin : le 1er septembre, la notion d'habitat léger a fait son apparition dans le Code du logement wallon.

Pour le moment, ces modifications d'ordre légal n'ont pas perturbé la vie des « tinistes », mais à terme, elles pourraient faciliter leur installation.

3. *DIGITAL NOMADS*, LE MONDE ENTIER EST UN BUREAU

« Actuellement, je vis en Australie, à Byron Bay. Mais je bouge sur Melbourne bientôt. Dans deux semaines, il faut que je sorte du pays car j'ai un visa de tourisme – je vais sûrement aller en Thaïlande, pour renouveler mon visa de travail thaïlandais. Ensuite, tout août je serai au Canada et aux États-Unis. » Max est français et il a 33 ans. C'est un travailleur du numérique qui parcourt la planète et se pose où il le souhaite – généralement dans des villes où la connexion est correcte, le climat clément, la nourriture bonne et les loyers pas trop élevés. Un entrepreneur sans domicile fixe dont le quotidien est fait de visas, de vols long-courriers et de conférences aux noms barbares, de visites de lieux instagrammables et, quand même, de travail. En un mot, c'est un *digital nomad* et il adore ça. Je lui ai envoyé une liste de questions par e-mail et il m'a envoyé ses réponses sous forme d'enregistrements sur WhatsApp. De toutes les personnes que j'ai interviewées, il est sans doute celui qui colle le plus à l'image idéalisée qu'on se fait des nomades numériques. Il voyage tout le temps, il a vécu en Thaïlande, il est entrepreneur, il a des revenus passifs, il aime les sports extrêmes, il revendique sa liberté, il est intégré à une communauté de gens qui lui ressemblent et… l'homme qui a changé sa vie s'appelle Tim Ferriss.

« Ça a été ma base quand j'ai commencé à bosser en ligne, en 2013, reprend Max à propos de la Thaïlande. J'ai vécu à Chiang Maï [dans le nord du pays] de mi-2013 à mi-2014. Après, je suis parti au Mexique pendant un an. Je partageais une maison avec d'autres entrepreneurs. Puis je suis retourné en Thaïlande, plutôt à Bangkok, parce que j'ai un très bon groupe d'amis là-bas, dont mon associé. J'allais aussi beaucoup dans une petite ville qui s'appelle Pak Nam Pran, à trois heures au sud de Bangkok, pour faire du kitesurf, je louais une chambre dans chaque ville. Je ne suis pas allé en Thaïlande depuis décembre, mais il y a de fortes chances pour que j'y passe toujours au moins un ou deux mois par an, surtout la période d'octobre-novembre, où on se retrouve, avec des amis. On fait partie du "Dynamite Circle". C'est une communauté [payante] avec beaucoup d'entrepreneurs, qui sont *location independent* [ils ne dépendent pas d'un lieu] et qui organise une conférence à Bangkok. On se retrouve là-bas et après on voyage, puis on va à une autre conférence à Chiang Maï, plus axée sur le SEO – le référencement.

« J'ai énormément bougé ces deux ou trois dernières années, j'ai pas eu beaucoup d'endroits fixes. La vie que je mène actuellement en Australie, c'est la vie la plus fixe depuis… Honnêtement, je ne sais pas ! Ça va faire deux mois qu'on est installés ici avec ma copine, qu'on n'a pas bougé, qu'on dort toujours dans le même lit, dans la même chambre. C'est marrant, c'est une des premières fois que ça m'arrive depuis des années. En ce moment, je fais un peu ce que je veux. Le matin, je ne travaille quasiment pas. Je vais faire du sport, je lis énormément, j'apprends la guitare flamenco… J'ai énormément de temps en termes de développement personnel – juste me faire plaisir et évoluer en tant que personne, pas seulement dans ma vie professionnelle. Ça me laisse plus de flexibilité pour le faire et donc, dans un sens, moins d'excuses pour ne pas le faire. »

Et les inconvénients de cette vie nomade ?

« Je t'avoue que là comme ça, je n'arrive pas à en trouver. Parce qu'en fait, mes problèmes d'aujourd'hui, ce sont de faux problèmes. Par exemple, vu que je suis, entre guillemets, libre d'aller où je veux quand je veux, mes potes et ma famille pensent que je suis toujours disponible, que c'est toujours à moi de m'adapter. Et les gens le prennent mal, quand tu as ton propre agenda. Un autre problème, c'est de vouloir faire trop de choses. Tu te dis "je suis libre de faire ce que je veux"… Et tu peux en faire trop : ne pas assez profiter des avantages que représente le fait d'avoir une routine, comme celle que j'ai aujourd'hui. Tu vois, progresser sur quelque chose, se créer un groupe d'amis sur le long terme qui ne soient pas nomades, bien connaître un endroit, les commerçants de la rue d'à côté, le petit café dans la rue machin… Bon, évidemment, il y a des villes que je connais très bien comme Bangkok, comme Chiang Maï, parce que j'y retourne souvent… mais parfois, ce genre de choses manque un peu. Mais c'est vraiment aller chercher les problèmes… Je ne peux pas me permettre de me plaindre de ça ! »

Au-delà des voyages incessants, la vie d'un nomade digital – comme celle de la plupart d'entre nous – est liée à son travail. Là encore, Max a opté pour une carrière typique de cette communauté et qui, je dois le dire, reste assez abstraite pour moi malgré ses efforts de pédagogie. « Avec un associé, on a créé des sites dans le secteur médical. On fait aussi un peu de *e-commerce* depuis pas longtemps, et on a récemment créé une agence qui fait des applications mobiles. » Il m'a demandé de ne pas nommer son site, « pas parce que je veux que le site reste secret, au contraire, on veut qu'il soit plus connu, mais j'ai pas trop envie que les gens sachent que derrière il y a un mode de vie différent, que je ne suis pas forcément docteur, etc. »

« On est en France, en Angleterre, en Italie, en Espagne, et en Allemagne, et on vise les États-Unis. On *rank*, sur ces sites : on fait du référencement. On a beaucoup de visiteurs : plus de 10 000 par jour en combinant tous les sites. Du coup, on a des partenaires. On travaille avec des comparateurs d'assurances, avec des cliniques à l'étranger, parce qu'il y a beaucoup de gens aujourd'hui qui cherchent à faire du tourisme médical pour payer moins cher en ayant la même qualité que dans leurs pays respectifs. On vend aussi des produits dans le secteur paramédical, on a plusieurs moyens de monétisation.

« L'avantage d'avoir ces sites, c'est qu'une fois que tu as créé des partenariats, dans un sens ils peuvent tourner tout seuls. Si demain toute l'équipe s'arrêtait de bosser sur le site et qu'on ne faisait rien du tout, le site continuerait à gagner de l'argent pendant au moins six mois. C'est le genre de projets où tu fais un gros effort au départ : créer ce site, et le faire grandir, ça m'a pris pas mal de temps mais une fois qu'il commence à tourner par lui-même, ça nécessite de moins en moins d'heures. Dans un deuxième temps, vu qu'on a grossi, on a une équipe. Aujourd'hui la plupart des tâches que je faisais au début, je les fais plus. Aujourd'hui, je manage et je dirige les gens vers telle ou telle tâche. Il y a beaucoup de Skype et de discussions sur Slack, mais il n'y a plus trop de travail "dans le dur" [...]. Après, il y a des sprints : des périodes où, sur un mois, je vais beaucoup travailler, c'est par période. On peut dire que c'est du revenu passif, mais il y a des heures de travail qui sont là. C'est pas la semaine de quatre heures. Ça arrive, mais c'est pas comme ça toute l'année ! »

La semaine de quatre heures

Vous êtes largués ? C'est normal. On va reprendre en détail. Commençons par préciser que la référence à la « semaine de quatre heures » n'est pas choisie par hasard : c'est un clin d'œil à un livre publié en 2007 aux États-Unis et devenu un best-seller presque immédiatement. Écrit par Tim Ferriss, *The 4-Hour Workweek : Escape 9–5, Live Anywhere, and Join the New Rich*[70] a popularisé le mode de vie des nomades numériques.

Le terme *digital nomad* a dix ans de plus que le livre de Ferriss. C'est le titre d'un autre livre, paru en 1997 et que son éditeur, Wiley, résume ainsi : « *Digital Nomads* nous explique comment les possibilités technologiques actuelles et futures, associées à notre irrépressible besoin naturel de voyager, vont à nouveau permettre à l'humanité de vivre, travailler et exister en se déplaçant[71]. » Dans cet ouvrage écrit par Tsugio Makimoto et David Manners, alors respectivement spécialiste des semi-conducteurs chez Hitachi et écrivain, on lit notamment : « Installé dans un des plus beaux lieux de la planète, la technologie lui permettant de gérer ses affaires depuis sa chambre d'hôtel (voire depuis la plage) sans s'interrompre au moindre coup de fil urgent, il [le *digital nomad*] peut se faire plaisir et prendre du temps libre, débarrassé des contraintes d'un voyage minutieusement organisé par un assistant zélé ou un patron exigeant. »

Comme le souligne la sociologue Beverly Yuen Thompson[72], Makimoto et Manners ont certes identifié les dérives possibles d'un tel mode d'organisation du travail mais « [s]es potentiels dystopiques ont été rapidement survolés, pour se concentrer sur le potentiel positif, libérateur et même fantasmatique que le reste du livre allait décrire : indépendance vis-à-vis de l'emplacement, d'énormes villes nomades temporaires, diminution des gouvernements et des frontières nationales, travail reposant sur une approche projet, moins de consumérisme matériel, une économie du partage – le tout rendu possible par un "compte bancaire en bonne santé", nécessaire pour le nomade ».

Les auteurs avaient, semble-t-il, vu juste, même s'ils pensaient que leurs prédictions se réaliseraient bien plus tôt. : « D'ici la prochaine décennie [...], la plupart des gens s'apercevront que le lien géographique s'étiole. Cela arrivera petit à petit et les gens mettront du temps à réaliser qu'une révolution est en marche mais, au bout de ces dix ans, la plupart des gens dans les pays développés seront libres de vivre où ils le veulent et de voyager autant qu'ils le veulent.

[...] [L]es humains pourront se demander : “Suis-je un nomade ou un sédentaire[73] ?” » Plus de vingt ans après la publication de ce livre, on peut constater que le sujet du nomadisme a effectivement pris une ampleur considérable, mais il est loin d'avoir bouleversé la société aussi profondément que le suggéraient ses auteurs.

Makimoto et Manners étaient-ils trop en avance sur leur temps ? Leur livre était-il trop universitaire, trop académique, pour déclencher la révolution qu'ils pensaient voir arriver ? En fait, les deux auteurs ont anticipé un phénomène : ils ont détecté les signaux extrêmement faibles d'un changement à venir, mais n'ont pas fourni de solutions clé en main à ceux que ce mode de vie pouvait intéresser.

Ça, c'est Tim Ferriss qui allait s'en charger. Ce marketeur pur jus a fait rêver des millions de lecteurs en leur vendant une promesse : les libérer de la vie de bureau. Le trentenaire d'alors s'ennuie à mourir dans son travail et décide de tout mettre en œuvre pour vivre ses rêves. Il ne veut pas attendre la retraite pour profiter de son temps libre, et estime que les gens aspirent non pas au compte en banque d'un millionnaire, mais à son style de vie. Il crée brainQUICKEN, une entreprise de compléments alimentaires qui lui vaut d'être régulièrement qualifié en ligne de « *snake oil salesman* », vendeur de poudre de perlimpinpin. Il sous-traite tout pour 5 000 dollars : la fabrication, le graphisme, et se contente de revendre son produit huit à dix fois plus cher que son prix de revient, à l'aide d'un site Internet à peine croyable, où les astérisques sont presque aussi nombreux que les paragraphes. En gros, il multiplie les promesses alléchantes et s'empresse d'ajouter, en bas de page et caractères minuscules, que rien ne prouve qu'elles soient réalisables. Selon ses dires, brainQUICKEN est censé « accélérer la vitesse de la transmission neuronale » et le « traitement de l'information ». Mais les compléments, aussi vendus sous le nom de bodyQUICK, sont également parfaitement adaptés pour améliorer vos exploits sportifs. Dans son livre – dont il aurait choisi le titre grâce aux résultats d'une campagne AdWords –, Ferriss parle longuement de brainQUICKEN, sans s'attarder sur les qualités du produit. Ce qu'il explique est assez simple, il faut identifier un marché et vendre à un prix qui permet de ne pas trop s'encombrer :

> « En plus de la valeur perçue, il y a trois avantages principaux à créer une image premium et luxueuse, et à vendre plus cher que la concurrence.
>
> 1. Des prix plus élevés, cela signifie qu'on peut vendre moins d'unités – et donc gérer moins de clients – et réaliser nos rêves. C'est plus rapide.
>
> 2. Des prix plus élevés attirent des clients qui nécessitent moins de service après-vente (plus d'argent, moins de réclamations/questions, moins de retours, etc.). Donc moins de prise de tête. C'est ÉNORME.
>
> 3. Des prix plus élevés créent également des marges plus élevées. C'est plus sûr[74]. »

Avec l'argent qu'il gagne, l'entrepreneur peut enfin réaliser ses rêves. « Imaginons que vous arriviez à me trouver (ce n'est pas si facile) et que vous me demandiez [ce que je fais dans la vie] (j'aimerais mieux pas), je pourrais être en train de faire de la moto en Europe, de la plongée au large d'une île privée au Panama, de me reposer à l'ombre d'un palmier après un entraînement de kickboxing en Thaïlande, ou de danser le tango à Buenos Aires. Ce qui est beau, c'est que je ne suis pas multimillionnaire, et que je n'ai pas spécialement envie de l'être », assure-t-il dans son livre.

En fait, depuis ce succès éditorial, Ferriss a fini par devenir multimillionnaire. Aux États-Unis, il est considéré comme un « *self-help guru* », un spécialiste du développement personnel, et après tout, pourquoi pas : il n'y a *a priori* rien d'illégal là-dedans. Pour le trimestriel new-yorkais *Jacobin* (qui se définit comme une « publication radicale »), Tim Ferriss est un « faux expert », « un charlatan [dont le] succès en dit long sur le capitalisme moderne et ses mécontents ». Reste que, dix ans après la sortie de son livre, il continue de changer la vie de nombre de jeunes Occidentaux que son style de vie fait rêver.

Accabler ainsi de reproches Tim Ferriss et ceux qui ont suivi ses conseils peut facilement vous faire passer pour un envieux. Les personnes que j'ai interrogées ne font rien d'illégal, elles jouent globalement le jeu des sociétés capitalistes actuelles, et celles-ci ne peuvent donc que les féliciter. Dès lors, pourquoi leur reprocher de fréquenter des personnes qu'elles trouvent passionnantes dans des lieux à couper le souffle ? Parce qu'il me paraît nécessaire de s'interroger sur nos actes. Plutôt que d'être légales, nos occupations ne devraient-elles pas être éthiques ? Quel est l'impact de nos modes de vie pour les autres, pour la planète ? Ceux-ci sont-ils aussi enviables, s'ils impliquent de vendre n'importe quoi à des gens qui n'en ont pas besoin ? De fait, belles voitures, records dans le *Guinness Book*, chiffre d'affaires indécent, interviews par dizaines, projets à la pelle… Ferriss coche toutes les cases de la réussite. Logique, donc, qu'il soit davantage célébré que Steven K. Roberts, autre ancêtre des nomades numériques, mais d'un tout autre genre.

Sorte de Géo Trouvetou fou de vélo, Roberts se définit comme un « *technomade* ». Barbe noire bien fournie, sourire éclatant, les yeux masqués par d'énormes lunettes de soleil agrémentées de ce qui semble être une batterie d'appareils de mesure et de capteurs : ainsi apparaît notre homme sur *Leanpub*, un site sur lequel il vend ses livres numériques. « Depuis 1983, j'ai consacré toutes mes ressources disponibles à la poursuite de l'aventure, d'un expressionnisme geek et d'une ingénierie gonzo », y explique le chercheur de 67 ans. Comme Ferriss – et comme beaucoup de nomades connectés qui font référence dans leur milieu –, Roberts peut aussi se targuer d'avoir écrit quelques best-sellers, dont *Computing across America*, l'histoire de son périple à travers les États-Unis avec un vélo customisé et un ordinateur portable à énergie solaire. « Après six mois de préparation obsessionnelle, j'ai pris la route en septembre 1983 avec mon vélo horizontal fait maison, un ordinateur à énergie solaire (le très respecté Radio Shack Model 100), un compte CompuServe et un bureau minimal, écrit-il. L'idée, c'était simplement d'avoir un moyen de rester en contact avec mes clients et mes éditeurs tout en voyageant à plein temps et, au fil des mois, j'ai affiné mon installation afin que ma situation géographique soit de moins en moins pertinente. "Travailler de chez soi ? Travaillez d'où vous voulez !" ai-je écrit avec abandon, car je sentais que je pédalais à la charnière d'un bouleversement culturel majeur. »

L'un des nombreux articles consacrés à Steven K. Roberts décrit son vélo comme une « Harley-Davidson améliorée », mais d'après les photos, « Winnebiko » ressemblait plutôt au croisement entre une chaise de camping et un tuk-tuk. Une petite vitre à l'avant, deux panneaux solaires de la taille d'une bande dessinée et, entassés derrière le siège, le matériel de camping et les vêtements de Steven K. Roberts. Son vélo de quatre-vingts kilos n'a pas fait beaucoup d'émules, mais il a ouvert la voie : Roberts démontrait que la miniaturisation des ordinateurs et les prémices d'Internet rendaient possible de travailler n'importe où. Qu'il n'était pas nécessaire d'être au bureau pour faire un travail de bureau. C'est exactement ça qui séduit les *digital nomads* aujourd'hui : faire la même chose qu'avant, mais là où on l'a décidé.

Et « là où on l'a décidé », c'est souvent plus ou moins au même endroit. Si on trouve des nomades numériques partout (du Limousin à Boise, Idaho), il y a quand même une poignée de destinations qui reviennent constamment dans la bouche de ces voyageurs, comme dans les articles et les livres qui leur sont consacrés. Du Perche à la Thaïlande, des tropiques à l'Europe, petit tour d'horizon de ces destinations nomades.

Chiang Maï : nomadland

Chiang Maï, c'est la destination par excellence des *digital nomads* – l'endroit rêvé pour voir si ce style de vie vous correspond. Avec environ 150 000 habitants, la « Rose du Nord » est la sixième plus grande ville de Thaïlande, et la plus grande ville du nord du pays. « Quand j'ai emménagé à Chiang Maï, en 2011, la ville était très différente pour les expats (il y avait très peu de *digital nomads*, et énormément de retraités), explique Shannon O'Donnell, une blogueuse originaire de Floride[75]. Chiang Maï et les autres villes de Thaïlande font partie des destinations les plus prisées, poursuit la blogueuse de 36 ans. [Ce succès] s'explique par un coût de la vie moindre, la culture et une nourriture délicieuse. Depuis [mon arrivée], Chiang Maï a attiré d'autres *digital nomads* grâce à son faible coût de la vie, sa promesse d'un bon wifi et sa communauté de travailleurs à distance. » Mais ces dernières années, les choses ont changé.

Dans un article de 2017, le *New York Magazine*[76] décrit l'ambiance délétère qui commence à s'insinuer au sein de la communauté locale de nomades numériques : « Une idée commençait à s'enraciner à Chiang Maï : celle selon laquelle la scène *digital nomad* était elle-même devenue une sorte de système pyramidal, entretenu par des gourous qui vendaient "le style de vie *digital nomad*" à des nouveaux venus qui allaient finir par recruter la prochaine vague d'innocents à l'étranger. "Beaucoup de gens vendent des pelles, pendant la ruée vers l'or", déclare un *digital nomad* désabusé de Chiang Maï. »

Le Nomad Summit, une conférence « pour les nomades, par des nomades » qui se déroule dans cette ville chaque année depuis 2015, illustre parfaitement cette tension. Pour des prix allant d'un peu moins de 100 dollars à près de 1 300 dollars, les centaines de participants au Nomad Summit peuvent assister à des conférences intitulées « *No Skills? No Problem* », « *Millionaire Retirement Hacking: How to Retire as a Digital Nomad* » ou encore « *Thinking Outside the Box to Crush Big Goals* »[77]. Comme en témoigne une vidéo de promotion de l'événement, les participants viennent y chercher des conseils, mais aussi se rassurer sur leur choix de vie. « J'aime rencontrer des gens qui ont les mêmes objectifs que moi », explique une Estonienne ; « J'ai adoré que les intervenants disent des choses que je pouvais m'approprier, et appliquer dès maintenant comme à l'avenir », assure un jeune homme de Pennsylvanie à moitié roussi par le soleil thaïlandais. À ses côtés, un Australien, un Zimbabwéen et deux Sud-Africains (dont un semble approcher la soixantaine) vantent à leur tour les mérites de l'événement – l'opportunité de rencontrer des gens comme eux, qui pensent comme eux et qui ont envie de partager leur expérience.

Derrière cette réussite : Johnny Jen, *alias* Johnny FD, fils d'immigrés taïwanais né à San Francisco au tout début des années 1980 et disciple de Tim Ferriss. Sur son blog, celui qu'on décrit parfois comme la cheville ouvrière de la communauté nomade de Chiang Maï raconte son enfance malheureuse de *nerd* introverti, et comment il s'est réinventé par la plongée et la boxe thaïlandaise, tout en devenant un spécialiste des revenus passifs – les différentes façons de générer des revenus sans travailler : investissements immobiliers, placements, vente en ligne… On y trouve aussi des liens vers ses différents podcasts, ses livres, ses cours en ligne à 596,40 dollars…

Le voyageur et sa conférence sont loin de faire l'unanimité : « Il va encore rouler combien de nomades avant de partir et d'arrêter de rendre Chiang Maï complètement nulle ? » lit-on dans les commentaires d'une vidéo. « C'est comme un étrange mélange entre des arnaqueurs et des membres d'une secte. Certains sont des rêveurs délirants et d'autres, des sociopathes », écrit un autre à propos de la conférence. Un troisième : « Chiang Maï est la Mecque absolue des arnaqueurs qui profitent de la communauté des nomades numériques. Méfiez-vous de ces psychopathes. Ce rassemblement est juste un moyen pour les arnaqueurs de créer de la "valeur sociale" pour appâter d'autres gens. Faites attention. » Un autre, encore : « Tout ça commence à puer la Soif d'Argent, comme toutes les autres "scènes", "communautés", "techniques pour s'enrichir rapidement" […], tout le monde a un argument de vente. Et quel est cet argument ? C'est "achetez ce que je vends et vous serez libres comme moi". »

En lisant ce commentaire, je songe à la scène d'ouverture de la vidéo du Nomad Summit 2019, dans laquelle un présentateur harangue son auditoire : « Pensez à tous les patrons que vous avez détestés… Pensez à tous ces froids matins où il a fallu sortir du lit… » Alors, avec lui, toute la salle crie en chœur « LIBERTÉ » – comme si les tribus écossaises du *Braveheart* de Mel Gibson avaient troqué kilts et maquillages pour des blazers luisants et des lunettes à verres fumés.

Les initiatives payantes à destination des *digital nomads* comme celle-ci sont nombreuses, particulièrement à Chiang Maï, comme a pu le constater Donatien, développeur de 27 ans qui y a passé plusieurs mois. Lors de son séjour, il s'est vu refuser l'accès à un espace de travail dans lequel il avait ses habitudes : « Une classe de la Nomad Academy, une formation pour devenir nomade en trois mois, est arrivée » et a occupé tout l'espace, explique-t-il, légèrement incrédule. Il ajoute, sans aucune ironie : « C'est marrant, je ne savais pas qu'on pouvait faire une formation pour ça, mais apparemment ils ont des vrais cours. » Pour lui, le fait que ce type de formations existe a de quoi surprendre, puisque « aujourd'hui, tout est en ligne » et il est donc relativement facile de trouver l'information.

Les critiques, virulentes ou plus policées, de ces initiatives reposent sur un raisonnement simple : si les intervenants rencontraient vraiment le succès qu'ils prétendent avoir obtenu, ils ne prendraient pas le temps d'intervenir dans ce genre de conférences car ils auraient mieux à faire – c'est-à-dire : gérer leurs affaires. Mais on peut aussi imaginer que, parmi les *digital nomads*, certains se laissent tenter par la mode du *mentoring*, qui incite les jeunes entrepreneurs à se trouver des mentors plus expérimentés à même de les guider.

Previous page: 1984 Volkswagen Transporter Westfalia (Popo), Yosemite National Park, California
Contributed by Joanna Boukhabza and Eric Bournot

Clockwise from the left: Vancouver Island, British Columbia, Canada; Gothic, Colorado; Baja California, Mexico

Escape from New York: How my first van led to two years on the road, eighty thousand miles on the odometer, and a whole new way of living

Popping off the lid of my burrito bowl, I unsheathed the plastic fork and knife from their plastic covering and mixed the layers of beans, rice, and meat with a deft flip of the wrist. Leaning back in my Aeron chair, I took the first bite. It was by no means up to the standards of a West Coast burrito, but it was still virtually unparalleled compared to the other lunch offerings of midtown Manhattan. Chewing with satisfaction, I minimized my work email, opened up a fresh browser window, and went to thesamba.com, a forum and classified listing for Volkswagen vans.

VAN LIFE

Couverture et double-page de *Van Life, Inspiration for your life on the road*, de Foster Huntington. Au fil des années, l'instigateur du hashtag #vanlife a multiplié les publications sur le sujet.

Popo, le Volkswagen T3 Westfalia de Joana et Éric. Cape Kiwanda, Oregon, 2019, ©Des Fenêtres sur le monde.

Quelque part dans le désert d'Alvord, en Oregon, Joana et Éric campent avec d'autres *vanlifers* francophones, et notamment Grégoire et son camping-car Hymer, Henri the bus, © Des Fenêtres sur le monde.

Haut : Clémence, Thomas et leur chat devant le Lieutenant, leur Volkswagen LT 40 4x4, ©Roammates.
Bas : Alizée et Yoann sur le toit de leur camion de pompier autrichien, un Mercedes 508D, ©Wild Human Life.

Le Commodore Hostel, un bus scolaire Renault reconverti en auberge de surf itinérante, qui sillonne la côte atlantique, de la Bretagne au Maroc, ©Commodore Hostel.

PF et Luce à l'arrière de Calimero, le Volkswagen Crafter rallongé qu'ils habitent depuis qu'ils ont fait leurs adieux à Kirikou, leur Renault Master, ©Le Van migrateur.

Le Renault Saviem de la famille Nodimages, au Sahara occidental, ©Nodimages.

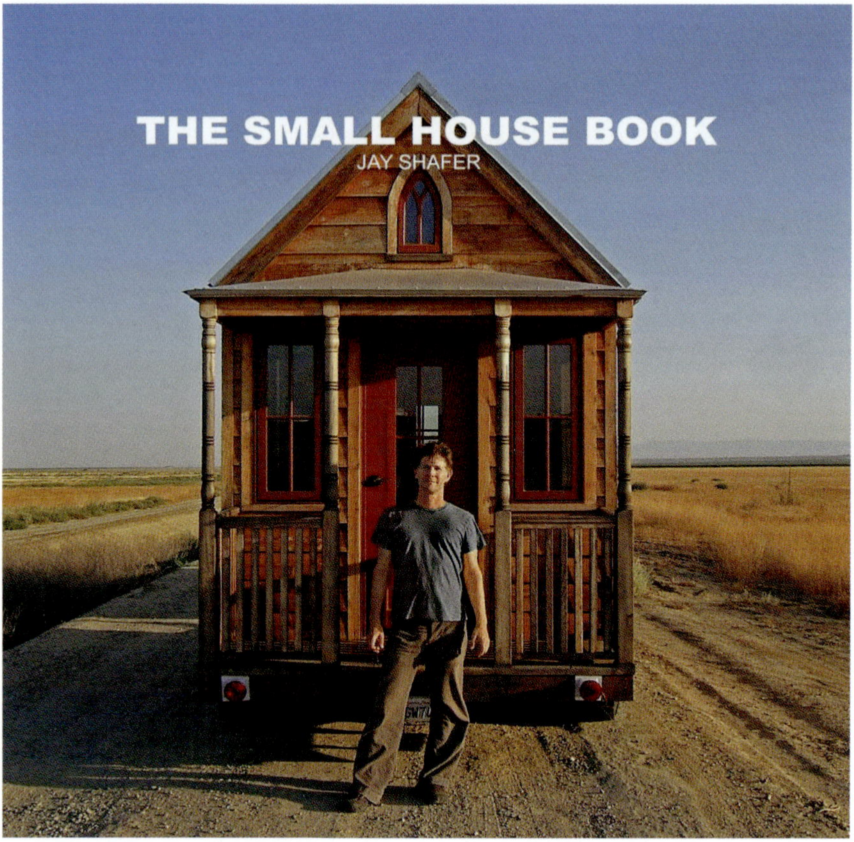

The Small House Book, Jay Shafer, Tumbleweed Tiny House Company, 2007.

La *tiny house* de l'Atelier moins mais mieux et son bardage extérieur en bois et plaques d'aluminium. ©Atelier moins mais mieux.

Haut : la Couledouce de Yann et Charlotte, attelée et prête au départ, 2017, ©Couledouce.
Bas : l'une des micromaisons construites par La Tiny House, ©La Tiny House.

L’intérieur d’une *tiny house* signée Baluchon, ©Baluchon.

La *tiny house* Livingston, avec laquelle Jonathan et Yunaë envisagent de faire le tour du monde, ©Tiny House Livingston.

Haut : Tim Ferriss, gourou détendu des *digital nomads*, ©Tim Ferriss.
Bas : le « technomad » Steven K. Roberts, avec son vélo « Winnebiko » et son ordinateur Radio Shack Model 100 près de Clearwater en Floride, en 1984, ©Katherine Peden, Nomadic Research Labs archives, *microship.com*.

La « Nomad Cruise », une croisière 100 % *digital nomads* qui mêle festivités, excursions et conférences.
Haut : ©Rene Schiffer.
Bas : ©Tijmen Hobbel.

« *Speed networking Bali Style* » dans la piscine de Dojo Bali, l'un des espaces de coworking préférés des *digital nomads*, 2018, © Tomas Šiaulys.

Haut : l'espace de coworking de Hubud, à Bali, et son architecture en bambous, ©Hubud.
Bas : Johnny FD, le créateur du Nomad Summit, monte sur scène lors de son événement à Chiang Maï, en janvier 2019, © Nomad Summit.

Et puis, l'un des attraits de la vie nomade, c'est d'entrer dans une nouvelle communauté. Et pour ça, rien de tel que de plonger corps et âme dans tout ce que celle-ci a à vous offrir.

VIVRE À CHIANG MAÏ, COMBIEN ÇA COÛTE ?

Combien ça coûte de vivre à Chiang Maï ? On trouve à peu près tous les chiffres sur les sites, blogs et vidéos des nombreux *digital nomads* qui détaillent leur budget mensuel. Certains assurent pouvoir vivre avec moins de 530 euros par mois, d'autres le déconseillent fortement et dépensent plutôt aux alentours de 2 300 euros pour un couple sans enfants. La fourchette basse aurait été popularisée par Shannon O'Donnell : en 2011, elle dépensait 485 dollars par mois hors frais de visa et assurance de voyage annuelle, soit l'équivalent de 600 dollars de 2018, d'après son propre calcul. Le nomade vidéaste Christopher Dodd a tenté l'expérience pour sa chaîne YouTube, *Chris the Freelancer,* en 2017. Et voilà à quoi ressemblait son budget[78] :

Loyer : 188,35 €
Internet :17,87 €
Eau, électricité : 9,41 €
Forfait téléphone : 15,06 €
Nourriture : 168,64 €
Café : 31,42 €
Eau en bouteille : 9,77 €
Transport : 9,94 €
Coworking : 4,97 €

Courses : 13,60 €
Alcool : 2,51 €
Divers : 28,96 €

TOTAL : 500,50 €

Pour 500 euros, ce jeune Australien semble avoir réussi à mener un train de vie confortable, entre sorties au restaurant, massages et appartement confortable dans une résidence avec piscine et *rooftop*. Cependant, ses dépenses ne prennent pas en compte son billet d'avion, les dépenses de santé, les imprévus ou le problème des visas. De son propre aveu, Chris a « relevé un défi » et sa vidéo n'est pas censée faire croire aux futurs nomades de Chiang Maï que son budget est tenable sur le long terme : on peut vivre un mois à Chiang Maï avec 600 euros, mais sans doute pas une année entière, en multipliant ce budget par douze.

Dans les commentaires de sa vidéo, plusieurs expatriés avancent une somme comprise entre 850 et 1 000 dollars (soit de 750 à 885 euros environ), que Chris admet être « confortable » pour vivre en Thaïlande sur une durée plus longue. D'autres, au contraire, affirment qu'on peut vivre pour bien moins cher dans le pays – aux alentours de 400 dollars. « Ta plus grosse erreur, comme celle de la plupart des étrangers en Thaïlande – environ 99,99 % –, c'est que tu vis à l'occidentale, lui reproche un internaute. Je vis en Thaïlande depuis des années avec ma femme thaïe, pour bien moins de 600 dollars par mois. Et cela comprend une maison vraiment belle, Internet, le téléphone, des repas à l'extérieur, des dépenses de voyage en bus, train et ainsi de suite. » Coller autant que possible au mode de vie local permet de maîtriser davantage son budget. Mais pour les *digital nomads*, qui ont besoin d'une bonne connexion Internet et qui passent peu de temps dans un pays, le but n'est pas forcément de se fondre au maximum dans la vie des locaux. Leurs besoins sont différents : ils cherchent une bonne connexion Internet, mais aussi un espace de travail et un lieu où rencontrer leur communauté – or, les espaces de travail partagé et les Starbucks sont pour eux de bien meilleurs lieux de socialisation que les snacks de rue.

Pour un autre Chris et sa femme Angela, expatriés à Chiang Maï depuis 2013, vivre avec 600 dollars par mois est carrément impensable. En 2017, ils estimaient leurs dépenses à 91 322 baths, soit environ 2 595 euros – et donc, 1 297,5 euros par personne. Voici comment ce couple de trentenaires américains décrit son style de vie sur son blog[79] : « Actuellement, nous louons une petite maison à l'occidentale à proximité de la vieille ville de Chiang Maï. En ville, on se déplace avec une moto qu'on a achetée quand on a emménagé. Quand on ne s'occupe pas du blog, on passe notre temps libre à la salle de sport, à étudier le thaï, à cuisiner des plats compliqués, à regarder des tonnes de programmes sur Netflix, avec des amis, et à voyager. En termes de style de vie, on est du genre "entre-deux". Le confort, la santé et la sécurité sont importants pour nous, et généralement, on choisit l'option avec laquelle on en a le plus pour notre argent. » Et voilà comment se répartit leur budget mensuel :

Loyer et équipement pour la maison : 404 €
Courses, restaurants, boissons : 693 €
Factures (charges et inscriptions) : 132 €
Moto, essence, taxis : 50 €
Santé et bien-être : 257 €
« Dépenses d'expat » (cours de thaï, visas…) : 217 €

Voyage et loisirs : 269 €
Maintenance du blog : 304 €
Mais honnêtement, il y a déjà largement assez de blogs consacrés à Chiang Maï, vous pourrez sans problème économiser ces 304 euros !

Quel que soit le budget dans lequel vous vous projetez, ces chiffres sont à comparer au niveau de vie des Thaïlandais. D'après le spécialiste de la Thaïlande Arnaud Dubus[80] et l'économiste Bruno Jetin, « le revenu mensuel médian est d'environ 7 500 baths (188 euros), soit à peine plus que le salaire minimum mensuel[81] » en 2013, année des derniers chiffres disponibles. Depuis l'arrivée de Shannon O'Donnell, les choses ont effectivement bien changé : le nombre de *digital nomads* qui ont posé leur valise en ville ne cesse de croître et l'un des nombreux groupes Facebook qui leur sont consacrés compte près de 35 000 membres. On y trouve une bonne dizaine d'espaces de travail partagé et de cafés (les plus fréquemment cités étant Punspace, Camp et Mana), et au moins autant de cours de yoga.

VIVRE À CHIANG MAÏ : RENOUVELER SON VISA

La préoccupation principale de nombreux nomades à Chiang Maï, c'est la question des visas. « C'est le sujet de tous les jours » pour Donatien, qui estime que la Thaïlande est tout de même « flexible, ou bien rodée » sur la question. Effectivement : en 2019, le pays a accueilli plus de 41 millions de touristes[82] (soit l'équivalent de 60 % de sa population) et le tourisme représenterait près de 20 % du produit intérieur brut du royaume.

Pour avoir le droit d'y résider, Donatien s'est inscrit comme étudiant en boxe thaïlandaise. « Je dois prendre deux heures de cours de boxe par semaine, et ça me donne un visa de neuf mois que je dois renouveler tous les trois mois. » Certains de ses amis ont opté pour un visa touristique, et doivent quitter le pays tous les deux mois.

Les Français font partie des cinquante et une nationalités (avec notamment les Australiens, les Allemands, les États-Uniens, les Britanniques et les Canadiens) qui n'ont pas besoin d'acheter un visa pour séjourner dans le pays, dans une limite de trente jours. Depuis 2014, ces visiteurs peuvent faire prolonger leur autorisation de trente jours supplémentaires moyennant une cinquantaine d'euros, et ils sont donc contraints de quitter le territoire après ces soixante jours... Et d'y revenir en avion ! L'exemption de visa n'est accordée que deux fois par année calendaire pour les voyageurs terrestres ou maritimes, mais indéfiniment pour ceux qui voyagent par les airs.

Il existe beaucoup de visas différents en Thaïlande, et même ceux qui y séjournent depuis des années s'y perdent un peu – en témoignent les fréquents posts du blog *Tieland to Thailand* sur le sujet.

Bali, paradis

À Bali, autre destination phare de nos voyageurs branchés, tout n'est pas rose non plus. D'après le journaliste australien Ian Lloyd Neubauer, les nomades numériques « deviennent de moins en moins productifs à mesure que le phénomène se développe[83] ». Selon un *data scientist* italien

« environ 10 % seulement des nomades numériques qui sont à Bali actuellement gagnent vraiment de l'argent. Les autres traînent et essaient de joindre les deux bouts avec de la "*soft-tech*" – des blogueurs, des instagrammeurs, des codeurs peu qualifiés et des managers de réseaux sociaux – des rôles qui sont saturés de candidats ou que l'automatisation rend inutiles »…

Cependant, l'avenir peu radieux qu'évoque l'article ne décourage pas les amoureux de l'île indonésienne. Et on les comprend. « *Digital nomads*, ne commencez pas par Bali », conseille un voyageur aguerri. Cette île, c'est « le meilleur endroit au monde » : tous les endroits que vous visiterez ensuite seront décevants comparés à ce joyau paradisiaque. Quel *millenial* élevé en Occident ne rêverait pas de Bali comme bureau ? Imaginez le tableau : le matin, vous vous pointez en tongs et maillot de bain dans un espace de travail en bois précieux. Certains « collègues » plus matinaux sont déjà au boulot, dans la piscine. Une *community manager* termine son *açai bowl* d'une main, planifie les *posts* de la journée de l'autre. Des locaux découpent des noix de coco fraîches dans l'arrière-cuisine – vous en mangerez quelques morceaux tout au long de la matinée, entre deux cafés issus du torréfacteur qui a ouvert dans la rue. Le temps que votre ordinateur s'allume, vous saluez deux, trois connaissances, vous vous renseignez sur les vagues : que donne le spot aujourd'hui ? Qui est chaud pour aller surfer une heure ou deux, quand les conditions seront idéales ? Il fait beau, il fait chaud, les gens sont sympas, passionnés, intéressants, font le même genre de boulot que vous. En sortant de l'espace coworking, vous partagerez une bière, un plat, vous irez peut-être même vous faire masser ensemble.

Et dire que vous pourriez être sous la grisaille de Paris, Genève, Londres ou Hambourg.

Il faut imaginer ce que représente Bali pour quelqu'un qui, comme moi, n'y a jamais mis les pieds. C'est le rêve absolu pour tout aspirant au nomadisme digital. Un nom qui évoque à la fois des vagues surfables même pour des pratiquants médiocres, l'authenticité indigène dont raffolent les Occidentaux en mal d'exotisme, des volcans sauvages et une tribu de plusieurs milliers de membres de vos semblables, guidés par des mentors inspirants. Un paradis sur terre où les massages coûtent autant qu'une cigarette à l'unité, où les opportunités – de sortie, d'épanouissement, d'entrepreneuriat, de drague – sont enfin à la mesure de vos attentes. Bali : L'endroit idéal pour se réinventer, rompre avec sa vie d'avant, créer enfin sa start-up et concilier bien-être et carrière fulgurante. Un rêve, un fantasme… Et si c'était tout ?

L'île fait rêver les nomades numériques depuis longtemps, et au fil du temps, ceux-ci se sont répartis en deux endroits : Ubud et Canggu. Ubud, c'est l'intérieur des terres, la tranquillité. Si vous optez pour cette ville de 34 000 habitants, vous faites le choix de la sacro-sainte « authenticité ». Pour Wikipédia, c'est « le centre du tourisme culturel et artistique de l'île » et le tourisme y est « focalisé sur la culture, le yoga et la nature ». Ici, les nomades numériques se retrouvent avant tout dans l'espace de travail partagé Hubud[84], ouvert en mars 2013 par trois Canadiens : Steve Munroe, Peter Wall et John Alderson. Un temple du travail presque exclusivement construit en bambous. « On a commencé par trouver une vue typiquement balinaise, expliquent les fondateurs sur leur site. Des rizières, un volcan et, l'après-midi, une lumière qui inonde votre visage d'une chaleur typique de l'équateur. » Ajoutez à ça « le meilleur des cafés locaux », des « chaises de bureau ergonomiques » et des « poufs », et vous commencez à avoir une assez bonne idée de ce à quoi peut ressembler une journée à Hubud – tout ça pour 16 dollars par jour, et beaucoup moins si vous restez plus longtemps.

À trente kilomètres au sud-ouest se trouve le village de Canggu. Depuis deux ans, Sophie y passe entre six et neuf mois par an et passe le reste de son temps en Europe. À quoi ressemble sa journée type ? « Ça dépend du boulot que j'ai mais généralement, je me lève, je vais nager un peu, je fais de l'exercice – je prends la matinée pour moi, m'explique-t-elle lors d'une conversation ponctuée d'anglicismes. Ensuite je vais manger, généralement dans l'un des cafés qui sont autour de moi. Et j'arrive à Dojo Bali [l'espace de travail partagé le plus connu de Canggu] vers 11 heures ou midi et j'y reste jusqu'au coucher du soleil. Là, soit je prends une petite pause : on va marcher sur la plage, prendre une bière avec des amis ; soit il y a un *workshop* très intéressant auquel je participe, à Dojo ou ailleurs. Et généralement, je reviens une ou deux heures après ça et je bosse jusqu'à 22 ou 23 heures. Ensuite, soit je sors boire un verre, soit je rentre chez moi. »

Pour elle, Bali est la destination idéale, et pas uniquement pour ses plages. « Tu arrives dans un pays que tu ne connais pas mais… qui est fait pour toi. Pour un pays d'Asie du Sud-Est, c'est pas difficile, si t'as un peu de jugeote, de trouver un logement, de trouver un endroit où travailler. Parce que tous les cafés ont Internet – un très bon Internet d'ailleurs. Tous les cafés savent qui on est, il y a des prises partout, surtout dans les nouveaux. Ils savent que tu seras là pour quelques heures et c'est pas un problème. Et puis c'est un peu la belle vie. Tu vis dans une jolie villa, t'as une piscine, il fait chaud, t'es au bord de la mer, tu peux faire du surf, c'est très joli et tu gagnes énormément de temps parce que tu ne fais jamais la cuisine, tu manges tout le temps dehors (ça coûte beaucoup moins cher de manger dehors que de manger chez toi) ; tu fais pas le ménage, ils nettoient ta chambre tous les jours, même dans les hôtels les plus basiques. »

Vivre à Bali n'est pas une fin en soi pour Sophie. Au-delà du confort de vie auquel un Occidental peut prétendre sur place, ce qui fait l'attrait du lieu, c'est sa communauté. « Je préfère vivre dans des endroits où il y a vraiment une communauté qui m'inspire et qui est très bonne pour le travail, et des gens qui sont extraordinaires, plutôt que de vivre à Bali ou dans une île paradisiaque en tant que telle », assure-t-elle. À Canggu, « la communauté dans laquelle tu arrives est très diverse. Il y a des gens qui commencent dans cette vie-là, des gens qui la vivent déjà et des gens qui sont extrêmement *successful*. Il y a vraiment un *pool* de gens qui sont très différents, de tous horizons. Tu vas avoir l'Indien, l'Américain, le mec du Brésil ou d'Argentine, comme les gens de France, de Belgique, d'Angleterre... Moi, je suis arrivée, je n'avais jamais travaillé en freelance à plein temps et je lançais ma première entreprise. Et c'est vrai que sans l'aide de la communauté que j'ai trouvée là-bas, je n'en serais pas où j'en suis aujourd'hui. Chaque problème que je rencontrais avait une réponse, quelqu'un l'avait vécu, et on vivait un peu tous au même rythme, on avait tous un désir de s'entraider, donc c'était très facile. »

BALI : BUDGETS ET VISAS, L'EXEMPLE DE SOPHIE

Aujourd'hui, Sophie multiplie les activités : elle a créé une marque de sous-vêtements pour hommes et une agence de marketing, pour lesquelles elle emploie deux assistantes virtuelles – des *freelances* basées à Bali et au Bangladesh, qui travaillent presque exclusivement pour elle. Elle a d'autres sources de revenu, qu'elle préfère ne pas détailler. Ses activités lui ont rapporté environ 4 000 euros par mois dans les trois mois précédant notre entretien, et elle dépense entre 1 200 et 1 500 euros « pour vivre très confortablement ». Cela comprend la location de la villa avec piscine qu'elle partage avec quatre colocataires, l'abonnement à Dojo Bali, la location d'un scooter, les dépenses liées au fonctionnement de ses entreprises, mais aussi les dépenses liées au renouvellement de son visa. Car ici, « on est tous des touristes », explique la jeune femme avant de préciser les différentes possibilités qui s'offrent au *remote entrepreneur* – un terme qu'elle préfère à celui de *digital nomad,* jugé dévalorisant. « Il y a plusieurs solutions qui s'offrent à toi et il faut faire très attention », prévient-elle en précisant qu'on peut travailler avec un visa touristique, tant qu'on ne commerce pas avec des locaux, des entreprises ou l'État indonésien. Pour les Européens, il y a trois possibilités :

– Obtenir un visa de trente jours directement à l'aéroport. Pour renouveler ce visa, il suffit de quitter le territoire pendant quelques heures : votre passeport sera à nouveau tamponné à votre retour.

– Acheter un visa de soixante jours pour environ 30 euros. Ce visa, qu'on peut acheter à l'aéroport, doit être renouvelé au bout de trente jours. Le renouvellement coûte environ 50 euros.

– Obtenir un visa « business multiple », valable un an. Son titulaire doit quitter le pays tous les soixante jours, et n'a pas le droit de travailler ou de percevoir un salaire indonésien. C'est celui qu'a choisi Sophie.

Il existe d'autres visas, à destination des retraités ou pour les cas de rapprochement familial, par exemple.

Lisbonne, capitale européenne

J'ai débarqué à Lisbonne un soir de mai et tout de suite pris la direction de Cowork Central, un espace de travail partagé du quartier chic et escarpé de Principe Real – difficile d'arriver devant l'entrée aux airs de parking souterrain sans suer. Ce soir-là, l'espace de travail organisait un « ciné-club psychédélique ». Les drogues psychédéliques font un retour remarqué chez les élites : les hipsters gobent des buvards comme leurs aînés dans les années 1960 alors que les cadres de la Silicon Valley se mettent au *microdosing*[85] en espérant que cela va accroître leur créativité. Les nomades de Lisbonne surfaient-ils eux aussi sur cette « troisième vague » psychédélique ? Pas vraiment. Ils étaient une quinzaine, venus assister à la projection de courts-métrages, gracieusement fournis par leurs réalisateurs, qui espéraient y décrocher un prix. J'ai glissé un billet dans une petite boîte marquée « prix libre », pris une bière et une poignée de chips et regardé la projection avec les autres – en majorité des Blancs de mon âge.

Le lendemain, je me suis rendu dans l'un des nombreux autres espaces de travail partagé de la ville où se tenait une journée portes ouvertes, c'est-à-dire gratuite. Olivia, l'organisatrice de l'événement, m'a accueilli dans le petit patio de BWorking avant de me conduire à une table – une planche d'OSB fixée sur des pieds Ikea en plein centre de l'espace – autour de laquelle deux personnes travaillaient déjà. Le lieu tenait plus du garage pris d'assaut par des start-uppers fous de travail que de l'espace cosy et branché auquel ces endroits ressemblent souvent : pas de faux-plafonds, carrelage gris, manque de multiprises. « L'idée de ces journées, c'est de rencontrer d'autres gens, de faire connaissance, peut-être de lancer un projet, de se faire des amis… », m'a expliqué Olivia, coach de *fitness* en vidéo pour Roumaines (son pays d'origine). Elle est membre du groupe Meetup – un réseau social qui permet d'organiser des événements – qui réunit des nomades numériques de Lisbonne, « le plus gros groupe [de ce type] au monde, avec 5 900 membres, déclare-t-elle fièrement. Tous ne sont pas à Lisbonne, mais la majorité l'est. Et cette semaine, on organise cinq événements ». Randonnées entre nomades, repas entre nomades, conférences entre nomades, activités associatives (distribution de nourriture ou plantation d'arbres), sorties en bateau, soirées dansantes, musculation, soirées comiques, impro ou histoire vraie… « Tout ce que tu peux imaginer ».

Car ici comme à Bali, ce qui compte avant tout, c'est la communauté – même si la plage, le soleil, les loyers bon marché et la qualité de la nourriture sont avancés par Olivia et d'autres personnes que j'ai interrogées comme des facteurs décisifs… comme à Bali ! « Le mieux à Lisbonne, contrairement aux autres endroits, c'est qu'on a une grosse communauté et que la plupart des gens, de 40 à 50 % d'entre eux, sont des "*slow nomads*", ce qui veut dire qu'ils sont installés ici pour plus de trois mois, explique Olivia. Beaucoup de gens viennent pour une semaine ou deux, ou un mois, mais la moitié est là pour trois mois, six mois ou un an. Ils sont installés ici et voyagent l'hiver. Et ça resserre les liens. Le noyau de la communauté, c'est des gens qui se connaissent et qui sont amis, ce qui la rend plus forte. Ce qui différencie Lisbonne, c'est ces événements qu'on organise. Tout le monde se sent le bienvenu et soutenu, on guide les gens pour qu'ils aient la meilleure expérience possible de Lisbonne en tant que ville et en tant que communauté de *digital nomads*. » Et Olivia sait de quoi elle parle, en cinq ans de nomadisme digital, elle est allée dans tous les lieux de la planète fréquentés par ses semblables. « Je suis allée à Chiang Maï, Koh Lanta, Bali, Kuala Lumpur, Koh Yao Noi (mon Dieu, j'adore Koh Yao Noi)... Tokyo, Taipei... partout en Asie, je travaillais et je voyageais en même temps. » Pour elle, Lisbonne est définitivement à part. « Je ne suis pas allée à Bali depuis deux ans, mais je pense que là-bas, la communauté ne tourne qu'autour de Hubud et Dojo Bali. Ils font beaucoup de choses, mais c'est toujours dans ces deux endroits. Si tu ne vas pas là-bas, tu es un peu seul. Alors qu'ici, tout est organisé à l'extérieur », dans des lieux différents à chaque fois – comme par exemple Comoba, lieu de mon rendez-vous avec Kat, une nomade digitale allemande. Un « café vraiment unique qui sert une nourriture de grande qualité, bonne pour la santé et délicieuse », qui se fournit auprès de fermiers et de pêcheurs locaux, achète son thé matcha auprès d'un artisan japonais et torréfie son café en petites quantités. Tables blanches, hauts plafonds, plantes grasses, murs blancs, *green juices* et « paléo granola » : Comoba est un temple du *casual chic* pour cosmopolites au pouvoir d'achat confortable.

Kat fait-elle partie de ceux-là ? Elle a 29 ans, ne se déplace jamais sans son ordinateur et quitte Lisbonne deux ou trois fois par mois, alors sans doute. « Ce week-end, je vais quatre jours dans le nord [du Portugal] avec des amis, dans deux semaines, je vais passer vingt jours en Allemagne voir des amis et ma famille, puis en juillet, normalement je fais un *road trip* et en août, je vais passer deux semaines à Budapest... Donc je suis toujours en train de prévoir mon prochain voyage. Si je n'ai rien de prévu, je me sens mal à l'aise. On devient un peu accro au voyage et à la nouveauté... C'est l'une des conséquences du mode de vie des *digital nomads*. C'est très dur, de se contenter de ce qu'on a. »

Freelance spécialisée dans le marketing digital pour une grosse entreprise hôtelière, Kat organise elle aussi des événements Meetup. « Quand je suis arrivée à Lisbonne, je suis allée à l'un de ces événements – c'était une croisière sur le fleuve, et j'ai rencontré certains de mes meilleurs amis pendant cette croisière. Puis je suis allée à d'autres événements et c'est là que j'ai rencontré la plupart des amis que j'ai ici. J'aime bien m'investir dans l'organisation, alors quand certains organisateurs sont partis, on m'a proposé de donner un coup de main. Comme j'en ai bien profité, j'avais envie de renvoyer l'ascenseur. En été, plus d'une centaine de personnes viennent à nos rendez-vous hebdomadaires du jeudi. On a parfois du mal à trouver un lieu pour nous accueillir. L'hiver, on doit être une cinquantaine. Tout le monde part en hiver, alors qu'il est très doux, ici. J'aime bien l'hiver, c'est plus détendu, moins animé. Il y a moins de gens. »

Mais au fur et à mesure que la communauté de nomades grandit, la ville change. « Lisbonne, ce n'est plus si peu cher, en fait... Tout le monde croit encore que ce n'est pas cher parce qu'il y a plein de *blogposts* qui disent ça, mais je pense qu'en termes de niveau de vie, c'est comparable aux autres grandes villes européennes », avance Kat. Quand elle est arrivée il y a deux ans, « on pouvait encore louer une chambre pour moins de 300 euros et c'était une bonne chambre. Maintenant, je pense qu'il faudrait avoir beaucoup de chance ou chercher longtemps, ou bien avoir une chambre un peu merdique, à ce prix-là. » Pour Kat, ça ne fait aucun doute, les prix ont explosé. « Peut-être pas autant qu'à Londres ou Amsterdam mais... ça a augmenté. » Effectivement, le prix des appartements au mètre carré a augmenté de 55 % depuis

2016[86], mais les prix lisboètes sont encore loin d'atteindre ceux des grandes capitales d'Europe centrale. Selon le cabinet d'audit Deloitte[87], en 2017, la location d'un logement coûtait 9,6 euros du mètre carré à Lisbonne contre plus de 26 euros à Paris et à Londres et 18,4 euros à Amsterdam. On ne dispose pas encore de chiffres plus récents, mais si l'écart s'est peut-être réduit entre les villes, il n'a évidemment pas été comblé. « Quand je suis arrivée il y a deux ans, cet endroit n'existait pas. Il devait y avoir deux cafés branchés, sinon, c'était que des cafés traditionnels », poursuit Kat avec une pointe de regret dans la voix, bien que ce soit elle qui ait choisi notre lieu de rendez-vous.

Pour les deux jeunes femmes, l'un des autres points forts de Lisbonne, c'est sa situation géographique. Si elles ont décidé de s'installer ici de façon plus ou moins permanente après des années à parcourir le monde, c'est parce que « c'est très facile de venir ici, pour les Européens », explique Olivia. Pour Kat, c'est un choix « logique » : « Je me disais que ça pourrait être bien de trouver un endroit où je peux me poser entre deux voyages. J'ai choisi Lisbonne parce qu'en tant qu'Européenne, l'Europe était évidemment le choix logique, c'est plus facile. »

Pour elles, l'autre ville aux sept collines a donc à peu près les mêmes avantages que Bali, les inconvénients en moins. Les vols pour rentrer au pays sont plus courts, et la question des visas ne se pose pas, puisqu'elles restent dans l'espace Schengen.

À l'ambassade du Perche

En France aussi, il existe des lieux ensoleillés avec vue sur la mer, une bonne connexion Internet, des spécialités gastronomiques et des populations jeunes. De Marseille à Brest, des côtes occitanes au Pays basque, les endroits qui, *a priori*, remplissent toutes les conditions pour devenir des paradis pour *digital nomads* se comptent à la pelle. Pourtant chez nous, ce ne sont ni Montpellier ni Biarritz ni Bordeaux qui se sont imposés comme la capitale de ces nouveaux nomades, mais… Saint-Victor-de-Buthon, 511 habitants. Situé dans l'Eure-et-Loir, à une heure de Chartres et deux de Paris, le petit village du Perche est rapidement devenu un lieu incontournable pour les migrants du numérique qui veulent rester en France. Là encore, le lieu doit son succès à la force de sa communauté – une petite poignée de travailleurs digitaux qui avaient envie de quitter Paris.

Pas difficile de trouver ce *hub* de nomades, comme tous les autres, il est référencé sur Google Maps. Il se trouve au bout d'une petite route de campagne (que le logiciel de géolocalisation appelle mystérieusement « le bois du moulin du bois ») bordée d'exploitations agricoles. Des cultures de blé, peut-être d'orge et de luzerne, et quelques vaches. Un panneau imitant ceux des entrées de villes indique « La Mutinerie Village ». Une dépendance reconvertie en « *makerspace* », une modeste mais spacieuse maison à étage et d'anciennes granges constituent les uniques bâtiments de ce « village » de quarante hectares. Le reste est composé d'un jardin, d'un potager en permaculture et, plus loin, de vergers. Sur le petit parking en gravier, une Kangoo, une 307 et un SUV Lexus. Vous vous en doutez, Saint-Victor-de-Buthon n'est pas Lisbonne, et La Mutinerie ne ressemble pas franchement à Dojo Bali. Il faut grimper quelques marches en pierre pour entrer dans le salon-salle à manger, un grand espace lumineux aux meubles antiques. Dans la bibliothèque, quelques jeux de société (Risk, Trivial Pursuit) et des livres sont entassés. Une belle brochette d'Isaac Asimov et quelques classiques. Mais aussi *Free Agent Nation* de Daniel Pink ; *Startup Communities*, publié chez Wiley, l'éditeur de *Digital Nomad* ; *The Mesh*, de la pionnière du Web Lisa Gansky ; *The Coworking Handbook* ou encore *Share or Die*[88], dans lequel « des membres de la génération Y racontent l'histoire d'une nouvelle économie basée sur la collaboration plutôt que sur la compétition, et la manière dont ils l'appliquent au quotidien ».

Sur la droite, le nécessaire pour petit-déjeuner. Des céréales, du muesli, des flocons d'avoine stockés dans de grands pots en verre, des sachets de tisane ou des boîtes de café. Un poêle en fonte est installé dans le foyer d'une ancienne cheminée. Il est 10 heures passées, un groupe finit tranquillement de déjeuner. Dans la cuisine, Antoine, designer et l'un des gérants du lieu, m'offre un café pendant que Raphaël, nomade sur le point de s'y installer, récure une casserole dont le fond est tapissé de lentilles trop cuites. Ici, chacun fait sa part. Plus qu'un simple espace de travail, La Mutinerie est un « *coliving* rural », m'explique Clémence, qui est à la tête des opérations. La maison accueille des travailleurs, freelance ou salariés en télétravail, depuis 2014. Mais La Mutinerie est en pleine transition et son histoire, plus vieille que celle de cet espace.

En 2010, trois frères et un ami d'enfance, Antoine, William, Éric et Xavier, créent « un blog sur les nouvelles manières de travailler, de collaborer, et tout particulièrement sur le travail indépendant, raconte Clémence. Et quasiment en même temps, ils ont ouvert un espace de *coworking* à Paris, qui était un des tout premiers. Ça a vraiment créé, fondé, soudé une communauté autour de cette thématique-là ». Les années suivantes, l'équipe s'étoffe et monte un programme de formation, puis décide de reconvertir la maison familiale du Perche en un lieu de travail et d'accueil, « dans l'idée d'y accueillir plutôt des urbains qui avaient envie de se mettre au vert pour quelques jours voire quelques semaines, pour travailler sur un projet, et faire une pause ». Aujourd'hui, les frères passent encore régulièrement à La Mutinerie, mais ils se sont lancés dans de nouvelles aventures comme la formation en permaculture, ou l'animation de réseaux d'espaces de travail partagé. La Mutinerie, qui était une entreprise, est devenue une association qui a complètement abandonné ses activités parisiennes. « On souhaitait stopper nos activités à Paris et se concentrer sur ce projet, développe Clémence. Il y avait l'envie de ne plus vivre au cœur de Paris. On avait un questionnement sur le fait de grandir en développant tout un tas d'espaces de coworking, partout en France. Je suis arrivée à ce moment charnière [en 2014] mais finalement, ça ne s'est pas fait. J'ai repris la direction de La Mutinerie avec l'équipe qui était en place et on a continué à développer d'autres projets sur le travail indépendant. Le projet a bougé avec nous, nos identités, nos envies, nos aspirations. » Parmi ces projets, le plus ambitieux est sans doute l'Ambassade du Perche, « un programme d'aide à l'installation pour de potentiels nouveaux arrivants sur le territoire, qui a pour but d'accompagner dans cette expérience de transition en zone rurale. C'est un beau lieu de passage, et pour nous qui avons fait le choix de vivre ici, ça fait passer des gens d'un peu partout avec des projets très variés. C'est chouette, quoi ».

Raphaël, le récureur de casseroles, est du même avis. Il est déjà passé plusieurs fois à La Mutinerie et en fait, si tout se passe bien, au moment où j'écris ceci, il occupe l'une des quatre chambres de la maison de façon permanente

– pour lui comme pour Olivia à Lisbonne, le nomadisme, c'est fini. « J'aménage ici à partir de septembre [2019]. Cette maison va devenir une coloc, on va gérer l'espace et accueillir d'autres nomades et coworkers. Je serai sédentaire, mais en étant en plein dans ce monde-là. Je m'étais déjà imaginé lancer un endroit comme ça, mais je me voyais pas le faire tout seul. Ici c'est idéal. C'est un truc qui fonctionne très bien, j'adhère 100 % aux valeurs, je suis ami avec tout le groupe. »

L'année de ses 30 ans (il en avait 34 quand je l'ai rencontré), cet ancien agent de voyages et cuisinier a suivi la formation du Wagon – c'est également le cas de Donatien, le développeur de Chiang Maï. « Changez de vie. Apprenez à coder », proclame la page d'accueil du site Internet, qui promet de vous former en neuf semaines. La formation coûtait un peu moins de 4 000 euros à l'époque où Raphaël s'est inscrit, et entre 4 100 et plus de 7 000 euros aujourd'hui, selon que vous décidiez de la suivre au Mexique, au Brésil, à Marseille, Lyon, Amsterdam, Lisbonne, Paris ou Lausanne.

Spécialisé dans le *back-end* (en gros, la partie d'un site Internet que l'utilisateur ne voit pas), Raphaël était venu à La Mutinerie avec les autres membres d'Alqemist, un groupement qui se définit comme un « *product studio* ». Alqemist fonctionne un peu comme une entreprise qui n'aurait ni locaux ni salariés. Raphaël et les autres sont indépendants, mais chacun a sa spécialité et ils font donc tous leurs projets en commun. À ce sujet, il m'explique : « On est une équipe. Ça ne me va pas d'être vraiment tout seul, je déteste gérer tout ce qui est budget, devis, et ça, dans l'équipe, c'est pas moi qui m'en occupe ! » Une fois par mois, ces équipiers choisissent un point de chute et s'y retrouvent pendant deux ou trois jours, pour faire un marathon de travail, faire le point sur les projets en cours et boire des coups. Le reste du temps, tout le monde travaille sur Slack, de chez soi ou, pour Raphaël, de n'importe où ailleurs. Car s'il se sédentarise, il reste « vraiment un ambassadeur » de ce mode de vie. « Le nomadisme, c'est une super opportunité qu'on a maintenant, grâce aux technologies. Des nomades, il y en a eu avant nous, hein, mais ça a grandement facilité les choses. Et c'est génial que des endroits comme La Mutinerie existent. »

Si les nomades du numérique sont les nouveaux « Touaregs[89] », des lieux comme celui-ci font office d'oasis autour desquelles ils peuvent se retrouver et échanger. Et Raphaël regrette que l'on soit si peu nombreux à saisir cette opportunité. « Il y a encore énormément de travail, il faut évangéliser, tu vois ! Peu de gens se rendent compte que c'est vraiment à leur portée. Quand j'en parle à des potes, ils disent "c'est trop bien, j'aimerais bien venir mais c'est pas possible, j'ai ma copine..." Mais je leur dis "oui mais tu peux partir cinq jours, il n'y a pas de problème". Au moins tu goûtes au truc, tu rencontres des gens qui sont inspirants et après ça, tu peux décider de partir, avec ta copine. Trop de gens se mettent des barrières, mais l'idée fait son chemin. Il y en a beaucoup qui pourraient adhérer au truc, et qui sont en recherche de sens. Et dans les endroits comme celui-ci, tu trouves des réponses. Parce qu'il y a des gens qui ont des parcours de vie très différents, qui ont pris des décisions, qui ont pris des risques, et tout a l'air d'être assez normal, assez léger. Moi, j'ai pas du tout l'impression que ce que j'ai fait est exceptionnel. J'ai juste essayé les trucs, un par un. J'ai eu le courage de changer. Et à un moment donné, j'ai trouvé un rythme de vie qui m'allait. Donc nomadisme ou pas, ce genre d'endroits, c'est un lieu d'échanges. Quand t'es tous les jours entouré de tes collègues qui font la même chose que toi, dans le même bureau, ça ne t'ouvre pas beaucoup d'horizons. »

Par rapport aux autres nomades travailleurs, qu'il s'agisse de saisonniers ou d'infirmiers ou de cuisiniers, plus ou moins assurés de trouver du travail partout où ils vont, les nomades numériques ont un autre avantage de taille, m'explique Raphaël : « Dans [mes précédents] boulots, j'ai parfois eu l'occasion de voyager. J'ai bossé à Montréal en tant que cuisinier, j'ai souvent été vivre à l'étranger… mais j'avais pas de boulot qui pouvait m'assurer une continuité. Aujourd'hui, la grande chance que j'ai, c'est que je ne dois pas changer de boulot pour vivre où je veux. J'ai choisi de vivre ici, mais ça pourrait être n'importe où en Europe – il y a quand même cette notion de créneau horaire : je ne suis pas tout seul. Il faut avoir au moins quatre heures en commun [avec l'équipe et les clients] pour vraiment avancer. »

Si le groupe Meetup de La Mutinerie Village existe un jour, je le vois mal dépasser la centaine d'adhérents. Et je doute que les nombreuses entreprises de voyages organisés pour nomades ajoutent Saint-Victor-de-Buthon à la liste de leurs destinations, entre Tel-Aviv, Buenos Aires et Le Cap. Le genre de communauté qui se développe ici a finalement peu de chose à voir avec les précédentes. Sans quitter leur pays d'origine, les (semi-)nomades de La Mutinerie changent plus radicalement de vie que ceux de Lisbonne. Les microsociétés qu'ils recomposent oscillent entre le rassemblement d'entrepreneurs typique des *digital nomads* du monde entier, et la construction d'un contre-modèle hybride : une sorte de ZAD ou de zone autonome temporaire[90], qui croirait encore à la possibilité d'un capitalisme éthique.

LES FUTURES DESTINATIONS PRÉFÉRÉES DES NOMADES DIGITAUX

Inutile de dresser une liste exhaustive des lieux de rassemblement des *digital nomads* : ils sont bien trop nombreux, et ont vocation à augmenter, plus ou moins rapidement. Je citerai néanmoins quelques autres destinations, régulièrement mises en avant par la communauté, et qui devraient agréger de plus en plus de ses membres dans les années à venir.

Medellín

Deuxième ville de Colombie, plus connue pour avoir hébergé le baron de la drogue le plus célèbre de tous les temps que pour sa connexion Internet, la cité de 2,5 millions d'habitants est un *hub* en pleine expansion. En 2013, le *Wall Street Journal* l'a nommée « ville la plus innovante du monde[91] » : les start-ups y sont les bienvenues, la connexion Internet est bonne et, en toute logique, les *digital nomads* y affluent. Dans un article de 2018, la journaliste Sarah Nabli résume les raisons de ce succès : « Une ambitieuse politique d'investissements de la ville, résolue de devenir une métropole moderne et sûre. » En quelques années, la ville autrefois en proie à l'insécurité – une chose que détestent les *digital nomads* – s'est métamorphosée. « Une trentaine d'espaces de coworking ont vu le jour au cours des cinq dernières années », poursuit la journaliste, et leur coût varie de 60 à 300 euros par mois.

Deux mois avant que je la rencontre, Olivia a passé quelques semaines à Medellín. « Je savais que c'était un gros centre de nomades, donc je voulais la découvrir. Je m'attendais à ce qu'il y ait plus d'événements un peu partout. » Pour Olivia, les nomades étaient en nombre, mais ils étaient relativement peu en contact. « Donc j'ai commencé à organiser des rendez-vous à l'heure du déjeuner ou pour travailler, et ils ont eu leur petit succès. Partout où tu vas, tu peux te créer une petite famille. » Petit à petit, la communauté locale se structure, et elle gonfle à vue d'œil. En juillet 2019, le groupe Facebook « Digital Nomads Medellín » comptait plus de 6 000 participants, contre environ 3 600 un an et demi plus tôt. Croissance exponentielle des nomades et de lieux prêts à les accueillir, exotisme sulfureux, coût de la vie... la cité colombienne est bien partie pour concurrencer Bali et Chiang Maï.

Budapest

City break à la mode, la ville est plus connue pour ses bars pas chers, ses bains-boîtes de nuit et ses hordes de groupes alcoolisés venus y enterrer des vies de garçons ou de jeunes filles. Mais le renouveau de la capitale hongroise n'est pas uniquement festif.

Depuis le milieu des années 2010, Budapest fait régulièrement les gros titres des magazines, qui mettent en avant son côté business. « La Hongrie, "Silicon Valley de l'Est" ? » titrait *Slate* dès 2015. « Les start-ups pullulent sur les bords du Danube. Budapest ambitionne de devenir le *hub* centre-européen dans le domaine d'ici 2020 », écrivait le *pure player*[92]. Un an plus tôt, c'est *L'Express* qui assurait : « Budapest, nouvel eldorado des start-ups[93] ». La Hongrie a formé des milliers de bons ingénieurs en quelques années... et ils coûtent bien moins cher qu'ailleurs. « Chaque année, 8 000 à 10 000 jeunes ingénieurs formés en Hongrie commencent leur carrière à partir de 250 000 forints par mois (810 euros), soit quatre fois moins cher qu'à Berlin », apprend-on dans l'hebdomadaire. Ainsi, à somme égale, une levée de fond dure forcément plus longtemps. En mars 2019, c'était au tour de *Forbes* d'écrire : « Dans une nouvelle étude de *Startups.co.uk*, sur 80 grands sites européens Budapest est apparue comme la première ville dans laquelle lancer une entreprise après le Brexit. La capitale abrite déjà un nombre croissant d'accélérateurs d'affaires et une multitude de sources de financement, avec un intérêt croissant de la part des investisseurs providentiels et de capital-risque internationaux. Il en résulte un centre de démarrage dynamique et très attrayant pour les entrepreneurs du secteur de la technologie[94]. » Forcément, cet environnement « *business friendly* » attire les nomades numériques.

Le site *Nomad Secrets* liste plus d'une dizaine d'espaces de travail partagé en ville. À Kaptar, on trouve « un charmant équilibre entre indépendants locaux et *digimads* étrangers ». Mosaik vous séduira grâce à son « splendide mélange de couleur et de calme » alors qu'OfficeLab113 est « *edgy* et urbain ». Certains espaces se trouvent dans des maisons réaménagées, d'autres sont équipés de garderies… Bref, les nomades y trouveront leur compte. Ajoutez à ça des loyers bon marché, des bières à des prix imbattables et Budapest a effectivement quelques bons arguments pour prétendre au titre de spot à nomades numériques… Même si le manque de plages et de soleil ne joue pas en sa faveur.

L'Estonie

Cela fait des années que l'Estonie fait en sorte d'attirer les entrepreneurs du numérique. Pour le petit pays balte, les choses sérieuses ont commencé en 2014, avec la création du programme « e-résidence », qui permet de domicilier son entreprise en Estonie (et donc d'accéder plus facilement au marché européen), même si on n'y réside pas. « Postuler à la e-résidence, à l'époque, ce n'était pas une partie de plaisir, se souvient une Finlandaise qui a tenté l'expérience dès l'ouverture du programme. Ça ne pouvait se faire qu'en Estonie, en personne, dans un commissariat, et toutes les instructions étaient en estonien [...]. J'ai dû écrire une dissertation sur les raisons pour lesquelles je voulais devenir une e-résidente, qui m'a rappelé les devoirs d'école du genre "racontez ce que vous avez fait cet été[95]". »

Mais les choses ont assez vite changé, et toutes les démarches se font dorénavant en ligne. Fin 2017, la journaliste Émilie Laystary qualifiait cette résidence numérique, qui avait déjà séduit 22 000 personnes, de « *soft power* de demain[96] » : une manière pour l'Estonie de se faire une place dans la cour des grands... Et qui suscite quelques inquiétudes. « Le pays ne risque-t-il pas de se transformer en paradis fiscal ? » se demandait la journaliste de France 24. Cinq ans après le lancement du programme, cette peur semble infondée.

Début 2018, Tallin a annoncé vouloir aller encore plus loin pour attirer les entrepreneurs de la tech en proposant le premier visa pour *digital nomads*[97]. « Karoli Hindriks, la cofondatrice estonienne et CEO de Jobbatical [une plateforme d'offres d'emploi] a contacté le gouvernement estonien après avoir remarqué que la plus grande barrière à l'entrée, pour les gens qui travaillent dans la tech et qui souhaitent travailler à l'étranger, est d'obtenir le bon visa. » Avec ce visa, les *digital nomads* pourraient rester 365 jours en Estonie, et bénéficieraient même d'un visa Schengen, leur permettant de passer 90 jours dans les autres pays de l'espace. Malheureusement, annoncé en janvier 2019, celui-ci a pris du retard.

Chiang Maï, Lisbonne, Bali... Ce qui fait le succès de toutes ces destinations, c'est plus ou moins la même chose. Le moindre coût de la vie, la culture, la nourriture, le climat et, surtout, l'existence d'une « communauté ».

Chaque jour ou presque, une nouvelle destination « idéale » pour *digital nomad* voit le jour. Normal : alors que le phénomène prend de l'ampleur, ses adeptes ont besoin de nouveaux territoires – car ces travailleurs mouvants sont avant tout des touristes- voyageurs, toujours en quête d'un prochain lieu à arpenter et à découvrir. Et parmi eux, des blogueurs, rédacteurs Web et journalistes dont le travail consiste précisément à défricher ces nouvelles destinations, et à le faire savoir. Les destinations évoquées ici ne forment donc évidemment pas une liste exhaustive des lieux recommandables pour les nomades numériques. Un bon spot pour *digital nomad*, c'est partout où vous captez Internet assez convenablement pour convaincre vos clients que vous êtes en mesure de travailler. Ce qui laisse l'embarras du choix : à Jakarta, des twittos s'enflamment pour un nouvel espace de travail partagé de dix-huit étages et son bar à café financé par un fonds de capital-risque qui sert des « *ice pandan coffees* » à 2,50 euros. On vante les « *colivings* » de Fukuoka, au Japon, et les « Nomad Cruises », des croisières pour nomades numériques d'une dizaine de jours, affichent complet. Bref, les nomades numériques occupent toute la planète.

Et si la communauté *digital nomad* était en train de connaître le même sort que celle des surfeurs telle que la décrit le prix Pulitzer William Finnegan[98] : victime de son succès, elle est peu à peu phagocytée par des entrepreneurs peu scrupuleux qui ne cherchent qu'à faire un maximum de profit, au détriment de leurs clients et de la communauté dans son ensemble. Dans son livre *Jours barbares*, le journaliste du *New Yorker* explique : « Les surfeurs espèrent avec amertume que le surf se ringardisera un jour comme la pratique des rollers. Alors, peut-être, des millions de *kooks* renonceront-ils et laisseront-ils les vagues aux seuls purs et durs. Mais les multinationales qui cherchent à fourguer l'image et l'idée du surf sont bien décidées, naturellement, à "promouvoir ce sport". Un certain panache discret peut servir le marketing, mais, en réalité, plus ça deviendra grand public, plus ces boîtes s'en frotteront les mains[99]. »

En me plongeant dans la communauté des *digital nomads*, je me suis demandé combien de temps il faudrait avant que certains de ses membres ne se fassent ce genre de réflexions. Il y a quelques années encore, ces nomades numériques formaient effectivement une petite communauté de quelques milliers d'individus, qui voulaient simplement expérimenter un mode de vie un peu différent. Rien de nouveau, en fait : juste un groupe de jeunes qui avaient les moyens, financiers, culturels, sociaux, de tester autre chose et qui ont saisi cette opportunité. Puis quelques entreprises ont commencé à émerger. D'abord des gens « du sérail », qui voulaient partager ce qu'ils avaient appris, donner quelques clés à ceux que l'aventure pourrait tenter mais qui avaient besoin d'un déclencheur, répondre aux attentes de leur communauté en créant des espaces de travail, par exemple. Puis, beaucoup plus vite que pour le surf – en quelques années à peine –, ce nouveau marché a attiré de plus en plus de monde.

Contrairement aux surfeurs des débuts, les *digital nomads* ne cherchent pas spécialement à être discrets, ils sont friands de nouveauté (ce que les professionnels du marketing appellent des « prescripteurs de tendance », pour dire de manière moins prosaïque qu'ils sont prêts à se ruer sur un tas de nouveaux produits pas forcément indispensables) et pratiquent une activité qui est à la portée d'énormément de monde. De plus, la plupart d'entre eux ont une fibre entrepreneuriale et sont constamment à la recherche de leur prochaine « idée business ». Tous ces facteurs ont contribué à les exposer médiatiquement, et à multiplier le nombre d'entreprises leur proposant des services en tout genre. Mais une bonne idée « business » n'est pas forcément une bonne idée pour la communauté. Et plus le nombre de *digital nomads* et celui d'entreprises censées leur faciliter la vie vont augmenter, plus ces contradictions deviendront flagrantes.

4. TOUS LES MÊMES

Vanlifers, *digital nomads*, « tinistes » : on l'a vu, il existe des différences, parfois abyssales entre eux. Certains sont ancrés sur un territoire, d'autres voyagent d'un continent à l'autre. Certains s'interrogent sur leur mode de vie, se laissent tenter par le minimalisme ou le zéro déchet, réduisent leur consommation de viande et d'eau ; d'autres cherchent à créer des business rentables. Ces lignes de démarcation courent aussi bien entre les types de nomadismes – les « tinistes » sont plus enclins au minimalisme que les *digital nomads* – qu'au sein de chacune de ces catégories. Mais plus que leurs divergences, ce sont leurs points communs qui nous intéressent. Et comme nous allons le voir, ceux-ci sont nombreux.

Génération nomades

Qu'ils aient acheté un van en 2015, aménagé leur *tiny house* en 2017, pris la route à bord d'un bus en 2019 ou qu'ils soient expatriés depuis près de dix ans, les nouveaux nomades ont souscrit à des mouvements qui ont émergé plus ou moins simultanément. C'est en 2007 que Tim Ferriss publie *La Semaine de quatre heures*, succès de librairie fulgurant, et acte de naissance des *digital nomads*. La même année, Jay Shafer est invité dans l'émission d'Oprah Winfrey – il construisait déjà des *tiny houses*, mais c'est cette exposition médiatique qui les popularise. Quatre ans plus tard, Foster Huntington quitte son travail, emménage dans son van et crée le hashtag #vanlife. Ces années, ce sont aussi celles de la « crise des *subprimes* », dont les premiers soubresauts se font sentir dès juillet 2007 aux États-Unis. Une crise dont l'origine se trouve dans l'attribution de prêts risqués à des personnes peu solvables, et qui aura un grave impact sur le logement – 10 millions de personnes auraient ainsi perdu leur habitation principale[100]. Se peut-il que les inquiétudes et les tragédies personnelles de l'époque aient favorisé l'essor du nomadisme ?

En France, ces mouvements sont un peu plus tardifs : ils émergent après 2010, c'est-à-dire lorsqu'on commence à comprendre que les effets de la « crise », qui touche l'Europe depuis septembre 2008, vont durer dans le temps. La Tiny House, premier constructeur français, voit le jour en 2013. La même année, Pieter Levels, développeur trentenaire et véritable gourou des *digital nomads*, quitte les Pays-Bas pour aller vivre entre la Thaïlande et l'Indonésie : *Wired*, magazine culte de la tech-culture, lui consacre un long portrait l'année suivante[101]. « Le phénomène "*vanlife*" (du moins en France) n'était pas encore lancé » lorsque Joana et Éric ont pris la route, en 2015. « Au début de l'aventure, le hashtag #vanlife nous était inconnu. Nous l'avons découvert par des Américains qui demandaient à nous suivre et nous parlaient d'Instagram », écrit le couple.

Les années 2007-2015 sont aussi celles qui ont vu l'émergence des réseaux sociaux, la généralisation des smartphones et de la couverture réseau, en Europe comme aux États-Unis : d'autres éléments indissociables du succès de ces nomadismes 2.0.

La fraternité des nomades blancs

Une immense majorité des nomades que j'ai interrogés, dont j'ai lu les livres, regardé les vidéos, ou à propos desquels j'ai lu des articles se ressemblent. Ce sont des Blancs, hétérosexuels, trentenaires. Beaucoup sont aussi issus de classes moyennes supérieures, dotés d'un bon capital social et culturel. Cette homogénéité saute particulièrement aux yeux sur les réseaux sociaux. Une recherche du hashtag #vanlife sur Instagram, par exemple, débouche sur des milliers de photos de corps semblables : fins, caucasiens, musclés, assez stéréotypés.

Je ne pense pas qu'il s'agisse d'un tropisme de ma part. On peut compter 55 personnes dans *Van Life*, le livre de photos de Foster Huntington, et elles sont toutes blanches – un snowboarder japonais a bien envoyé des photos de son van Toyota, mais il n'apparaît pas sur les images. Sur la grosse centaine de visages identifiables dans les trois premiers numéros de *Rolling Home*, le magazine consacré à la *vanlife*, une vingtaine ne sont pas caucasiens. Il s'agit de trois enfants noirs croisés au bord d'une route, d'une quinzaine de Philippins hébergés dans les tentes d'une ONG, et de deux Hawaïens, sujets d'un documentaire. Tous les voyageurs sont blancs. Même chose ou presque dans *The New Nomads*[102], qui s'intéresse aux habitats temporaires – le livre présente toutefois plusieurs Asiatiques, principalement dans des scènes de rue.

Aux États-Unis, la question de la diversité de la *vanlife* fait l'objet de débats depuis 2016. Petit à petit, des podcasts et des vlogs sont consacrés aux *vanlifers* non blancs, à des couples homosexuels ou à des femmes trans. Il faut reconnaître que c'est un peu moins le cas chez les *digital nomads*, dont les communautés sont plus diversifiées : le fait que ceux-ci visitent beaucoup plus de pays, changent plus facilement de cadre et y multiplient les rencontres, conférences, séminaires en tout genre, a sans doute contribué à cette mixité ethnique et de genre.

Tout le monde aime les nouveaux nomades

Les parents ne voient pas d'un mauvais œil que leur progéniture quitte Dijon pour travailler à Bali. Les collègues envient celui ou celle qui ose quitter son emploi pour traverser l'Europe en T3 Syncro. Les voisins s'extasient devant la mignonne ingéniosité qui consiste à habiter une maison à roulettes de 17 m^2 plutôt qu'un studio de la même taille : les nouveaux nomades sont bien vus. La société les tolère – mieux : elle les trouve cools. Clémence, de *Roammates*, précise : « Dix, quinze ans en arrière, les gens [nous] auraient peut-être pas regardés de la même façon. C'était marginalisé de vivre comme ça. » Thomas enchaîne : « Oui, il n'y avait pas la vitrine des réseaux sociaux. Les gens partaient, personne n'était au courant, ils allaient dans les bois…

Aujourd'hui, il y a un peu l'image glamour du truc. Quand on nous voit, on ne se dit pas "ces gens sont des punks". [...] On n'est pas des marginaux... j'allais dire des parias. »

Yoann et Alizée parlent du « coefficient sympathie » de leur camion de pompier, Joana et Éric de la manière dont Popo « attire la curiosité et l'empathie ». Pour Yann et Charlotte, « avec un poids lourd en tant que maison, ça aurait été plus compliqué [qu'avec une *tiny house*], les gens n'auraient pas la même réaction. Il y a un capital sympathie vraiment pas mal avec les *tiny*. On est assez bien acceptés, finalement : "Ah la petite maison en bois, ça a l'air trop mignon"... On fait un peu plus bobo. » Il s'agit sans doute de l'une des différences majeures entre ces nouveaux voyageurs et tous ceux qui les ont précédés. Les sédentaires ne les considèrent plus comme une menace, mais comme une alternative « sympa », dans laquelle ils se reconnaissent. Le « bobo » dont parle Charlotte, c'est une catégorie assez vague pour y inclure tous ceux qui, à un moment ou un autre, ont opté pour quelque chose d'un peu branché : un nouveau vélo à pignon fixe, le port de la barbe, le brassage de sa propre bière... Ce qui fait du monde.

Cette reconnaissance sociale ne peut que conforter les nomades dans leurs choix, et inciter de plus en plus de monde à suivre leur voie.

Nomades sans frontières

Enfin, si ces différents voyageurs se ressemblent, c'est tout simplement parce qu'ils sont fluides : beaucoup d'entre eux passent d'une appellation à l'autre. Les gens que j'ai rencontrés se qualifient spontanément de *vanlifers*, de « tinistes » ou de *digital nomads*, mais il ne s'agit évidemment pas de catégories figées. Cela est particulièrement vrai pour le terme de *digital nomad* puisque celui-ci désigne un rapport au travail et non à l'habitat, contrairement aux deux autres. Ainsi, les *vanlifers* sont souvent des nomades numériques, qui financent leur mode de vie en travaillant à distance. C'est le cas de Jakob, le développeur allemand. Il ne met jamais les pieds dans les bureaux de GitHub, l'entreprise pour laquelle il travaille : cet hébergeur de logiciels, acquis par Microsoft en 2018, valorise le travail à distance.

Clémence préfère parler de « nomades 2.0 », mais c'est la même chose : elle travaille à distance, depuis son van. *Idem* pour Raphaël à La Mutinerie. Il a passé plusieurs semaines dans sa voiture aménagée et a fréquenté des communautés de *digital nomads* pendant longtemps, avant de s'installer – il reste néanmoins dans un écosystème de nomades, et ne croise ses collègues qu'épisodiquement. Dans ce domaine, c'est sans doute le youtubeur Greg « Gregsway » qui est allé le plus loin. Il vit dans un vieux Hymer, ce qui fait indéniablement de lui un *vanlifer*. Mais dès le début de son aventure, il explique clairement que son but est de faire de « Henri » un studio roulant. Il crée du contenu en se déplaçant : c'est donc aussi un *digital nomad*. Mais quand le jeune homme s'ennuie, il fabrique des *tiny houses* avec des amis. En deux mots, il navigue entre ces différentes formes de nomadisme. Ces identités vont probablement s'hybrider de plus en plus : des *vanlifers* feront route pour Bali en plusieurs mois, leurs temps de trajets seront déterminés par les horaires de leurs clients alors que les *digital nomads* inaugureront des espaces de coworking mobiles à bord de *tiny houses* tout-terrain, faisant évoluer ainsi un peu plus la notion de nomadisme. Ainsi, selon l'écrivain et anthropologue Jean Duvignaud[103] :

« Le nomadisme reste toujours un recours. Dans son principe même, c'est-à-dire cette vocation qui lui donne à la fois la possibilité de circuler par la ruse dans un cosmos hostile, dans une civilisation figée et la capacité de résoudre le consensus sur lequel repose le système politique pour le remplacer par le droit social, c'est-à-dire par l'invention de formes sociales nouvelles qui ne se cristalliseraient pas en institutions. Que cette effervescence créatrice soit indiscutablement liée au nomadisme, c'est ce que montrent tout aussi bien les fêtes où se concentrent dans une brève et périssable portion de la durée, une intense expérience de la création commune et cette sorte de reprise de l'homme par lui-même qui découvre que son existence lui a été ravie par les institutions figées et en fin de compte par l'histoire (au sens hégélien de ce mot). Le nomadisme est la genèse utopique de l'homme à venir. »

On peut extraire quatre pistes de cette analyse de Duvignaud, qui illustrent particulièrement le choix de vie de ces communautés émergentes :

1. Le nomadisme est un recours : on devient nomade parce que la vie sédentaire n'est pas satisfaisante. Les nomades traditionnels se déplacent à la recherche de ressources : les animaux qu'ils chassent, les plantes qu'ils cueillent, des prairies dont leurs troupeaux ont besoin. Des nomades plus récents, comme les saisonniers, se déplacent en fonction des opportunités de travail salarié. Les nouveaux nomades, eux, ne se déplacent pas pour survivre, mais pour vivre des expériences, pour s'accomplir et s'épanouir. Ici, la quête de sens remplace la quête de ressources matérielles.

2. Il consiste à circuler *par la ruse* dans un cosmos hostile : la société « normale », sédentaire, voit par essence le nomadisme d'un mauvais œil. Les nomades du XXIe siècle

sont peu stigmatisés, mais leur mode de vie interroge. Ils ont donc appris à jouer avec les interstices ou à faire accepter leur nomadisme : en créant de la richesse (*digital nomads*), en suscitant l'empathie et la curiosité plutôt que la suspicion (*tiny houses*), en vendant du rêve sur les réseaux sociaux tout en se faisant discrets « *IRL* » (*vanlife*).

3. Il se développe plus facilement au sein d'une civilisation *figée*. Aujourd'hui, la civilisation figée, ce n'est pas simplement le mode de vie sédentaire dominant, mais aussi un système qui arrive à bout. Les limites du système extractiviste sont de plus en plus visibles, les « démocraties illibérales » ont le vent en poupe, l'imminence de la crise écologique se fait chaque jour plus palpable… et la civilisation, comme sidérée, ne semble pas en mesure de réagir. Confrontés à l'immobilisme, les nomades d'aujourd'hui choisissent le mouvement.

4. Il engendre des formes sociales nouvelles qui ne se cristallisent pas en institutions : les communautés de nomades se font et se défont. Ces voyageurs se retrouvent lors de rassemblements qui leur sont consacrés, cohabitent quelques jours et se séparent. Leurs communautés ne font pas système et n'ont pas vocation à le faire, car ce ne sont pas des sociétés.

III. NOMADES, MODE D'EMPLOI

1. PASSAGES À L'ACTE

FLORENT A 29 ANS, il est québécois et il vit en van depuis 2016. Il raconte ses aventures sur sa chaîne YouTube[104] et a aussi publié un livre pour partager son expérience[105]. C'est un grand brun, très souriant et chaleureux avec qui j'ai discuté par téléphone pendant plus d'une heure, au printemps. J'étais sur la plage du Croisic, en Loire-Atlantique, et lui était dans les « maritimes », les provinces de l'est du Canada, au bord du même océan, donc. On a rapidement réalisé qu'on était dans la même ville quelques semaines plus tôt : Florent venait de passer plusieurs semaines en France pour faire la promotion de son livre. Au cours de notre conversation, il m'a détaillé les raisons qui l'ont poussé à emménager dans un « Dodge 1997 Roadtrek », conseillé quelques lectures – Sebastian Junger, Henry David Thoreau – et expliqué sa vision du monde, avec laquelle j'étais régulièrement en accord.

À ce moment, je n'avais pas encore terminé de lire *Ma vie en van*. En fait, j'avais plus ou moins abandonné la lecture de son livre parce que s'en dégageait l'impression d'un malaise profond. Son auteur paraissait aigri, profondément dégoûté de l'humanité. Par moments, il affichait même un certain mépris pour ses anciens collègues journalistes, et pour la vie « normale ». Rien à voir avec le jeune homme affable, spontané et épanoui avec qui j'ai bavardé cet après-midi-là.

Quand je lui ai demandé s'il avait de la rancœur à l'égard sa vie passée, Florent m'a répondu : « Je m'étais mis tout seul dans une situation qui ne me correspondait pas, mais c'était le seul modèle. » Une manière de résumer le premier chapitre de son livre, intitulé « Il ne me reste plus qu'à mourir », et dans lequel il résume sa vie, de sa remise des diplômes à sa décision de vivre en van. Trois longues années qui ont eu l'air particulièrement pénibles. « J'ai vingt-deux ans et maintenant il faut trouver un travail, écrit-il. N'importe quoi, mais vite. Pourquoi ? Je ne sais pas. Pour faire comme tout le monde. » Ambiance. Une fois en poste, le jeune diplômé déchante : « Nous sommes, pour la plupart, interchangeables, et faisons tous la même chose : rien de vraiment important. » Voici comment il résume ses trois années de travail : « Les six premiers mois, on est excité comme pas possible, car on a enfin eu le poste. Les possibilités sont infinies, on va tant apporter à la boîte !

[...] La deuxième partie de l'année, on note les attitudes de ses collègues. Celles qui irritent [...]. La deuxième année, c'est l'acceptation. On se résigne parce qu'on ne veut pas perdre le fantastique *confort* d'avoir ce salaire [...]. La troisième année, c'est la productivité qui baisse drastiquement [...]. Travail minimum [...]. [C]'est la recherche d'emploi et l'envoi en masse de CV sans réelle conviction, avant d'enfin quitter cette bande de cons(ommateurs) qui s'ignorent. » Florent se souvient également de « frustrations créatives et émotionnelles, du harcèlement et de l'ignorance pugnace de certains de [s]es collègues et *managers*. De ce sentiment d'inutilité totale – physique et mentale ». Un condensé de souffrance au travail, dans lequel il déclare également « à ce moment, je n'avais plus qu'à me marier, divorcer, puis mourir pour vraiment réussir ma vie », ce qui m'a rappelé un autre livre : *L'open space m'a tuer*[106]. Quand ce livre est sorti, en 2008, il a beaucoup circulé dans ma classe de master à l'Institut d'administration des entreprises de Grenoble. Les témoignages de cadres – pour la plupart des jeunes diplômés qui occupaient le genre de fonctions pour lesquelles on se formait – étaient déprimants au possible. Surtout, la plupart d'entre eux avaient le sentiment qu'ils n'avaient pas le droit d'exprimer leur souffrance. Ils étaient en CDI, souvent bien payés, occupaient des postes « prestigieux »... leurs plaintes étaient inaudibles.

Florent n'est pas le seul à avoir dû choisir, avant la trentaine, entre dépérir et partir. Les *vanlifers* de *Fenêtres sur le monde*, Joana et Éric, décrivent les mêmes sensations : « Nous cherchions une certaine stabilité à travers nos études puis notre profession [mais] le rythme soutenu que nous nous imposions a fini par nous fatiguer. »

Clémence, de *Roammates*, architecte de formation, exprime le même sentiment. « J'ai eu un ras-le-bol. *Burn-out*, le terme est un peu galvaudé mais il exprime bien ce que j'ai vécu à 29 ans. Tu te fais un plan de vie, tu te dis “si je m'en donne les moyens, je vais y arriver, je vais pouvoir profiter et voyager”. J'ai jamais été difficile ado. J'étais super sérieuse dans mes études, j'ai eu un super boulot... Il y a ce truc un peu injuste, où tu te dis : “Attends, j'ai tout donné pour ça en pensant profiter après” et à 30 ans, tu as un bon boulot, tout le monde t'envie... mais tu vis pas comme tes parents ! J'avais des grosses journées, un boulot qui empiétait sur mes week-ends, et toujours ce besoin d'aller découvrir d'autres choses. Passer sa vie à travailler pour finalement avoir un confort de vie qui n'est pas dingue... »

Pour Jo et Caro, un couple de Français qui a vécu en van en Nouvelle-Zélande, le travail a également été l'élément déclencheur : « On venait de passer cinq ans d'une vie heureuse sur le plan personnel mais assez frustrante sur le plan professionnel. »

Chez tous ces *vanlifers*, le moteur du nomadisme, c'était donc de quitter dès que possible un travail qu'ils jugeaient inutile ou usant. Partir a été une stratégie de « survie », ainsi qu'un saut dans l'inconnu. Au moment de faire leur sac, ils n'avaient pas vraiment de plans pour la suite.

Pierre, le Breton devenu chauffeur de bus, était dans le même cas. « J'étais commercial dans une start-up. La seule perspective d'évolution que j'avais, c'était de continuer à être commercial ou de travailler dans une autre entreprise. Et ce n'était pas la vie dont je rêvais. Je voulais être *digital nomad*, partir voyager, comme beaucoup le font quand ils trouvent que leur boulot n'a plus de sens », m'explique-t-il. Il a finalement abandonné cette idée, pour faire de son projet de nomadisme un projet de vie.

Yann, Charlotte et leur Couledouce, eux, ont abordé le problème différemment. Le nomadisme était un moyen d'échapper au travail… mais en se donnant la possibilité d'aller en trouver ailleurs. Ils savent qu'ils disposent d'un toit, et qu'aucun patron ne pourra les forcer à rester s'ils ne se sentent pas épanouis.

Au premier abord, tous ces cas ont de quoi surprendre. À moins de trente ans, Florent, Clémence et les autres étaient désabusés par des métiers auxquels ils s'étaient pourtant longuement formés. C'est un problème qu'on retrouve chez de nombreux sédentaires. Pourquoi passer des semaines entières à exécuter des tâches qu'on juge, dès la première seconde, sans intérêt ? Dans une société où le travail doit être un lieu parmi d'autres d'épanouissement et d'accomplissement de soi, cette question se fait de plus en plus pressante, et en faisant le choix de partir, les nouveaux nomades forcent ceux qui restent à interroger leur rapport au travail. Suivre des études parce que c'est la chose à faire, trouver un boulot qu'on juge aliénant voire inutile ou nocif, se sentir bloqué : d'excellentes raisons de mettre les voiles. Il s'agit encore, aujourd'hui, de réponses individuelles à des situations individuelles, mais si ces nomadismes continuent de se développer, on peut espérer qu'ils feront émerger un débat sur la notion même de travail et son utilité.

L'appel sauvage

Pour tous ces nomades, le voyage s'accompagne aussi d'une quête de paysages. Le désir d'être constamment dans le plus bel endroit du monde. Pour certains *digital nomads*, c'est vivre à Bali, ce « paradis » terrestre. Pour les *vanlifers*, c'est accumuler les kilomètres et multiplier les vues à couper le souffle. Pour les « tinistes », c'est trouver l'endroit qui convient pour le moment, avec la possibilité d'en changer. Les nomades sont des conquérants du paysage, des collectionneurs – et il suffit d'une photo pour prouver qu'on a possédé l'un de ces endroits. Les photos de nomades numériques partagées sur Instagram montrent plus souvent des plages de sable blanc et des cocotiers, des chutes d'eau vertigineuses, que des espaces de travail. Le compte de *Fenêtres sur le monde*, dont les photos feraient même saliver Chris McCandless, le protagoniste d'*Into the Wild*, sont un plaidoyer pour la « nature sauvage » – quelle que soit la manière dont on définisse ce terme. Animaux majestueux, grands espaces où l'intervention humaine semble se limiter au minimum : une route, parfois seulement une piste.

Le paysage, c'est un espace physique et mental vierge dans lequel on peut se projeter. Quitter la sédentarité pour partir à la reconquête de soi, cela passe donc par l'appropriation de ces paysages nouveaux, à la mesure de la personne nouvelle qu'on veut devenir.

On peut regretter le côté « collectionneur » de certains nouveaux nomades. Mais il serait trop facile de limiter cette critique à ces voyageurs. Le tourisme de masse, les vols *low-cost*, les magazines de voyages et leurs nouvelles destinations à la mode… l'accumulation de « *spots* » à cocher est un symptôme de l'époque. Dans cette course à l'aventure touristique, ils sont des « *early adopters* », des prescripteurs de tendances qui fuient les lieux qu'ils ont contribué à révéler.

Et parfois, ils vont un peu plus loin. Ils s'arrêtent, posent leurs valises pour quelques mois, quelques années. Prennent leur temps. Habitent les endroits qu'ils étaient venus visiter.

« On voit un paysage, on vit dans un lieu », dit l'ethnologue Pascal Dibie[107]. Partis à l'assaut de paysages, les nomades finissent parfois par découvrir des lieux, et s'y ancrer.

La liberté, mec[108]

Dans les discours que j'ai recueillis, lus ou visionnés, la notion de liberté joue un rôle important, souvent central. On quitte sa vie d'avant pour redevenir libre. On conquiert soi-même cette indépendance. On a besoin de s'affranchir du carcan de la vie normale ou sédentaire. Les nouveaux nomades veulent être « plus libres » de leurs « choix » ou « financièrement ». Ils rêvent de « se sentir libres », d'être « plus indépendants »... Et c'est exactement l'imaginaire qu'ils produisent. Les vastes paysages sauvages, le retour à la nature ou l'exotisme des tropiques... Finalement, c'est toujours dans la nature, loin des foules anonymes qu'on est libre, entièrement seul ou entouré seulement des siens. Le mouvement aussi s'inscrit à merveille dans cette quête. La liberté de circuler est l'une des premières auxquelles on pense, presque un préalable aux autres.

Pour Max, le *digital nomad* habitué de Bangkok, l'intérêt du nomadisme tient en ce mot : « C'est la liberté. Il y a beaucoup moins de contraintes », précise-t-il. Dans le discours des nomades, contrainte et liberté sont souvent étroitement liées : plus de l'une, c'est moins de l'autre. Mais l'absence de contraintes est-elle réellement synonyme de liberté ? Seule Adèle Van Reeth serait en mesure de nous répondre[109]. Cette liberté sans contrainte, recherchée par les nomades, est une liberté individualiste qui consiste à « jouir sans entraves », mais elle dissimule parfois une profonde inquiétude.

Les hédonistes angoissés

Un grand nombre de ces nomades semblent… stressés. En apparence, tout leur sourit. Le nomadisme est un choix mûrement réfléchi, qui leur permet de reprendre le contrôle de leur vie. Ils ne sont pas confrontés à des difficultés insurmontables. Pourtant, leur désir de liberté est alimenté par l'angoisse. De rater sa vie, d'avoir des regrets. Du Québec, Florent m'explique : « Je voyais toute ma vie défiler devant moi, j'avais le sentiment de pas être à ma place. »

Si Joana et Éric vivent dans un van outre-Atlantique, c'est parce qu'ils avaient « besoin d'un gros break » dans leur vie. « Nous nous sommes englués dans une vie qui n'était pas faite pour nous, ou à laquelle nous n'aspirions pas. Nous avons longtemps fait semblant, mais nous avions besoin d'autre chose. La pression sociale est si forte qu'elle vous culpabilise si vous ne cochez pas les cases. Le poids de la société fait que l'on n'ose pas toujours aller à l'encontre et faire ce qui nous rend véritablement heureux. Dire "je veux vivre différemment" n'est pas forcément accepté. La sédentarité a quelque chose d'angoissant et pesant : comme une longue attente de la vie qui passe. » Joana précise : « Bien souvent, je ne me suis pas sentie maître de ma vie. Dépassée par celle-ci, je l'ai subie. Elle s'est peu à peu désagrégée devant moi. J'ai tenté de donner le change, de faire parfaitement ce que l'on attendait de moi – un masque qui m'a rongée. »

En Sologne, la « tiniste » Charlotte tient à peu près le même discours. Elle se souvient de collègues, forcés de conserver un emploi qui les rend malheureux, pour rembourser un emprunt : « Pour moi, c'est un des trucs les plus anxiogènes. Tu es pris en otage de ta vie. C'est terrible.

Quand ils seront à la retraite, ils se diront : "J'ai passé une vie à trimer pour un boulot où j'étais pas bien, et ça avait un impact énorme sur ma vie privée." Quelle tristesse. Je me refuse à ça. » À l'angoisse de rater sa vie s'ajoute la peur que celle-ci prenne fin plus vite que prévu : « On a eu des expériences de vie dans notre entourage... On a conscience que la vie peut vite s'arrêter. Et on ne veut pas attendre, ne serait-ce que cinq ans, pour se dire "on va faire ce qu'on a envie de faire". Non, il faut qu'on le fasse maintenant. Parce qu'on ne sait pas de quoi la vie est faite. » Yann partage son avis : « Je vois pas mal de gens qui ont des regrets, dans mon boulot. Ils arrivent à un certain âge, ils ont des maladies incurables et se disent l'éternel refrain, qu'il faut en profiter tant qu'on peut. »

Ce n'est pas seulement le rapport au travail qui est source d'angoisse, mais le rapport à la société dans son ensemble. L'une des raisons qui ont poussé ces jeunes à devenir nomades, c'est le besoin de fuir une partie des injonctions de la société dans laquelle ils ont grandi.

Les nomades expriment aussi une peur du déclassement : conscients que leur génération risque de ne pas vivre aussi bien que celle de leurs parents, ils préfèrent vivre leur rêve tout de suite – attendre la retraite leur paraît trop risqué. Ils se font donc les hérauts d'un *carpe diem* presque nihiliste, décidés à vivre au jour le jour parce que demain s'annonce galère.

L'élite de la mobilité

Même s'ils s'abreuvent à des sources d'eau discutables et qu'ils trimballent leurs excréments sur des centaines de kilomètres, les nouveaux nomades n'ont pas vraiment de raison de s'inquiéter, selon le professeur de géographie humaine Tim Cresswell : ils constituent ce qu'il appelle « l'élite de la mobilité ». « On vit à une époque dans laquelle quand, comment et où on se déplace a autant d'importance que là où on vit, pour se différencier les uns des autres, déclare-t-il[110]. En fait, on peut penser la mobilité en termes de hiérarchie, dominée par une élite connectée qui peut aller d'un endroit à l'autre relativement facilement, qui voyage assez fréquemment, généralement de manière confortable, sur de grandes distances, et qui est la bienvenue quelle que soit sa destination. »

Pour différencier l'élite de la mobilité de, disons, son prolétariat, le chercheur liste six éléments, qui expliquent selon lui pourquoi et comment on se déplace. Il s'agit de :

– La raison pour laquelle on voyage. Est-ce pour des raisons professionnelles, pour le loisir, ou pour fuir une situation ? Ces voyages sont-ils subis ou choisis ? Dans le cas des nouveaux nomades, ils sont évidemment choisis. Ils sont même le moteur de leur existence.

– La vitesse à laquelle on se déplace. Pour l'élite, il peut s'agir de rapidité aussi bien que de lenteur. Le « *slow movement* » est bourgeois : seuls ceux qui le peuvent choisissent de ralentir.

– Le rythme de la mobilité. Ce sont la fréquence (doit-on prendre le train tous les jours…) mais aussi les horaires : ceux-ci sont-ils imposés, doit-on partir à l'aube, patienter des heures ?…

– Les chemins qu'emprunte la mobilité. Celle-ci est canalisée, orientée par des politiques publiques (voies ferrées, autoroutes…) ou par des phénomènes naturels (marées, courants…). Pour le chercheur, il est ici question de topologie, qui va à l'encontre de la topographie. Des lieux se retrouvent connectés entre eux, indifféremment de leur proximité.

– L'expérience du voyage. Comment on le ressent. S'agit-il d'une contrainte, d'une expérience douloureuse voire traumatisante, ou d'une expérience enrichissante ?

– Les frictions de la mobilité. Le chercheur se demande où et pourquoi la mobilité s'arrête. Pour certains, les frictions (passage de frontières, moyens financiers…) sont plus importantes que pour d'autres.

Pour faire simple, alors que l'élite de la mobilité – grands patrons, vacanciers, mais aussi nouveaux nomades – choisit quand et comment elle se déplace, une frange importante de la population la subit : exilés, sans-abri mais aussi salariés de l'automobile « en prêt », qui travaillent dans des usines situées à plusieurs centaines de kilomètres de leur lieu de travail habituel[111], ou les 4 millions de « navetteurs » d'Île-de-France qui passent plus d'une heure dans les transports chaque jour[112].

Tout est une question d'échelle. D'un point de vue international, nos nomades sont indéniablement dans l'élite de la mobilité – la France reste la sixième puissance économique mondiale, et l'Union européenne la deuxième. D'un point de vue national, c'est encore vrai. Aucune des personnes que j'ai interviewées n'est précaire – leur nomadisme est toujours un choix, et si leurs comptes en banque sont souvent presque à sec, elles ne sont pas sur le point de se retrouver sans-abri.

Dans la course mondiale au déplacement, ils ont toutes les cartes en main pour maîtriser leur voyage, et leurs valeurs sont celles des dominants. Qu'il s'agisse de nomades numériques se payant un aller-retour en avion dans la journée pour renouveler leur passeport, ou de *vanlifers* qui se donnent une vie pour faire un tour du monde, ils sont bien maîtres de leur vitesse de voyage, de son rythme et des routes qu'ils empruntent. Ils connectent entre eux des lieux éloignés géographiquement, à l'image de ces *hubs* de nomades numériques que décrit Olivia, la professeure de fitness de Lisbonne. Pour eux, le voyage est un mode de vie, un choix, une raison d'être dont les frictions tiennent plus de l'obstacle à résoudre – une courroie de distribution à changer, un passeport à renouveler – que de la véritable embûche. Tous circulent librement. Ils bénéficient de ce que les anglophones nomment le « *passport privilege* » : un passeport fort qui leur permet de circuler librement. Les Français, comme les Suédois et les Espagnols, peuvent se rendre dans 185 pays et territoires sans demande de visa préalable ; les Japonais et les Sud-Coréens ont accès à 189 pays et territoires, et les Allemands, à 187. Ce chiffre tombe à 113 pour les Albanais, 66 pour les Surinamais et 55 pour les Sénégalais[113]. À l'intérieur de nos frontières, ce privilège du passeport prend une tournure plus métaphorique : c'est la possibilité de voyager sans la crainte de se faire contrôler trop souvent.

Si on adopte une vision centrée sur la France post-Trente Glorieuses, c'est légèrement différent. Les conditions de vie se dégradent, la confiance en l'avenir s'érode : individuel comme collectif, le futur ne s'annonce pas forcément radieux. Disons que notre génération est souvent « précaire en devenir ». Difficile pour elle de se projeter dans un avenir incertain. Et puis, les nomades ne souscrivent pas aveuglément aux valeurs bourgeoises. Ils se soustraient notamment au « temps social » et se réapproprient les « rythmes cosmiques et vitaux » – deux concepts que Cresswell emprunte au philosophe français Henri Lefebvre[114]. Le temps social, c'est celui « abstrait, quantitatif, celui des montres et des horloges ». C'est le temps de la quotidienneté, rationalisé et triomphant car il permet de mesurer le temps de travail. Avec lui, nos journées sont saucissonnées, découpées en des fractions toutes égales. On peut le considérer comme un temps capitaliste, qui permet de mesurer la vie des humains et des machines. Il s'oppose donc naturellement aux cycles cosmiques : les jours, les nuits, les saisons. Du temps palpable, dont on fait immédiatement l'expérience. Un temps social contre un temps naturel, donc. Or, les nouveaux nomades, chacun à leur manière, se réapproprient le temps de la manière qui leur convient. Les *vanlifers* les plus chanceux s'affranchissent autant que possible du temps social, quand certains *digital nomads* s'affranchissent des cycles cosmiques. Les premiers vivent au gré des paysages qu'ils traversent et de leurs rencontres, les seconds prennent l'avion pour éviter l'hiver et travaillent en horaires décalés.

2. COMMENT ON VIT SUR LA ROUTE

Pour beaucoup de nomades, c'est simple : avant de partir, il faut épargner. C'est ce petit matelas qui permettra de faire durer le périple le plus longtemps possible. Ainsi, moins on dépense, plus le voyage dure longtemps. Joana et Éric, de *Fenêtres sur le monde*, m'expliquent : « Au début, nous avons voyagé uniquement grâce à nos économies. Du travail sept jours sur sept, il n'y a pas de secret. "L'avantage" d'exercer une profession libérale à son compte, c'est que nous n'avons pas de week-end ni d'horaires classiques de bureau, surtout en architecture. Par contre, on a les cernes qui vont avec, ainsi qu'une vie sociale réduite à néant ! Nous n'avions gardé que nos vieux véhicules, et avions vendu tout le reste. Ce qui a grossi notre cagnotte et nous a allégés de tout poids superflu. » Le couple a tenu un an et demi avec ses économies, avant de rentrer en France. Mais à ce moment-là, il avait déjà décidé que sa vie se passerait désormais sur la route. Alors, « nous avons vécu chez nos familles et dans notre Combi T2 et nous avons travaillé de nouveau, pour pouvoir repartir ».

Le jour où j'ai décidé d'en vivre

Et peu à peu, le nomadisme a offert au couple quelques opportunités, notamment grâce à leur présence en ligne. « Nous avons été contactés pour nos photographies, et ce hobby devient peu à peu un nouvel emploi. Photographie, écriture… Aujourd'hui, des magazines nous contactent pour du contenu – c'est une autre façon de partager notre aventure. Bien sûr, les revenus sont encore aléatoires mais on tend à développer ces activités, qui sont compatibles avec la vie sur la route et qui nous passionnent. »

Joana et Éric ont aussi quelques partenaires : « Nous avons eu la chance d'être soutenus par des entreprises que nous apprécions. Aucun échange monétaire, mais un échange de bons procédés. Du matériel pour notre van, une assurance voyage… Des choses dont nous avions vraiment besoin et que nous aurions sûrement achetées à ces mêmes marques, et qui nous ont été données en contrepartie de visibilité sur nos réseaux. Un *deal* intéressant, puisque ne pas dépenser d'argent est finalement mieux que d'en gagner. Mais hors de question pour nous de faire de la publicité à tout-va ! Nous refusons plus de demandes de partenariat que nous en acceptons. »

Même trajectoire pour les *Roammates*, Clémence et Thomas. Comme *Fenêtres sur le monde*, ils ont rapidement documenté leur vie en van, sur les réseaux sociaux ou sur des sites dédiés, mais pas dans l'intention de générer un revenu. Cette exposition médiatique a fait naître quelques opportunités. « On ne pensait absolument pas vivre du voyage, mais maintenant, la lueur existe », s'enthousiasment les Montpelliérains. En 2018, ils ont gagné la deuxième édition du concours *Drive Your Adventure* : un mois de voyage en Norvège à bord d'un van Mercedes flambant neuf avec pour objectif d'en tirer un livre. Le Lieutenant a donc pris quelques semaines de repos. « Pendant un mois, j'ai bossé sur l'itinéraire et Thomas contactait les gens qu'on voulait rencontrer », explique Clémence. La rédaction du livre n'était pas rémunérée, mais le couple touche des droits d'auteur sur ses ventes. Et cela leur a également permis de faire valoir leurs qualités éditoriales et photographiques. Clémence se réjouit : « Depuis, on a des petites opportunités sympas [dans la presse spécialisée], comme des missions photo, alors que c'est pas du tout mon métier de base. »

Luce et PF, du *Van migrateur*, réfléchissent à un autre moyen de monétiser la *vanlife*. Le couple est à l'origine de *Vansity*, une plateforme qui met en contact *vanlifers* et artisans. « On a vraiment fait ça dans l'objectif d'aider les artisans et les gens de la plateforme. Et on s'est rendu compte que c'était énormément de boulot ! Du coup, on a un petit *business plan* pour *Vansity*, mais ce sera vraiment un petit plus. » Ce sont également eux qui ont créé – avec un autre couple de voyageurs, Caroline et Frédéric de *Casquette et Baskets* – le « Vanlifest », rassemblement dédié aux fourgons aménagés soi-même. Un autre moyen de gagner de l'argent ? « Ouais, pour s'offrir un McDo, quoi ! me répond Luce en riant. On est encore en période de test. On n'a pas pérennisé tout ça. Mais il faudrait qu'on arrête de vivre dans le monde des Bisounours et qu'on commence à se dire que oui, on a le droit de gagner de l'argent avec ce qu'on fait, et qu'on réussisse à rentabiliser tout ça, sans forcément se faire un million d'euros. » La solution tient peut-être dans leur livre numérique de 350 pages, *Le Manuel du fourgon aménagé*, qui « fonctionne hyper bien. C'est une bonne source de revenus, un petit Smic, les meilleurs mois ».

Le Québécois Florent mise lui aussi en partie sur la vente de son livre. « Mes écrits me rapportent un peu », m'explique-t-il tout en précisant que ses sources de revenus « sont faibles mais multiples ». « Mes vidéos YouTube me rapportent environ 150 euros selon les mois, mais la clé est surtout dans les habitudes de consommation et le style de vie. J'ai eu des salaires cinq fois plus importants que ce que je gagne présentement, et je n'épargnais pas grand-chose car mon loyer prenait une grande partie de mon revenu. Aujourd'hui avec un revenu faible, grâce à un style de vie qui a, certes, des dépenses, mais qui peuvent se limiter, on peut vivre confortablement. Que l'on soit saisonnier ou travailleur à temps partiel en télétravail, aujourd'hui, on a des difficultés à être propriétaire d'une maison, mais il est beaucoup plus facile d'être propriétaire de son temps et de sa liberté ! »

Pierre a quant à lui pris le problème à l'envers : « Je me suis dit "si je pars voyager, je vais revenir avec les mêmes problèmes que quand je suis parti. Je n'aurai pas évolué, je n'aurai plus d'argent". Je voulais trouver un équilibre dans ma vie. » Ce qu'il a fait en créant son activité : « J'ai voulu baser ma vie sur le surf, sur le partage et les rencontres », explique l'aubergiste itinérant. Depuis le printemps 2019, il sillonne les côtes françaises dans son car rempli d'apprentis surfeurs. Après les Landes au printemps et la Bretagne l'été, il envisage d'emmener des clients au Maroc. Il a pensé dès le début son nomadisme comme un projet professionnel.

Avec leur projet *Wild Human Life*, Yoann et Alizée ont choisi une voie médiane. Ils sont d'abord partis pour fuir Paris et mettre en accord leurs valeurs et leur quotidien, mais envisagent de transformer leur nomadisme en source de revenus. Le couple projette de transformer la remorque de pompiers, qu'il a achetée en même temps que son van, en atelier *low-tech*. Yoann m'explique : « On est en train de dessiner des machines d'atelier qui fonctionnent sans énergie électrique : des scies, des ponceuses, une perceuse à colonne… Et on prévoit de faire un tour de France, toute l'année prochaine, pour faire des ateliers de découverte et de sensibilisation aux *low-technologies* avec des scolaires. » Le couple souhaite également partir à la rencontre de « communautés autonomes et de *fab labs* déjà assez sensibles à ce genre de systèmes », et espère qu'une partie de ces interventions pourra être rémunérée.

Du côté des « tinistes » aussi, style de vie peut rimer avec revenus. À Nantes, Audrey et Martin conçoivent leur *tiny house* comme un projet de recherche et un manifeste de l'Atelier moins mais mieux. Une manière de montrer ce dont ils sont capables, de revendiquer leur démarche de revalorisation et donc de trouver de nouveaux clients – même s'ils ne se destinent pas à devenir fabricants de *tiny houses*… contrairement à l'entreprise Baluchon. Ses deux cofondateurs, Laëtitia et Vincent, ont construit chacun de leur côté leur propre *tiny house*, avant de s'associer pour devenir fabricants.

Quant à Olivia, la coach roumaine, et Kat, l'Allemande experte en marketing digital, leur investissement personnel dans la communauté digitale lisboète ne leur rapporte rien... pour le moment. « Un jour ou l'autre, l'expérience que j'engrange me sera utile dans de futurs projets », veut croire Olivia. Et puis, les événements hebdomadaires organisés sur Meetup sont aussi l'occasion idéale de réseauter : après tout, ceux qui y assistent sont soit de potentiels clients, soit de potentiels employeurs. De fait, l'étendue des pratiques professionnelles des nomades numériques reste circonscrite à des champs d'expertise relativement limités. Kat a d'ailleurs déjà décroché quelques missions grâce à des contacts rencontrés lors de ces soirées.

Chez d'autres *digital nomads*, le profit peut parfois se faire au détriment de la communauté. Je pense notamment aux dérives du « *dropshipping* », cette technique de vente avec laquelle l'idole des nomades numériques Tim Ferriss s'est enrichi – il a d'ailleurs collaboré avec Shopify, l'une des entreprises qui dominent ce marché. Cette pratique de vente en ligne est parfaitement légale : il s'agit de vendre à un client un produit qu'on n'a pas encore acheté – et donc de commander celui-ci une fois le profit de la vente encaissée[115]. Mais si certaines personnes tirent encore leur épingle du jeu, ceux qui s'enrichissent aujourd'hui grâce au *dropshipping* sont avant tout... ceux qui vendent des cours pour devenir *dropshipper*.

Séances de coaching et formations en tout genre sont légion dans cette communauté et toutes les niches peuvent y trouver leur compte. « Instagram vend du rêve à des gens qui n'ont aucune expérience, qui ne savent pas ce qu'ils font. Ils achètent un cours "Comment devenir assistant virtuel" ou "Comment devenir *social media manager*" et, en fin de compte, se plantent. Parce que ce n'est pas un cours à 500 ou 1 000 dollars qui va tout changer », explique Sophie. Au sein de sa communauté, les personnes qui dispensent leur argent dans ce genre de formations suscitent des sentiments ambivalents. « Il y a une entreprise qui a commencé à Dojo [l'espace de travail partagé qu'elle fréquente à Bali], qui profite de ça... Ce sont des femmes que j'aime beaucoup, qui sont de très bonnes *businesswomen* : elles ont bien compris le filon et elles l'exploitent extrêmement bien. C'est ça qu'elles vendent : du rêve. Elles font des millions, hein, facile. » Plus précisément, elles vendent des formations à des jeunes femmes dynamiques qui veulent créer « le *business* en ligne de leurs rêves ». Une version plus discrète de la Nomad Academy dont parlait Donatien à Chiang Maï.

Cet écosystème, parfaitement légal mais éthiquement discutable, prospère chez les *digital nomads*. Ceux qui s'en sortent le mieux sont souvent ceux qui parviennent à vendre aux autres les outils censés leur permettre d'y arriver à leur tour. Formations donc, mais aussi conférences, coaching personnel, croisières... c'est un ticket d'entrée dans la grande famille du nomadisme numérique qu'on vous vend.

Lier mode de vie et source de revenus n'a finalement rien d'étonnant : c'est ce qu'ont fait les trois fondateurs de ces mouvements, Tim Ferriss, Foster Huntington et Jay Shafer. Volonté délibérée chez le premier, qui a écrit un livre de développement personnel, hasard pour les autres. Dans ce sens, ces nouveaux nomadismes s'inscrivent assez bien dans la lignée des nomadismes « traditionnels » : ils sont aussi des moyens de subsistance.

D'autres manières de gagner de l'argent

Mais marchander son nomadisme ne suffit pas toujours. Beaucoup de *vanlifers* multiplient donc les sources de revenus. Clémence de *Roammates* effectue quelques missions de graphisme et d'architecture d'intérieur – « surtout la première phase », car elle ne peut évidemment pas faire de suivi de chantier – et son compagnon Thomas « continue de traduire des campagnes de com' ». Luce, du *Van migrateur*, est également graphiste, alors que Joana et Éric font « du *community management* pour une compagnie étrangère. Une somme modique mais qui met de l'essence dans le réservoir et c'est déjà un bon début. La question de l'argent, bien que très préoccupante pour beaucoup de monde, est en réalité un faux problème », conclut le couple.

Quand il s'agit d'alimenter les caisses, les *digital nomads* se divisent en deux catégories : ceux qui entreprennent, et ceux qui exécutent. Pour les seconds, l'avenir n'est pas forcément joyeux. Une partie de leurs tâches risque d'être automatisée à brève échéance, et ils sont en concurrence avec des travailleurs du monde entier sur des plateformes comme *UpWork*. Difficile, pour un Parisien étranglé par son loyer ou un nomade lisboète, de faire jeu égal avec un Pakistanais qui vend ses services de traduction ou de développeur Web deux dollars de l'heure… Rodolphe Dutel, fondateur de *remotive.io* – un site de mise en relation de travailleurs à distance –, chantre du télétravail sur Twitter, et auteur d'un premier roman, ne voit pas le problème avec ce genre de plateformes. D'après lui, certains clients voudront toujours travailler avec le fournisseur le moins cher. Il suffit donc au travailleur en question de savoir se vendre et d'avoir une compétence suffisamment intéressante pour que le client soit prêt à la payer.

Les deux Français Max et Sophie, respectivement à Byron Bay et à Bali, sont résolument des entrepreneurs. Leur mode de vie, ils le financent avec l'argent de leurs diverses activités. Sites médicaux, e-commerce, applications mobiles.

Entrepreneurs eux aussi, Caro et Jo ont vécu en van en Nouvelle-Zélande et vendent des alliances en silicone avec l'aide d'Amazon. L'entreprise de Jeff Bezos propose un programme, *Fulfillment by Amazon* – FBA, qu'on pourrait traduire par « réalisé par Amazon » –, qui prend à sa charge le stockage et la livraison au client de produits vendus par un tiers. « En bon ingénieur, Jo gère la logistique et l'informatique, et moi je m'occupe de la communication et du service client », explique Caro. Il « a bossé dur pendant un an, suivi des *webinaires*, acheté des logiciels d'extraction de données pour réaliser des études de marché… Jusqu'à ce qu'il trouve une idée de produit qui "cochait toutes les cases". On a commencé à créer un produit et une marque ensemble, puis Jo s'est accroché à chaque étape de sa réalisation : fournisseurs, envois, douanes, respect des règles internes à Amazon et des lois du commerce international… En faisant les choses de manière méthodique et en misant sur un produit avec un bon potentiel de succès plutôt que sur un produit "émotionnel", plus proche de nos centres d'intérêt, le succès est finalement arrivé au bout d'un an. Aujourd'hui on travaille ensemble à faire évoluer et perdurer la marque, et on espère lancer bientôt de nouveaux produits ».

VIS MA VIE DE NOMADE, WIFI, EAU, CACA : RÉVISEZ LES FONDAMENTAUX !

Qu'ils gagnent confortablement leur vie ou qu'ils aient décidé de se contenter de petits revenus, tous ces nomades ont besoin d'une bonne connexion Internet de temps en temps. Mais comment capter quand on est dans la pampa ? Faut-il préparer ses itinéraires en fonction de son travail ? Surtout pas, me répondent Joana et Éric depuis l'Alaska. « Avec l'habitude on arrive à savoir dans quelle zone on aura du réseau ou pas. Si par miracle il y a du wifi sur notre passage, on regarde si on n'a pas un e-mail urgent et on y répond si tel est le cas. Mais on ne veut pas organiser notre voyage en fonction du réseau. Sinon, nous n'irions pas bien loin... » Les *Roammates* sont un peu moins catégoriques : « Quand on sait que l'on va devoir travailler, on fait en sorte d'être près d'un endroit ou on capte suffisamment la 4G pour se mettre en partage de connexion avec nos *laptops*. Sinon, on se trouve un spot dodo sympa pas trop loin d'un *fast-food* ou d'un café qui ont le wifi. La traduction, ça se fait très bien dans un McDo ! » Florent, enfin, « mise sur les bibliothèques publiques, accessibles à littéralement tous les citoyens du monde. Peu importe où tu te trouves, c'est un moyen de rester connecté et d'avoir des moments studieux ». Et que faire du matériel, ordinateurs et appareils photo, que ces nomades utilisent au quotidien ? « En van, on a tous plusieurs caches, des endroits où l'on éparpille nos objets de valeur, me révèle Florent. Ma solution, c'est de n'avoir que des choses que je peux remplacer. J'achète tout d'occasion et je fais des sauvegardes le plus souvent possible. » Les *Roammates* confirment l'existence de cachettes, « mais on a finalement rien trouvé de mieux que de tout embarquer avec nous lors de nos longues absences, ou de se garer dans un endroit sécurisé. »

Ces voyageurs, amoureux ou solitaires, ne vivent pas que d'amour et d'Internet. Ils ont également besoin d'eau fraîche. Où se ravitaillent-ils ? La réponse évidente est : « dans les cimetières » – quand on est sur la route et que les gourdes sont vides, il faut chercher les tombes. « C'est en effet un bon plan, confirment Yoann et Alizée, les *vanlifers* au camion de pompier. Sinon, stations-service, sources en montagne, ou chez les particuliers. En allant demander de l'eau chez les gens, on fait toujours de bonnes rencontres : une fois, on s'est arrêtés pour de l'eau et on est repartis avec du miel et des pommes en prime ! » Le couple a aussi un filtre, qui lui permet de boire à peu près n'importe quelle eau. Yann et Charlotte ont eu accès à l'eau sur tous les terrains où ils ont arrêté leur Couledouce : en Sologne, le propriétaire les laisse profiter de son forage. Ils remplissent donc des bidons, et ont même installé une grosse cuve dans leur camion, pour limiter ces remplissages. De manière générale, trouver de quoi s'hydrater n'est pas un problème. Capitaineries, fontaines publiques, aires d'autoroutes ou de camping-cars… Il y a quantité de solutions. Il est donc bien plus facile de remplir sa gourde que de se vider les intestins. « Certains enterrent, certains jettent », dit Florent.

Pour les *Wild Human Life,* « c'est la pelle ! On enterre systématiquement les crottes et on ne laisse jamais de papier toilette. On le récupère et on le jette dans une poubelle ou on le brûle. Ça nous arrive même trop souvent de faire le ménage sur les spots quand on arrive quelque part ». Un point commun avec Joana et Éric qui n'utilisent plus les toilettes chimiques portatives de Popo depuis des années. « La plupart du temps, c'est en pleine nature. On creuse un petit trou pour la grosse commission et on met le papier toilette dans un sachet qu'on jettera plus tard avec le reste. Sinon on utilise souvent les toilettes des stations-service. En ville, il y a les toilettes publiques ou celles des centres commerciaux. Dans les parcs nationaux, il y a des toilettes sèches un peu partout : sur les parkings des départs de sentier de randonnée, etc. » Pas de pression, donc, on trouve toujours de quoi faire. « Si on reste longtemps, on peut faire un compost, conseille Yann le « tiniste », mais il faut être là pour s'en occuper. Sinon, il y a la solution d'enterrer dans les bois », qui semble donc remporter la majorité des suffrages.

3. *RADICAL NOMADS* ?

Je me suis beaucoup demandé si les nouveaux nomades étaient radicaux. Leurs choix de vie remettent-ils profondément en cause le système ? Nous forcent-ils à réfléchir sur notre propre situation ? En suivant ces mouvements émergents de loin, en les fantasmant pendant des années, j'ai vu en eux une charge radicale, subversive. Et à en juger par les articles et les documentaires qui leur sont consacrés, je ne suis pas le seul. On la retrouve également parfois dans le discours même de ces nomades.

Pour Pierre Bonte, ethnologue de référence des sociétés nomades, ce mode de vie présente bien une rupture radicale avec la sédentarité. Dans un cours de 2006, il expose des « traits qui définissent une identité commune des sociétés nomades[116] » : le déplacement sur le territoire, et l'absence d'habitats permanents. « Ces traits ne s'identifient pas seulement comme une différence relative des modes de vie et de gestion du territoire [...] ils sont très généralement considérés dans les représentations locales comme une rupture radicale dans le destin de l'humanité impliquant des visions elles aussi radicalement différentes du monde[117]. »

Plus simplement, être nomade, ce n'est pas seulement se déplacer, c'est avoir une vision du monde, un rapport à l'existence, fondamentalement différents de celui des sédentaires.

Les nomades changent de monde...

L'élément déclencheur du nomadisme, c'est l'envie de mouvement, disons, l'envie de voir le monde, de voyager : une aspiration assez répandue à notre époque, et qui n'a rien de très surprenant. Mais ils poussent cette envie un cran plus loin, en abandonnant tout habitat permanent. Pour un temps au moins, ils embrassent une vie vraiment nomade, sans points de chute. Leur logement est soit mobile, soit changeant. Ce nouveau rapport à l'habitat et à la mobilité s'accompagne d'un changement de point de vue sur le monde qui les entoure – sans qu'il soit possible de dire lequel a précédé l'autre : les nouveaux nomades ont-ils sauté le pas *parce que* leur rapport au monde était différent de celui de leur entourage, ou est-ce le fait de « tester » le nomadisme (souvent à l'occasion d'un long voyage vécu comme nécessaire) qui leur a permis d'effectuer ce changement ? En adoptant ce mode d'existence, leur vision du monde se « nomadise » aussi.

C'est flagrant chez les *vanlifers* et les « tinistes » : ils prennent la route pour fuir le monde sédentaire, dont ils rejettent les valeurs dominantes. Ils jugent que celui-ci attache trop d'importance au travail. Que son consumérisme à outrance est nuisible. Qu'il faut réduire ses déchets. Qu'il faut changer nos modes de consommation : acheter moins, local, responsable… Des aspirations qui ne sont pas propres aux nomades, mais qui justifient leur choix. Le changement d'habitat va de pair avec ce regard critique sur le système. Ces voyageurs se font discrets. Ils peuplent les marges, les espaces délaissés par les sédentaires : terrains non constructibles, zones de transit, parkings de grandes surfaces, sous-bois… Ils circulent dans les interstices de la sédentarité.

Les nomades digitaux rejettent le monde de l'entreprise à l'ancienne, milieu ultra-convenu qu'ils jugent sclérosé. On comprend bien que des ouvriers soient contraints de pointer à l'usine pour qu'elle fonctionne – quelques absents suffisent à enrayer le mécanisme – mais eux peuvent travailler de n'importe où : les deux pieds dans le monde de l'entreprise et pourtant physiquement ailleurs, dans des coins qu'on qualifierait d'exotiques. Les *digital nomads* s'affranchissent de la contrainte géographique ; pour eux, l'espace s'étire. Ils créent des entreprises « *full remote* », c'est-à-dire sans bureaux, et cela fonctionne, même si certains pays, dont la France, ont du mal à s'y faire. « Les Anglo-Saxons ont une culture du résultat, pas de la présence, donc c'est plus facile », m'explique Rodolphe Dutel, le « *remote worker* », fondateur de *remotive.io.* « La transition est plus compliquée, plus lente, en France. On aime avoir des personnes qui sont physiquement présentes, en Europe du Sud. Le manager est en insécurité si les travailleurs ne sont plus au bureau. » Malgré les dégâts que peut générer cette nouvelle organisation du travail, elle porte de fait quelque chose de fort : elle repose sur la confiance plutôt que sur le contrôle.

Sur leur chemin, ces voyageurs créent de nouveaux réseaux. On pourrait lister sur plusieurs pages les événements consacrés aux nomades numériques. La Nomad Cruise, le Nomad Summit, la Nomad Academy, le Freedom Business Summit, le Nomad Misfits Month, le DNX Festival, le Digital Nomads Girls Networking, le Coworking Safari, le Rebel + Connect Summit, le Nomad Train à bord du transsibérien… Certes, la plupart d'entre eux sont payants. Mais ils permettent de nouer des liens et de développer des réseaux en marge de ceux de la vie sédentaire. Ces réseaux-là sont informels, changeants, peu contraignants et demandent peu d'investissement autre que financier. Pour les intégrer, il suffit de s'identifier comme membre de la communauté, et de régler l'addition, qui peut aller de quelques centaines à plusieurs milliers d'euros.

Pour les *vanlifers*, le réseau, c'est avant tout les réseaux sociaux. Notamment Instagram. Les voyageurs en fourgons s'y repèrent, échangent, tissent des liens et finissent par se rencontrer « *IRL* », au hasard de leurs trajets ou lors d'événements qui leur sont consacrés. Leur mode de vie et leurs aspirations y évoluent en temps réel. Un *vanlifer* influent documente son mode de vie zéro déchet ? D'autres lui emboîtent le pas. Sur Instagram, on partage également ses bons plans pour dormir ou manger : on reconstitue une microsociété. Au-delà des écrans, les réseaux s'incarnent à travers des événements comme le « Vanlifest » mais aussi d'autres, moins exclusifs : Salon du véhicule d'aventure, Salon du fourgon aménagé et ainsi de suite.

Les réseaux ainsi formés par les *vanlifers* et les *digital nomads* sont décentralisés, et n'ont pas vocation à s'institutionnaliser. Ils constituent des archipels, physiques ou numériques, qui se soustraient (involontairement) à la logique dominante. Un monde de « *spots* » et de « *hubs* » interconnectés, aux communautés fluctuantes qui échangent le plus souvent à distance et se rassemblent à l'occasion de grands événements, parfois ritualisés.

Et si ces nomades nous donnaient un aperçu du monde de demain ? *Vanlifers* et « tinistes » d'un côté, *digital nomads* de l'autre : chacun à sa manière nous invite à réfléchir à l'avenir.

Chez les premiers, le nomadisme s'accompagne d'un art de la débrouille. Yoann et Alizée et leurs amis Audrey et Martin, tous designers, l'illustrent mieux que personne. Les deux couples s'intéressent aux *low-techs*. Ils sont donc capables de devenir relativement autonomes grâce à leurs connaissances et à la récupération de matériaux. D'autres nomades, qui n'ont pas leur savoir-faire ni leur formation, ont également acquis des compétences. C'est Pierre, du Commodore Hostel, qui sait maintenant ce qui se passe quand il appuie sur un interrupteur ; Éric et Joana pour qui la mécanique n'a plus aucun secret ; Yann et Charlotte qui ont appris à bricoler en construisant leur Couledouce. Ils maîtrisent leur environnement immédiat. Aucun n'a abordé des thèmes comme le survivalisme ou la collapsologie, un courant selon lequel « on assistera, pour certains au plus tard dans les années 2030, à un effondrement mondial et systémique de la civilisation thermo-industrielle[118] ». Pourtant, la forme d'ascèse qu'ils ont adoptée renvoie forcément à ces idées. Si l'on souscrit à la thèse de l'effondrement, on peut raisonnablement imaginer que « tinistes » et *vanlifers* seront mieux préparés que les sédentaires – peut-être même mieux que certains survivalistes pur jus, munis de fusils de chasse mais d'une moindre connaissance du territoire et d'un moins bon réseau. Après tout, en cas de faillite généralisée de nos institutions, rien ne permet de penser qu'une arme à feu soit plus utile qu'un solide tissu social.

Si notre monde ne bascule pas dans le chaos à brève échéance, ce qui est également une hypothèse envisageable, il se pourrait bien que les *digital nomads* tirent leur épingle du jeu et deviennent les maîtres de demain. Ils ont de nombreuses compétences ; sont capables de décrocher des contrats, de trouver l'information et les ressources dont ils ont besoin ; et sont en mesure d'identifier de nouvelles niches à exploiter... Ils sont parfaitement à leur aise dans un monde hyperglobalisé, dans lequel l'Europe et l'Occident sont « provincialisés ». Ils sont habitués à naviguer entre différents systèmes, connaissent l'Asie comme l'Amérique latine et bénéficient eux aussi de réseaux facilement mobilisables. Enfin, ils sont parfaitement adaptés au « monde de spécialistes » que promet le « *remote worker* » Rodolphe Dutel. À la débrouille bricole, faite maison des *vanlifers* et « tinistes », ils opposent une débrouille « *business* ».

En un sens, tous les nomades vivent déjà dans le monde de demain, puisqu'ils sont inadaptés aux institutions du vieux monde. Dans quel pays doivent-ils déclarer leur chiffre d'affaires ? Quelle structure juridique leur permet d'être en règle tout en conservant leur mode de vie ? Sous quelle forme déclarer des revenus issus de sources différentes : articles pour la presse, sponsoring sur les réseaux sociaux, photos, missions en *freelance*... ? Quelle adresse fiscale et postale donner à l'administration ?

Est radical ce « qui a une action décisive sur les causes profondes d'un phénomène », c'est-à-dire ce qui s'attaque à la racine de ce que l'on veut changer. À l'échelle individuelle, on ne peut pas nier que la plupart d'entre eux font preuve de radicalité. Leur quotidien ne leur convient plus ? Ils ne se contentent pas de chercher un nouvel appartement, de le repeindre, de quitter leur travail : ils changent de vie.

... sans changer le monde

Dézoomons, prenons de la hauteur : vu d'en haut, pas sûr que les nouveaux nomades collent vraiment à notre définition de la radicalité. « Je trouve que politiser un discours, ça le discrédite, parce que ça le met dans une case », tranche Florent, le Canadien. Comme aux autres nomades, je lui ai demandé si son geste était politique. Plus précisément, s'il était anticapitaliste, ce que son discours pouvait suggérer. « Il faut essayer d'aller au-delà de ça, ne pas mettre des termes, parce que c'est beaucoup plus complexe. » Pour lui, quand on accole une idéologie politique à une démarche, « on garde le côté puéril de l'enfance ».

Même son de cloche chez les « tinistes » Yann et Charlotte, et chez Joana et Éric. Politique, leur décision ? « Absolument pas ! Nous n'avons jamais eu la prétention de dire que telle ou telle chose était bien ou mal », assurent les chauffeurs de Popo.

Jo et Caro sont plus nuancés : « Notre démarche n'est absolument pas politique. Nous avons essayé de nous y intéresser, mais nous n'y sommes pas arrivés. En revanche, elle pourrait être perçue comme "engagée". Qu'on le veuille ou non, choisir de vivre différemment, c'est sortir du cadre défini par notre société. » Pour Thomas et Clémence, enfin, l'envie d'habiter dans un van a été nourrie par un « ras-le-bol du consumérisme ». Et si ce choix ne plaît pas « au grand capital », « c'est que c'est la bonne voie », dit Thomas en riant, tout en précisant qu'ils ne désirent pas s'affranchir du système. « Si tu veux continuer à travailler, tu ne peux pas te couper complètement de la société. On aimerait bien un capitalisme modéré, avec plus de partage », conclut le *Roammate*.

L'engagement politique de ces nomades pourrait se résumer à ce que George Orwell appelait la décence ordinaire, une « colossale banalité[119] », de son propre aveu : « Si les gens se comportaient comme il faut, le monde serait ce qu'il doit être[120]. » Les nomades d'aujourd'hui font ce qu'ils jugent bon pour eux, et n'inscrivent pas leur choix dans une perspective sociétale. D'ailleurs, s'ils se méfient du terme « politique », c'est par défiance vis-à-vis du personnel politique. « Je suis très très pessimiste sur le côté politique des choses, confie Clémence. On ne peut pas imaginer une seule seconde que ce soit eux [les politiques] qui vont apporter les solutions. C'est à nous de les apporter. » Jo et Caro ne comptent pas non plus sur « un soutien éventuel des politiques » et estiment que le changement de société qu'ils souhaitent voir advenir ne passe pas « par le choix d'un parti ».

Parmi les valeurs des nouveaux nomades : s'épanouir, ralentir, prendre soin de soi, bien manger, faire du sport, réduire son impact environnemental, être bien dans son corps… des aspirations qui sont celles des classes sociales de leur génération.

Matériellement, plusieurs mettent en avant le fait de moins consommer, même si leur discours ne se traduit pas toujours en actes. Réduire ses achats est inévitable dans leur mode de vie et, là encore, bien en phase avec l'époque. Les succès de la papesse du rangement Marie Kondo et du duo d'essayistes et conférenciers The Minimalists en témoignent. Se détacher de ses possessions matérielles est devenu une valeur des classes culturelles dominantes. On préfère consommer « moins mais mieux », privilégier des savoir-faire locaux ou artisanaux. « Tinistes » et *vanlifers* optent pour des intérieurs en bois brut et des objets qui font office de marqueurs identitaires, immédiatement repérés par la communauté. On revendique ses achats : rares, valorisés, ils signifient l'appartenance au groupe. Chez les *digital nomads*, on insiste sur la qualité de la nourriture et l'authenticité des lieux de vie. Là aussi, des valeurs qu'ils partagent avec les sédentaires qui ont la même culture qu'eux.

L'un des drames (mineurs) de notre époque, c'est que personne ne veut être un touriste, mais que tout le monde en est un. Même ceux qui vivent dans un camion ou qui changent de pays comme de F.A.I. Les voyageurs du XXIe siècle cherchent une expérience unique, de l'authenticité, plébiscitent les séjours aventure et l'écotourisme. Chaque nouvelle saison voit son lot de destinations à découvrir, avec toujours le même moteur : on veut visiter les lieux avant les autres. C'est d'ailleurs le paradoxe des touristes comme des aventuriers. En dévoilant à leur public (dans des livres, des documentaires, sur les réseaux sociaux ou lors d'interminables soirées de projection) leurs destinations, ils prennent le risque de les faire connaître et donc de les rendre… touristiques.

Les nouveaux nomades vont donc aux mêmes endroits que les retraités, les salariés et les affairistes, même si l'usage qu'ils font de ces destinations diffère.

En anglais, on dirait de nos voyageurs qu'ils sont adeptes du « *living small* ». Ce qui sonne mieux que sa tradition littérale, « vivre petit », presque condescendante.

Ils revendiquent leur choix d'habiter de petits espaces. Cela leur permet de ne pas accumuler d'objets inutiles, de se déplacer rapidement. Le fait d'avoir réduit son espace vital est toujours présenté comme un choix positif : pensez à Yann et Charlotte, qui « finalement », même dans leur grand appartement, étaient « toujours dans un périmètre de 15 m² autour de l'autre ». Seule exception : Luce et PF, qui se marchaient dessus dans leur premier van. Ils ont donc opté pour un camion plus grand, pas pour un appartement ou une maison. Le fait de réduire la surface qu'on habite est aussi vécu comme une nécessité à l'échelle mondiale. Tout le monde ne peut pas vivre comme les riches des pays riches : il faut donc faire des concessions, ce qui peut passer par une réduction des surfaces habitables. Mais cette nécessité en apparence généreuse est-elle véritablement un choix ? Les nomades sont-ils les victimes consentantes d'un système qui les prive de logements – ou de modes de vie – satisfaisants ? Les *vanlifers* sont-ils plus à plaindre que les sédentaires ? Évidemment non : tous revendiquent leurs choix et sont plus heureux depuis qu'ils ont changé de mode de vie. Ils se moquent des logiques systémiques qui ont pu influencer leur décision.

Mais ces nomades restent malgré tout de grands consommateurs. Ils consomment des biens comme des fourgons, des billets d'avion, des bandes dessinées, de l'équipement électronique… et aiment « se faire plaisir » : forfaits de ski, observation de baleines ou de tortues, séjours au soleil ou encore plongée sous-marine. Avides de bons plans, ils sont curieux de tester une cantine branchée, une brasserie locale ou, plus rarement, un restaurant étoilé dont ils croisent la route. Mais ils sont aussi dans un rapport de consommation avec leur environnement – les paysages prenant alors la forme de biens immatériels, qui peuvent fortement augmenter leur prestige… et le nombre de leurs *followers*.

Paradoxalement, ceux qui tentent de s'extraire petit à petit de la société de consommation adoptent un comportement de « dé-consommation » qui touche aussi les sédentaires. « La consommation de masse entre dans une spirale négative », s'inquiétait *Les Échos* en 2017[121]. L'anthropologue Fanny Parise voit plusieurs explications à cette tendance : « Une sensibilité grandissante à l'écologie, au développement durable, à la cause animale, aux valeurs féministes, à la psychospiritualité et à l'engagement sociétal[122]. » Mais « quel que soit l'élément déclencheur qui a conduit les individus à modifier leurs pratiques au quotidien, tous affichent ces valeurs positives avec en toile de fond une aspiration à répondre à deux enjeux majeurs : leur santé et leur budget. »

Elle décrypte ce phénomène dans un article passionnant :

> « Jusqu'au début du XXIe siècle, posséder des biens issus de la grande distribution était le symbole de la modernité et de la réussite sociale, un luxe qui s'exprimait à travers le niveau d'équipement d'un individu ou d'un foyer […]. Dans les pays occidentalisés, la tendance semble s'inverser, en témoigne l'engouement médiatique pour la "dé-consommation".
>
> La porte d'entrée de la "dé-consommation" est égocentrée. Se faire du bien à soi-même et à sa famille est devenu un luxe accessible à travers une gestion différenciée de son porte-monnaie. En limitant les plats préparés, en réduisant la viande rouge de son alimentation, mais également en faisant du covoiturage ou encore en sous-louant son appartement le week-end […], les adeptes de ces nouveaux modes de consommation parviennent à dégager de l'argent qu'ils vont pouvoir réinvestir dans d'autres

biens de consommation, plus éthiques, et par la même occasion atteindre un mode de vie plus soutenable pour la planète.

Se reconnaître dans l'acte de "dé-consommer", c'est opérer une transition entre sa manière de vivre et de consommer initialement et l'idéal de vie auquel tout un chacun aspire : il s'agit de réduire les "dissonances cognitives" du quotidien[123]. »

Ainsi, « dé-consommer », c'est surtout consommer différemment : on boude les grandes surfaces mais on garde les deux pieds dans la société de consommation. Nos comportements d'achat restent un marqueur de nos valeurs et les « dé-consommateurs » restent des créateurs de richesse. Ils ne disent pas « un autre monde est possible », mais « une autre consommation est possible ».

Sur Instagram, la mise en scène de chacun de ces mouvements révèle leur proximité avec la vie « normale » sédentaire. Les photos de *tiny houses* évoquent le rêve pavillonnaire version XXIe siècle. Intérieurs impeccablement rangés, étagères ponctuées d'objets déco choisis et époussetés avec soin, plantes grasses, cafetières branchées. Le parquet est ciré, le plan de travail est propre et dégagé. L'extérieur est coquet et fleuri. Chez les *vanlifers*, on retrouve le même souci du rangement et du détail, mais on cultive en plus un esprit bohème : guirlandes, feux de camp aux bûches soigneusement disposées…

Dans les deux cas, ces photos évoquent Byron Bay, cette ville de la côte est australienne devenue un paradis pour influenceuses néo-hippies[124]. Les photos associées aux *digital nomads* présentent des temples bouddhistes à Hawaï, le Taj Mahal, des centres commerciaux, des piscines bordées de palmiers aux Maldives, tatouages de citations inspirantes et grands cafés frappés… Impossible de deviner ce que ces images sont censées évoquer si on vous les présente sans leur hashtag : c'est le quotidien banal de touristes aisés, à l'affût de la dernière tendance.

Et si vous vous promenez suffisamment longtemps sur Instagram comme je l'ai fait ces derniers mois, vous verrez une autre tendance émerger de cette accumulation de photos et de vidéos. Vous remarquerez d'abord le nombre incroyable de nouvelles nomades qui pratiquent le yoga en toutes circonstances. Vous serez surpris de voir que certaines voyageuses préparent leur café ou conduisent à moitié nues. Vous noterez que les *vanlifers* adorent prendre leur lit en photo, généralement quand leur copine s'y prélasse en sous-vêtements, et qu'ils documentent scrupuleusement le fonctionnement de leur douche solaire – dont seules des femmes semblent profiter. En suivant le hashtag #vanlife, vous tomberez peut-être sur le profil d'une blonde sculpturale qui semble parcourir la planète en fourgon et sans culotte ; avec #digitalnomads, vous découvrirez une brune mate de peau plonger gracieusement son corps dévêtu dans l'eau limpide d'un lagon sous l'œil attendri du photographe… Souvent, vous ne saurez plus très bien quel est le lien entre l'image que vous regardez et le mode de vie qui y est associé. Et vous vous demanderez peut-être : « la fille nue » est-elle indissociable du nouveau nomadisme ? Les hanches gracieuses font-elles partie du paysage au même titre que les feux de camp et les cimes enneigées ? Avoir un ventre plat est-il indispensable pour se lancer dans le *e-commerce* ?

Je n'ai aucun problème avec le fait qu'on pose nu. Je trouve même la censure sur Instagram ridicule et perverse – qui a décrété, par exemple, qu'un téton féminin était de la « nudité explicite[125] », mais pas une paire de fesses, ni un téton d'homme ? – et je suis plutôt pour la nudité, en général. Mais je trouve regrettable que seules les filles se dévêtent. Et que les corps qui s'exposent correspondent systématiquement aux canons de beauté des sédentaires européens. Ces photos jouent à fond la carte d'un fantasme masculin un peu stéréotypé, celui de la belle autochtone indépendante et excitante, qui vit dehors mais reste propre, qui s'épile avec la même facilité qu'elle fend des bûches… C'est d'ailleurs la même chose pour les hommes, qui se montrent soit en virils barbus pourfendeurs de troncs d'arbres, soit en entrepreneurs dynamiques. La mise en avant de ces modes de vie différents aurait été une belle occasion de montrer, aussi, des corps différents.

L'utilisation massive des réseaux sociaux participe également d'une surveillance généralisée qui devient peu à peu la norme. Si certains nomades voient dans leur démarche un moyen de se soustraire au monde, ils oublient que Facebook et Instagram font partie des organes de contrôle les plus puissants aujourd'hui – le premier a d'ailleurs reconnu en août 2019 qu'il écoutait certaines conversations privées[126]…

Pour finir le tableau, il faut rappeler que, si les nouveaux nomades sont toujours en mouvement, ils sont aussi presque toujours disponibles. Comme les sédentaires, ils ont peu à peu effacé la frontière entre vie privée et vie professionnelle. Quand on est indépendant, il est difficile de refuser des clients, même quand on se réveille chaque matin face au lever du soleil.

En un mot, les nouveaux nomades sont victimes du « *hipster effect* », ce « phénomène contre-intuitif au cours duquel les personnes qui s'opposent à la culture dominante finissent par toutes se ressembler[127] ». Inspiré de théories mathématiques, cet « effet hipster » est « le résultat inévitable du comportement de larges groupes de personnes » qui « se synchronisent », notamment à travers la lecture de blogs. Ainsi, au moment de sauter le pas, elles font toutes le même choix, sans pour autant s'être jamais rencontrées.

En voulant se changer soi plutôt que le système dans lequel ils évoluent, les nouveaux nomades rappellent Pierre Rabhi, le paysan ardéchois fondateur des Colibris. Pour l'écologiste octogénaire, chacun doit « faire sa part » pour lutter contre le dérèglement climatique. Ses détracteurs lui rétorquent à juste titre que l'action individuelle n'a presque aucun poids face aux structures. Proclamer le changement de l'individu comme solution globale, cela rappelle aussi le *New Age*, ce courant pseudo-spirituel qui a émergé au XXe siècle sur les cendres de la contre-culture des années 1960. Des approches qui sont généralement très bien perçues par le système capitaliste, tout simplement parce qu'elles ne dérangent pas – comme on l'a vu précédemment, l'une des forces de ce système est précisément d'avaler ses critiques et d'en recracher des versions aseptisées, vidées de leur radicalité. C'est même une stratégie éprouvée des grandes entreprises, que de reporter sur leurs clients les conséquences de leurs actes[128].

Alors, radicaux, ces nouveaux voyageurs ? En définitive, pas vraiment. À plusieurs égards, le diagnostic qu'ils livrent de la société sédentaire est remarquable. Ils ont perçu qu'elle était dans une impasse, sclérosée, figée, recroquevillée sur elle-même. Que les conditions d'existence en Occident risquaient fortement de se dégrader, que d'autres manières de vivre étaient possibles et que consommer moins ou différemment pouvait rendre plus heureux. Mais pour faire face à ces problèmes, ils ont choisi l'action individuelle – se soustraire au système plutôt que le changer. C'est regrettable car, chacun dans leur genre, « tinistes », *vanlifers* et *digital nomads* portent en eux des visions de l'avenir. Après avoir popularisé leurs modes de vie et les avoir mis en scène sur les réseaux sociaux, il serait temps que, dans chacune de ces communautés, certains articulent ce passage à l'acte avec des outils théoriques permettant de penser le monde nomade du futur.

IV.
CHEZ SOI, ET AVEC LES AUTRES

1. CE QUE SIGNIFIE "CHEZ SOI" QUAND NOTRE MAISON BOUGE OU QU'ON DÉCIDE DE NE PAS EN AVOIR

En 2015, Mona Chollet publie *Chez soi*[129], un plaidoyer pour une forme bien particulière de sédentaires : le casanier. L'essayiste veut défendre l'espace domestique, souvent dénigré. Pour elle, tout se passe comme si la vraie vie était à l'extérieur, qu'il fallait partir à sa conquête en quittant son domicile… être un explorateur. L'inconscient collectif réduirait alors ceux qui préfèrent rester chez eux à des larves apathiques engloutissant des paquets de chips devant des séries sans intérêt. « J'appartiens [...] à cette espèce discrète, un rien honteuse : les casaniers, habitués à susciter autour d'eux la perplexité, voire la pitié ou l'agressivité. » Son « odyssée de l'espace domestique » a pour but de révéler toute la richesse potentielle d'une vie casanière, mais aussi de questionner nos modes d'existence, à travers notre rapport à l'habitat.

Mais l'opposition qui ouvre son livre, entre explorateurs d'un côté et casaniers de l'autre, vole en éclats avec l'émergence des nouveaux nomades : où placer ceux-ci ? Comment définir ces *vanlifers*, « tinistes » et *digital nomads*, qui sont constamment à la fois chez eux et en exploration ? Les deux premiers ne sont jamais très loin de leur maison, les troisièmes ont tendance, après quelques années sans attache, à se fixer dans une ville d'où ils rayonnent. Pour tous, la question du « chez-soi » est essentielle, mais doit être pensée différemment.

Qu'est-ce qu'être « chez soi » ?

« Chez soi », c'est d'abord le lieu où l'on peut s'adonner à « ces plaisirs élémentaires qui nous maintiennent en contact avec notre énergie vitale : traîner, dormir, rêvasser, lire, réfléchir, créer, jouer, jouir de sa solitude ou de la compagnie de ses proches, jouir tout court, préparer et manger des plats que l'on aime. » C'est une respiration, un ilot de tranquillité à l'opposé du monde extérieur, dans lequel on est impuissant, et où règnent les faux-semblants.

C'est un refuge salutaire, l'aménagement intérieur des vans et des *tiny houses* en témoigne, l'ambiance y est chaleureuse, feutrée, intimiste. On y est bien, on voudrait s'y attarder d'autant plus que, bien souvent, la frontière entre l'intérieur et l'extérieur est ténue. Mais pour que l'habitat joue son rôle de refuge, mieux vaut qu'il soit spacieux. Les nouveaux nomades profitent amplement de cette denrée. Leur « chez-soi » ne s'arrête pas à leur seuil. *Vanlifers* et « tinistes » sont résolument tournés vers l'extérieur, le lieu où ils s'arrêtent devient une extension de leur domicile. Pour les *digital nomads*, le « chez-soi » est un concept mouvant, en perpétuelle recomposition. Au fil du temps, cette notion ne désigne plus un lieu unique, mais un ensemble d'endroits qui fonctionnent comme des repères/repaires. Des lieux où ils ont leurs habitudes, leurs réseaux. Le « chez-soi » devient donc une notion hybride qui ne se limite pas aux seuls mètres carrés qui remplissent les fonctions de logement à un instant *t*. C'est un univers plus vaste, moins tangible : à peu de chose près, c'est partout où l'on se sent légitime.

C'est aussi un lieu *vraiment* à soi, comme l'expriment notamment Yann et Charlotte. Quelque chose qu'on possède physiquement, et immédiatement, sans s'être endetté auprès d'une banque – les nouveaux nomades font rarement des emprunts. C'est une forme ultime de refuge, doublée de la certitude qu'on ne peut pas perdre ce chez-soi. Chez les nomades digitaux, la question de la propriété se pose différemment. Ils ne sont pas propriétaires des espaces qu'ils investissent. Si certains finissent par acquérir des biens immobiliers, c'est souvent dans l'optique de générer le revenu passif le plus intéressant. On n'achète pas pour posséder son « chez-soi », mais pour maximiser un investissement.

« Chez soi », c'est cet endroit que l'on maîtrise à la perfection, où nos gestes se font précis, efficaces, réglés comme un ballet, un lieu propice aux rituels ou encore un minuscule édifice dont l'exiguïté incite à l'humilité. Surtout, quelle que soit sa forme, ce logement « ne devrait pas représenter un but, une finalité, mais un point de départ – vers des destinations inconnues et imprévisibles ». On retrouve de tout ça dans les habitats mobiles. Dans les fourgons, dans les *tiny houses*, les gestes sont mesurés, les mouvements millimétrés : leurs habitants ont élaboré une chorégraphie subtile, parfaitement adaptée à leur espace. Il y a certes une magie dans les petits espaces, mais celle-ci est à double tranchant : « La petitesse de votre logement lui donne une dimension ludique, aventureuse, comme si vous aviez été catapulté dans la maison de poupée de votre enfance. Préparer un repas revient à jouer à la dînette. »

Pour les nouveaux nomades, le « chez-soi », c'est donc à la fois le cocon minuscule et ce dans quoi ce cocon s'inscrit. Soutenus par des philosophies différentes, ils proclament tous « je suis chez moi partout ». *Vanlifers* et « tinistes » avec une approche post-hippie, inconsciemment libertaire ; *digital nomads* avec une approche davantage néocoloniale, confortée par leur *passport privilege* et leurs ressources économiques.

« Habitons-nous vraiment nos maisons, nos appartements ? » Si je décolle les yeux de mon écran pour répondre à cette question, je dois reconnaître que je suis assez embarrassé. La table sur laquelle je travaille est encombrée de livres, de bougies et de vaisselle. Les chaises qui l'entourent servent de débarras où trônent clés, chéquier, agenda et courriers administratifs. Les plants de tomate sur mon balcon ont dépéri parce que je me suis absenté quelques jours et que je n'ai pas pris la peine de demander à un ami de les arroser. Est-ce que j'habite vraiment ici ? J'y ai entreposé à peu près tout ce que je possède, et c'est l'endroit dans lequel je finis inlassablement par revenir. Ce lieu n'est pas investi. Et pourtant, je suis sédentaire, j'y vis depuis plus de trois ans. Chez les nomades que j'ai rencontrés, c'était précisément l'inverse. Tous avaient minutieusement aménagé leur lieu de vie. La plupart l'avaient élaboré sur le papier et construit de leurs mains. Ils avaient choisi leurs destinations pour des raisons précises, pleines de sens et de promesses. Les nouveaux nomades *habitent* leurs domiciles beaucoup plus intensément que beaucoup de sédentaires. Ils n'ont pas l'intention d'en changer si rapidement. Ils savent comment il fonctionne, comment s'en occuper.

En août 2019, à l'occasion de leur « vaniversaire », Éric et Joana ont déclaré leur flamme à leur T3 sur Instagram : « L'histoire d'amour entre ce petit van et nous n'a cessé de grandir [...]. Bien plus qu'un van, notre maison sur roues, notre compagnon de route, un symbole de liberté, de vie et de tous les possibles. » Pour les tour-du-mondistes Yunaë et Jonathan « Livingston », la *tiny* est « une maison qui nous permettrait d'appeler le monde "chez nous"[130] ».

L'intérêt d'un chez-soi

L'espace domestique, c'est un lieu qui doit nous permettre de développer notre pensée. De se poser, de réfléchir, de rêver. On peut l'imaginer comme une base, solide, d'où l'on peut se projeter dans l'avenir et se le réapproprier. C'est d'autant plus vrai quand on a construit soi-même cette base, comme c'est le cas de nombreux nomades. Au passage, en changeant de mode de vie, ceux-ci brouillent la frontière entre espace domestique et espace public, le second devenant régulièrement une extension du premier. Cette gymnastique, associée à d'autres stratégies – comme le fait d'accepter de vivre dans un espace réduit ou de vivre dans des pays à plus faible niveau de vie – leur permet de continuer d'habiter un monde de plus en plus cher, tout en développant de nouvelles compétences. *Vanlifers* et « tinistes » apprennent les rudiments du bricolage, les nomades numériques développent de nouveaux savoirs grâce à leur réseau. La prise en main de leur quotidien leur permet d'acquérir des connaissances qu'ils jugent utiles, et mobilisables dans le monde dans lequel ils vivent.

Quand on est nomade, on renoue avec des sensations oubliées des sédentaires : on se souvient que toute chose est transitoire, impermanente et imparfaite. Le « chez-soi » des nomades permet cette prise de conscience. Mona Chollet apprécie un « concept clé de l'esthétique japonaise » qui fait écho à ces sensations : le *wabi-sabi*. Les choses *wabi-sabi* « gardent la trace du soleil, du vent, de la pluie, de la chaleur et du froid ; elles se décolorent, rouillent, ternissent, se tachent, se déforment, rétrécissent, flétrissent, se lézardent[131] ». Il est intéressant de noter que l'initiateur de la *vanlife* Foster Huntington a lui aussi été séduit par ce concept – c'est l'une des influences qui l'ont incité à partir sur la route. « J'ai commencé à m'intéresser au minimalisme et à une philosophie de l'esthétique japonaise qui s'appelle le *wabi-sabi*. Elle consiste à accepter l'imperfection, et à laisser la fonction dicter la forme. J'ai commencé à réaliser que j'étais en train de foirer, que ce que je faisais n'était pas génial, et qu'il fallait que j'arrête de travailler soixante-dix heures par semaine pour une énorme entreprise, alors que j'avais à peine vingt ans[132]. » Dans une certaine mesure, les nomades font cette expérience du *wabi-sabi* au quotidien. Leur mode de vie leur impose une dose de simplicité et de sobriété, le fait que « tinistes » et *vanlifers* soient généralement les constructeurs de leurs habitations les incite à apprécier le travail nécessaire à leur réalisation, et ils gardent à l'esprit le caractère temporaire des choses.

L'espace domestique de ces nouveaux nomades leur donne finalement de nombreuses armes pour affronter le monde moderne.

L'arrivée d'Internet et le « recul des possibilités d'autarcie »

On aime être chez soi comme dans un refuge, et s'isoler dans ce lieu familier permet de développer une pensée, de réfléchir – c'est le sens du « lieu à soi » que réclamait Virginia Woolf. Tout, dans le monde extérieur, met nos sens en éveil, nous invite à « participer », à prendre part. Pour traiter les informations et les sensations recueillies dans ce monde, il est nécessaire de s'en retirer. Mais Internet fait voler en éclats cette limite entre espace public et espace domestique : avec le Web, on fait entrer le monde entier dans son salon et se retrouver seul chez soi n'a donc plus le même sens. Chez les nomades, c'est comme si l'espace ouvert qu'ils appellent chez eux s'étendait au monde numérique. Leur habitat « déborde » en ligne, Internet est pour eux un lieu d'échanges, de formation, de communauté. Être connecté leur permet de s'ancrer localement, en trouvant rapidement les ressources dont ils ont besoin : les *digital nomads* y repèrent leurs futurs lieux de travail sur copass.org, les *vanlifers* les endroits où ils vont passer la nuit grâce notamment au site participatif *park4night.com.* Isolés, les nomades le sont par défaut. « Tu peux ne pas parler de toute la journée », rappelle Donatien depuis son *open space* en Thaïlande. L'irruption d'Internet dans leur quotidien leur permet donc de rompre cet isolement.

Le « recul des possibilités d'autarcie », c'est l'écrivaine Emmanuelle Pireyre qui l'évoque. En étant connecté en permanence, on est, par définition, toujours présent au monde. C'est l'un des paradoxes de ces nouveaux voyageurs, qui veulent fuir la vie normale mais y restent reliés par ce fil à tout instant. Partir vivre à l'autre bout du monde permet d'échapper aux réunions quotidiennes, chronophages et inutiles… mais quel intérêt, si c'est pour les remplacer par des sessions sur Slack, des Skype avec des clients, des « *conf calls* » avec ses équipes ? En réalité, on ne se soustrait pas au monde, on se contente de replacer un usage jugé ringard par un autre plus valorisant, efficace et moderne. On quitte les villes mais on est toujours joignable, on se repaît de nature mais on travaille derrière son ordinateur. On s'isole, mais on le fait savoir à ses *followers*. Ainsi, des notions comme l'autarcie ou la communauté isolée, qui se conçoit comme un rempart au monde, un espace d'expérimentation différent, perdent de leur puissance. Évidemment, plus les nomades sont actifs sur les réseaux sociaux, plus cela est vrai. La mise en scène de soi y prend le pas sur la vie réelle – ou, du moins, en brouille les frontières. « Quand les images que vous assemblez en ligne sont vues par des milliers de personnes, elles finissent par vous définir davantage que votre espace domestique qui, lui, n'est vu que par quelques dizaines de visiteurs, au mieux ». Exister sur les réseaux sociaux modifie donc profondément notre rapport à l'intime. Chez les nomades, cette notion est déjà profondément bouleversée. Les *vanlifers* et les « tinistes » l'ont matériellement réduite au strict minimum. Dans le même temps, ils y font pénétrer des étrangers beaucoup plus facilement, physiquement et *via* les réseaux sociaux, comme si leur espace réduit en devenait d'autant plus ouvert.

Au sein du couple aussi, on perd un peu de son intimité. Se retrouver seul chez soi devient quasi impossible, et on partage à peu près tout : des conversations téléphoniques aux passages aux toilettes. Ici, paradoxalement, Internet permet sans doute de retrouver une intimité puisqu'on y échange par écrit, sans bruit. Pour les nomades numériques aussi, l'intimité est profondément modifiée. Les lieux de travail et de vie peuvent changer constamment, l'intime doit toujours être reconstitué, mais l'intimité virtuelle, elle, reste inchangée. Internet, comme le dit le philosophe Stéphane Vial, « augmente notre capacité de manipulation symbolique[133] ». Les vans sont-ils aussi bien rangés, les routes aussi belles, les bureaux aussi accueillants que sur les comptes Instagram ? Cet aller-retour constant entre vie « réelle » et vie « virtuelle » façonne l'espace domestique, et la manière dont on l'habite. C'est sur Internet qu'on se fait une idée de ce à quoi devra ressembler notre *tiny house* ou l'intérieur de notre van. C'est aussi là qu'on s'inspire des *open spaces* de Brooklyn pour créer ceux de Dijon, des réussites de Bali pour les dupliquer en Amérique du Sud.

À propos de cette interpénétration entre vies « réelle » et « virtuelle », Nathan Jurgenson, chercheur spécialisé dans les réseaux sociaux, écrit :

> « J'ai estimé que nous devions radicalement changer notre manière d'appréhender les nouvelles technologies sociales : elles sont implosives, interpénétrées, sanguines, elles respirent. Ce ne sont pas des choses virtuelles, séparées ou parallèles, lointaines et froides comme les régions inexplorées de notre cosmos. Les corps humains ont toujours été technologiques, la matérialité et l'information se coconstruisent, ce que des théoriciennes comme Donna Haraway et Katherine Hayles ont compris depuis longtemps. Les corps tissent des liens avec les signaux médiatiques

et fusionnent avec les appareils. [...]. J'ai démontré qu'"*online*" et "*offline*", comme "corps" et "esprit", n'étaient pas comparables aux deux positions d'un interrupteur – j'appelle ce point de vue le "dualisme digital". En fait, toute vie sociale est faite à la fois d'information et de matérialité ; elle est technologique et humaine, virtuelle et réelle[134]. »

Chez les nomades, cette coconstruction est complètement intégrée, assumée. De la prise de décision à la nouvelle vie nomade, chaque stade est intimement lié à Internet. On y découvre ces nouveaux modes de vie et les bonnes façons de s'y préparer, avant de partager à son tour son expérience pour inspirer d'autres internautes.

Cela peut paraître contre-intuitif mais les personnes les plus actives sur Internet ont généralement une vie sociale « *IRL* » plus riche : développer des liens « virtuels » renforce les liens « réels ». C'est flagrant chez les nomades que j'ai rencontrés, pour qui Internet n'est jamais un repli sur soi. Ils y tissent des liens forts qui débouchent *in fine* sur des rencontres en chair et en os.

Les nouveaux nomades face aux problèmes de logement

« On estime que, dans vingt ans, un habitant de la planète sur trois vivra dans un bidonville ou dans un camp de réfugiés », s'alarmait le réalisateur Sam Wainwright Douglas en... 2010[135]. Depuis, des agences comme l'ONU Habitat ont revu ces chiffres à la baisse, mais ils n'en restent pas moins impressionnants. 881 millions de personnes vivent dans des bidonvilles, contre 689 millions en 1990, soit « une augmentation de 28 % en un quart de siècle », note le sociologue Julien Damon[136]. « Depuis 2000, la population mondiale des bidonvilles a augmenté d'en moyenne 6 millions par an », lit-on dans l'*Almanach des bidonvilles 2015-2016*. Et sur les 2 milliards de Terriens qui viendront s'ajouter au 7,7 qui peuplent la planète aujourd'hui, la moitié vivra dans une de ces zones urbaines précaires et sous-équipées[137].

En France, le rapport au logement n'est heureusement pas aussi dramatique, même si, depuis la fin de la Seconde Guerre mondiale, le pays connaît son lot de « crises du logement ». Entre 2007 et 2017, le nombre de personnes sans domicile fixe a augmenté de 50 %[138]. On estime également que 4 millions de personnes sont mal logées en France – notamment à cause de l'augmentation des prix de l'immobilier : les prix du logement ancien ont augmenté de 110 % entre 2000 et 2010 (et jusqu'à 140 % en région PACA), ceux du neuf de 86 % pour les maisons et 94 % pour les appartements[139]. Ainsi, les dépenses de logement ont augmenté de 10 à 23 % depuis soixante ans, à cause de la hausse des loyers mais aussi des charges, dont l'eau, l'électricité et le gaz[140]. Paradoxalement, alors que se loger coûte plus cher, le nombre de logements vides lui, augmente : il y en a 3 millions en France[141].

Dans les pays développés comme dans les pays en développement, le logement reste donc une question cruciale, et même de plus en plus urgente. C'est une question éminemment politique : où construire, quand construire, à destination de quelle population... ce sont des choix de société. Mais les nouveaux nomades ne sont pas des militants du droit au logement. Ils préfèrent tout plaquer plutôt que subir la grande foire d'empoigne de l'immobilier. Partager une coloc en Indonésie ou un fourgon aménagé en Europe, c'est une manière de ne pas se résigner face à cet état de fait.

« Devient-on "absolument libre" en se pliant en quatre dans une roulotte ? » interroge Mona Chollet quand elle trouve sur un site consacré aux *tiny houses* cette citation d'Albert Camus : « Le seul moyen d'affronter un monde sans liberté est de devenir si absolument libre qu'on fasse de sa propre existence un acte de révolte. » Chez les nomades, se proclamer « absolument libre » relève plus de l'autocongratulation que de l'adhésion aux valeurs de Camus, mais leur reprocher d'occuper « exactement la place qu'un ordre social inique leur assigne » est exagéré. Ils sont quelque part entre la liberté totale et la place qu'on leur a réservée.

L'espace qu'ils ne trouvent pas dans leur logement, ils le trouvent ailleurs, dans le mouvement, le déplacement, dans les terrains où ils s'installent. Concrètement, ils profitent souvent d'un espace plus vaste que la majorité des sédentaires. Ce que leur reproche Mona Chollet, c'est de ne pas se battre contre l'ordre injuste de notre monde. Mais « personne n'est jamais obligé de s'engager dans les affaires du monde, de faire de la politique, de se battre », écrit le philosophe et sociologue Geoffroy de Lagasnerie :

> « Parce qu'exister, c'est très largement, pour des motifs contingents, se retrouver jeté ici ou là, nous n'avons pas de contrainte éthique ou morale à intervenir lorsque nous sommes en désaccord avec le monde tel qu'il va ou avec les systèmes qui s'y mettent en place. Nous n'avons pas choisi notre lieu et notre date de naissance, nous n'avons pas choisi d'être là où nous sommes, de voir ce que nous voyons, d'être pris dans tel ou tel dispositif de pouvoir, en sorte qu'aucune obligation à nous engager ne pèse sur nous. Il n'y a pas de responsabilité ontologique envers ce qui arrive dans le monde[142]. »

Lagasnerie précise dans la foulée que cela change dès lors « que l'on prend la décision de publier, de chercher, de créer », mais il s'adresse davantage aux chercheurs, aux auteurs ou aux réalisateurs qu'aux blogueurs et instagrammeurs. Les nouveaux nomades ne veulent pas politiser leur geste, c'est leur droit. Mais c'est en réalité un tout petit peu plus complexe, car ils font de la politique *sans le vouloir*.

Si on imagine notre société comme un énorme paquebot difficilement manœuvrable dans lequel la position de chaque passager peut en modifier la trajectoire, disons que les nouveaux nomades préfèrent explorer les coursives que de rester sagement près de la piscine. Certes, leur poids est presque nul par rapport à celui du capitaine et de l'armateur, qui peuvent choisir à tout moment de changer le cap. Les nomades ne cherchent pas à prendre le contrôle du navire, ils se moquent même assez de sa destination finale, mais ils ne sont pas pour autant invisibles. Ils ne restent pas cantonnés en silence à leurs quelques mètres carrés. Ils s'expriment, font valoir leur mode de vie comme légitime, ils sont fiers de leur forme particulière d'habitat. On peut considérer que revendiquer celle-ci revient à abdiquer – on brandit ces quelques miettes comme un trophée – mais c'est aussi une manière de ne pas s'obstiner dans une voie bouchée. « Vous ne nous permettez pas de mener la vie qu'on veut, mais on va le faire quand même », disent-ils aux sédentaires, leurs parents, leurs anciens collègues, l'administration… pas question d'attendre la retraite. Pour quelqu'un de particulièrement optimiste, ils peuvent même être porteurs d'espoirs : qu'ils participent à l'économie de pays en développement comme les nomades numériques, ou qu'ils instituent une nouvelle relation d'indépendance vis-à-vis des propriétaires et des employeurs, comme les « tinistes » ou les *vanlifers*.

Les nomades du XXIe siècle ne militent pas, ils ne portent pas dans leurs valises la promesse d'un avenir plus juste pour d'autres qu'eux-mêmes. Sont-ils pour autant d'ardents supporters de l'individualisme, tel qu'il est défendu par le libéralisme ? Il me semble, au contraire, qu'ils le fuient autant que possible. Rompre avec la sédentarité les a incités à tisser de nouveaux liens physiques et virtuels. Ceux-ci sont fluides, se tissent aussi vite qu'ils se défont. Ainsi, les groupes qui se constituent sur les réseaux ont peu de barrières à l'entrée et regroupent autant de nomades que d'aspirants nomades, d'anciens que de curieux. Ils sont des lieux d'échange, où l'on ne parle pas uniquement de motorisation ou d'isolants.

Les nouveaux nomades habitent pleinement leur espace, un « chez-soi » en continuel mouvement, et cela leur redonne une place dans le monde. Changer d'habitat est une forme de (re)conquête de soi. Et pour ne pas se retrouver isolés dans leurs aventures, ils ont rapidement compris qu'il leur fallait composer de nouvelles communautés, fondées sur leur intérêt commun.

2. COMMUNAUTÉS DE NOUVEAUX NOMADES

L'HOMME EST UN ANIMAL SOCIAL. Même Thoreau à Walden et Zarathoustra finissent par chercher la compagnie de leurs semblables. Le premier, écrivain et philosophe, décide de se construire une petite maison près d'un étang dans le Massachusetts, au milieu du XIXe siècle. Pendant « deux ans et deux mois[143] », il y expérimente une vie autosuffisante, mais non solitaire. Le village de son enfance se situe à quelques kilomètres, et sa cabane dispose de trois chaises : « une pour la solitude, deux pour l'amitié, trois pour la société ». Le second, protagoniste d'un poème philosophique de Friedrich Nietzsche, quitte son ermitage après dix ans de solitude pour porter son message aux hommes – difficile de ne pas penser, dans la foulée, à Chris McCandless, héros tragique d'*Into The Wild*, qui meurt seul dans un bus abandonné en Alaska, après avoir écrit les mots : « *Happiness only real when shared* », le bonheur n'est réel que lorsqu'il est partagé. Comme eux, les nouveaux nomades peuvent facilement passer pour des ultra-solitaires – y compris les *digital nomads* qui, quand ils décident de quitter le cocon familial, ne se dirigent pas vers la capitale la plus proche mais vers des villes moyennes de pays sous-développés : une manière subtile de faire comprendre qu'ils ne seront pas présents aux réunions de famille.

S'ils s'extraient du cadre dans lequel ils ont grandi, nos voyageurs ne sont pas des ermites, loin de là. Pour eux, la notion de communauté a une certaine importance. Les trois groupes sont, évidemment, friands de Facebook et Instagram – 22 millions de Français utilisent Facebook chaque jour[144], et les nomades sont des Français comme les autres. Sur les réseaux, on échange entre soi, au sein d'une communauté, mais aussi avec le reste du monde. Y être présent, c'est une manière d'affirmer son appartenance à un groupe tout en restant connecté à d'autres, y compris ceux auxquels on a voulu se soustraire. L'usage des réseaux sociaux convient parfaitement au désir de « fluidité » des nomades : rejoindre un groupe particulier signifie qu'« on en est », mais on peut en rejoindre autant qu'on veut, ce qui permet de multiplier les identités. À titre d'exemple, de mon salon montpelliérain, je reçois chaque jour des notifications des groupes Facebook « *Lisbon Digital Nomads* », « Vivre autrement et être nomade », « Collectif *Tiny House* » ou encore « *Vanlifers* autour du monde »... Sur ces groupes se croisent ceux qui ont déjà sauté le pas et ceux qui hésitent encore, les anciens pleins de conseils et les nouveaux qui documentent en temps réel leur expérience. On y lit : « J'ai vu une annonce de Renault Master II phase 2, y a-t-il des points spécifiques à vérifier pendant la visite, des défauts récurrents ou quelque chose de ce genre ? » ; ou : « Salut les *vanlifers* ! Voici un article plein de petites informations utiles suite à nos deux mois de *road trip* en Turquie ! »

L'intérêt de ces groupes, au départ, est de transmettre des informations pratiques. Des retours d'expérience sur la construction, les matériaux, les pays ou les lieux visités, la meilleure carte bancaire ou les destinations à ne pas manquer. Facebook devient un équivalent délocalisé du *Guide du routard*. La communauté se passe de guide papier, elle en appelle directement à ses membres sur place. Mais, assez vite, on se rend compte qu'il s'y joue bien d'autres choses. On y échange des conseils sans lien direct avec le nomadisme – comment enlever une tique, par exemple –, puis on parle de passions communes, de visions du monde. Le groupe Meetup de Lisbonne est particulièrement emblématique de ce glissement. Créé pour lutter contre l'isolement des nomades numériques de passage, il devient un événement hebdomadaire de *networking*, puis un prétexte à des événements en tout genre.

Les communautés existent bien au-delà des réseaux sociaux. Ce qui est intéressant, c'est de voir comment chaque groupe mobilise sa communauté, quels supports il valorise et à quelles fins. Il m'a semblé, en me penchant sur la question, que cela éclairait leur conception du nomadisme. Comme on va le voir, chacun des trois groupes de nomades privilégie un support et des contenus différents, qui reflètent la manière dont ils se voient, et celle dont ils veulent être vus. Les *vanlifers* privilégient le papier et les designs soignés ; les récits de voyage, les expériences vécues et la mise en scène de soi occupent une place importante dans leurs magazines comme sur leurs réseaux sociaux. Les « tinistes » se fédèrent autour de sites participatifs, qui sont avant tout des lieux d'échange dans lesquels se dessine une communauté possible. Les nomades numériques, enfin, privilégient soit l'information brute et pratique, issue par exemple de l'agrégation de bases de données, soit des plateformes promettant de les faire entrer dans un réseau « exclusif ».

Vanlife : *l'importance du papier*

Il y a deux magazines de référence sur la *vanlife*, et leurs stratégies éditoriales sont plutôt éloignées. Fondé en juillet 2017, *Van Life Magazine* est un trimestriel français. Titre blanc sur fond rouge, tests de véhicules... le magazine s'inscrit parfaitement dans la tradition de la presse spécialisée dans le véhicule de loisir, type *Le Monde du plein air* ou *Le Monde du camping-car*. Caro et Fred, qui roulent vers l'Inde, y racontent régulièrement leurs aventures, mais la cible semble plutôt être les *vanlifers* occasionnels, à la recherche de bons plans matos et d'une lecture agréable.

The Rolling Home, déjà évoqué dans ce livre, a été fondé en 2016 par un couple de Britanniques, Calum Creasey et Lauren Smith. Illustrations de couvertures soignées, photos aux tons pastel qui mettent l'accent sur le style de vie plutôt que sur le matériel… l'enjeu n'est pas du tout le même que chez *Van Life Magazine*. Il s'agit de documenter une scène, ses acteurs, ses ramifications, de créer une communauté, de prouver qu'elle est vivante, riche et passionnante, et de l'entretenir. *The Rolling Home* livre une vision idyllique de la *vanlife*. C'est cette vie libre, riche, intense… Qui mérite d'être vécue, mais dont on n'oublie pas de souligner les difficultés – celles-ci venant en rehausser le prestige. Le magazine dresse donc un portrait de la communauté et de ses aspirations. Y figurer est une validation, une preuve que son histoire est suffisamment intéressante pour mériter d'être partagée. Ceux qui n'ont pas cette chance peuvent négligemment laisser traîner un exemplaire sur leur table basse. Car en l'achetant, on devient *de facto* sympathisant[145]. On montre qu'on est informé et qu'on a bon goût. En plus du magazine et de quelques autres entreprises produisant des patches ou de la vaisselle émaillée, ses créateurs ont publié un livre : *The Culture of Vanlife*.

Mais qu'est-ce qu'une culture au juste ? Les définitions possibles sont innombrables, selon qu'on les cherche en philosophie, en ethnologie, ou simplement dans un dictionnaire… Elles varient aussi, évidemment, dans l'espace et le temps. J'ai retenu celle-ci : « La culture, dans son sens le plus large, est considérée comme l'ensemble des traits distinctifs, spirituels et matériels, intellectuels et affectifs, qui caractérisent une société ou un groupe social. Elle englobe, outre les arts et les lettres, les modes de vie, les droits fondamentaux de l'être humain, les systèmes de valeurs, les traditions et les croyances[146]. » Je ne sais pas si la *vanlife* doit être considérée comme une culture, bien que la définition précitée puisse lui être appliquée – à l'exception, peut-être, des droits fondamentaux de l'être humain. Mais le fait que certains s'en revendiquent témoigne de la manière dont ils conçoivent leur mode de vie et leur communauté. La communauté, ou la culture, c'est aussi quelque chose qu'on construit « contre » les autres – je pense notamment aux contre-cultures. Les fanas du fourgon s'élèvent contre la vie sédentaire et rangée, mais aussi contre la vie en société ou en collectivité. Au quotidien, la communauté y est souvent réduite à sa cellule la plus petite : le couple – qui s'étend occasionnellement.

Tiny houses : *communauté pragmatique*

Chez les « tinistes » aussi, la cellule de base est souvent le couple ou la famille. On sait aussi faire communauté en micromaison, mais il me semble que l'enjeu est moins de justifier son propre choix de vie – ou ses espérances – que de partager de l'information concrète. La communauté, c'est un cercle auquel on peut faire confiance, et qu'on retrouve principalement autour de trois sites : *Collectif Tiny House*, *Ma Tiny House*, et *Tiny House France*.

Le premier a pour objectif de « promouvoir, recenser et soutenir le mode de vie en *tiny house* [ainsi que de] favoriser l'échange, la rencontre et le dialogue entre ses membres ». Après deux ans d'existence, il a déjà répondu à une grande partie des interrogations de sa communauté. Les divers articles expliquent comment trouver un terrain viable, examinent les outils nécessaires à l'autoconstruction… Pour se serrer les coudes et agrandir la communauté, le site propose aussi des témoignages, regroupés dans une catégorie « mode de vie ». La petite communauté des origines a grossi puis a essaimé, laissant peu à peu la place à de nouveaux venus.

Une fois l'aventure de l'autoconstruction achevée, on a peut-être moins de choses à partager. *Tiny House France* pose d'emblée le cadre. Le slogan du site : « Informer. Rassembler. Inspirer. » On y trouve évidemment des annonces et des conseils sur l'autoconstruction, mais aussi une rubrique « législation » et une carte des *tiny*. Figure aussi une sélection de livres classés en quatre rubriques : *tiny houses*, construction, autonomie, simplicité. Cette bibliothèque idéale donne une idée de ce que pourrait être la communauté de « tinistes » selon Benjamin, le fondateur du site. *Tiny House France* fonctionne comme une bonne porte d'entrée dans l'univers et la communauté.

Sur *Ma Tiny House*, enfin, il y a une rubrique intitulée « La communauté ». Le site se définit comme un « lieu de fédération des savoirs pour les professionnels et les particuliers ». Chez les « tinistes », les fabricants sont toujours inclus dans la communauté : il y a un échange permanent et assez unique entre ceux qui habitent et ceux qui fabriquent. Sur *Ma Tiny House*, on trouve également une « carte des tinynistes ».

Cette profusion de cartes est révélatrice. Les atlas font rêver, il y a quelque chose de magique dans le fait de pouvoir situer d'un coup d'œil où se trouvent nos semblables : comme si on formait un réseau de piraterie, invisible pour le commun des mortels, mais mobilisable à tout moment. On fait un détour par La Rochelle ? Un coup d'œil à la carte, et on se dit qu'on pourra y rencontrer Simon et Florence, qui ont signalé leur position dans le coin. Ces cartes, c'est la matérialisation même de la communauté. Personne ne se trouve au même endroit, mais tous sont reliés, formant un réseau, presque un maillage sur le territoire. Elles créent un sentiment d'appartenance, et pourtant… Quand on les regarde de plus près, on s'aperçoit qu'elles sont assez peu mises à jour, qu'elles ressemblent parfois davantage à un annuaire des constructeurs. La communauté se heurte d'ailleurs à un écueil : pour survivre, elle doit être entretenue, et cela est terriblement chronophage. Alors, ces Google Maps deviennent un vestige d'une communauté qui aurait pu être, dont on aurait adoré être membre, mais qu'on n'a pas eu la force de faire exister.

Souvent, l'investissement communautaire s'achève avec la fin du chantier et le début de l'aménagement. On a documenté ses peurs, ses choix, on a cherché des conseils… Puis, c'est la vie « normale ». On ne rechigne pas à donner un conseil quand on est sollicité, à faire visiter son chez-soi aux curieux, mais on ne voit pas l'intérêt de raconter sa vie ou de poster des photos de son intérieur. On se fait donc un peu plus discret, jusqu'au prochain chantier.

Digital nomads : *une communauté qui a le sens des affaires*

Chez les nomades numériques, l'efficacité et la maximisation du temps de travail, des revenus mais aussi des expériences vécues sont primordiales. Ce qui se traduit dans leurs communautés, innombrables et très souvent… payantes. C'est le cas du Dynamite Circle, auquel appartient Max, le nomade des sites médicaux qui a répondu à mes questions depuis Byron Bay, en Australie. Ce groupe est l'équivalent d'une copropriété sécurisée où il faut montrer patte blanche. Pour l'intégrer, il faut décliner son identité ; les raisons pour lesquelles on souhaite devenir membre ; dresser un bref portrait de soi. Surtout, il faut pouvoir répondre par l'affirmative à la question suivante : « Êtes-vous propriétaire d'une entreprise qui a généré au moins

60 000 $ de chiffre d'affaires annuel l'an dernier ? » Si c'est non, inutile d'aller plus loin, « cette condition de revenu est nécessaire pour s'assurer que, quand vous nous rejoindrez, vous serez entourés d'autres entrepreneurs accomplis ».

Outre ces cercles privés, les grands événements comme la Nomad Cruise ou les conférences permettent de retrouver des centaines voire des milliers de semblables. Les tarifs élevés sont une barrière à l'entrée qui garantit qu'on sera entre soi. Logique. À l'origine, les nomades numériques aspirent à reproduire le mode de vie des millionnaires. Rien d'étonnant à ce qu'ils en imitent les codes.

Entre ces grands événements, sortes de *pow-wows* où toutes les tribus de travailleurs du numérique se retrouvent dans une effervescence collective, les *digital nomads* peuvent se retrouver en plus petits groupes. « La communauté est au cœur de l'expérience », assure *Hacker Paradise*, une entreprise que l'on pourrait qualifier d'agence de voyages pour nomades. Comptez 1 990 euros pour quatre semaines à Buenos Aires, Santiago du Chili ou Marrakech, 2 170 pour Budapest, et 2 260 pour Lisbonne ou Le Cap, vols non compris. Mais là encore, avant de payer, il faudra passer un test : un entretien de quinze minutes sur Skype, pour s'assurer que vous êtes adapté à l'esprit de la communauté.

Raphaël, le développeur qui a récemment posé ses valises à La Mutinerie, dans le Perche, a voyagé avec *Wifi Tribe* – « 26 pays, 5 continents, 1 tribu », lit-on sur son site. *Wifi Tribe* propose plus ou moins la même chose que *Hacker Paradise* mais a « de loin la meilleure communauté », assure Lauren sur le site de l'entreprise. Raphaël, lui, n'a pas été convaincu. Il se souvient : « J'ai fait deux "chapitres" [des séjours de quatre à huit semaines] au Nicaragua puis en Italie, ça s'est très bien passé. » Mais il était déçu de se retrouver dans des groupes composés majoritairement d'États-Uniens : « En Italie, j'étais en plein dans leur fantasme. Ils s'extasiaient devant des verres de chianti… mais c'était du mauvais vin ! Dans les pires restos, les pièges à touristes, ils s'exclamaient : "C'est magnifique, l'Italie." C'était le genre d'endroit où ils te demandent de mettre une note sur *TripAdvisor* et t'as un *shot* de limoncello à la fin, quoi ! Je leur disais : "Mais c'est pas ici qu'il faut aller, c'est dans le petit troquet qui est quelques rues plus loin, où il n'y a que des Italiens !" Et mon côté un peu critique passait assez mal, parce que les Américains sont hyper positifs. »

Les nomades numériques ont développé quantité d'applications pour se faciliter la vie. Parmi elles, Nomad List fait figure d'incontournable. Créée en 2014 par Pieter Levels, le Néerlandais aux douze start-ups qui bénéficie d'un quasi-culte chez les *digital nomads*. 65 000 *followers* sur Twitter, plusieurs fois récompensé par *Product Hunt*, un site communautaire qui permet de découvrir de nouveaux produits… Il existe même une extension Google Chrome qui affiche une citation du jeune homme chaque fois que vous ouvrez un nouvel onglet. Mais revenons à cette application. Nomad List est tout simplement un site qui liste les meilleures destinations pour *digital nomads*. Au moment où j'écris, Canggu, à Bali, est en première position devant Budapest, Séoul, Bangkok et Berlin. Chiang Maï est en neuvième position. Pour chaque ville, Pieter Levels collecte un nombre important de données. Certaines en *open source*, grâce à des organisations comme l'ONU, l'OMS, le FMI ou la Banque mondiale, d'autres grâce à des contacts dans plus de 2 500 villes. Température, météo, qualité de l'air, population, nombre de touristes par an et par jour, vitesse de la connexion Internet, la destination est-elle « *gay friendly* »,

« *female friendly* », raciste, y parle-t-on anglais, combien coûte un mois sur place ?... Chaque destination se voit donc attribuer un « *nomad score* », et une interface plutôt intuitive permet de déterminer en quelques secondes s'il vaut mieux s'expatrier à Mexico ou à Madrid. Une vision totalement utilitariste des destinations, réduites à quelques indicateurs clés, et du principe même de communauté, dont le rôle se borne à partager de la data ou à faire confiance au site.

Vu l'influence de Levels, Nomad List agit *de facto* comme un prescripteur de tendances. Le développeur propose une version payante – 90 euros par an ou 135 euros pour un abonnement à vie – qui donne accès à une communauté de « 11 447 voyageurs internationaux, dont les meilleurs nomades du monde », sans qu'il soit précisé ce qui rend un nomade « meilleur » qu'un autre : ses revenus, le nombre de tours du monde qu'il a effectués ou le taux de croissance de ses *followers*. Cet espace privé permet de nouer un contact privilégié avec les personnes influentes de son futur lieu de vie – là encore, après s'être acquitté d'un droit d'entrée. Le nombre de personnes qui consultent la version gratuite de Nomad List est largement supérieur à celui de ceux qui paient : comme les « tinistes », les nomades numériques sont à la recherche d'informations techniques. Pour eux, la communauté est aussi un lieu où l'on vient chercher des renseignements précis et fiables.

V.
LA MISE EN MOUVEMENT DU MONDE

1. LA SOCIÉTÉ DU VOYAGE

DEPUIS LES ANNÉES 1950, et à l'exception de quelques incidents comme la crise de 2008, le nombre de touristes n'a cessé de croître. Ils étaient environ 25 millions cinq ans après la Seconde Guerre mondiale et 1,4 milliard en 2018[147]. Aujourd'hui, un humain sur cinq parcourt la planète parce qu'il le souhaite – si on excepte les enfants contraints d'accompagner leurs parents. Les centres d'intérêt de ces voyageurs ont changé au fil du temps :

– Ils voyagent pour « changer », vivre comme des locaux. Ils sont en quête d'authenticité et de transformation.

– Ils voyagent pour « montrer », des moments, des expériences et des destinations instagrammables.

– Ils sont à la recherche d'une vie plus saine. Le tourisme sportif à la cote, tout comme les activités de bien-être et la marche.

– Ils profitent pleinement de l'« *access economy* », qui n'est pas exactement l'économie collaborative. C'est une économie qui repose sur le fait de pouvoir accéder à des biens et services plutôt que de les posséder. L'exemple typique est bien entendu Airbnb.

– Ils voyagent seuls ou avec des classes d'âge différentes (leurs enfants, leurs parents ou grands-parents) car la population vieillit et le nombre de célibataires augmente.

– Ils sont de plus en plus sensibles à l'aspect « durable » de leurs séjours.

Les aspirations des touristes sont donc à peu près les mêmes que celles des nouveaux nomades. Tous rêvent d'être des voyageurs. Mais plus on est nombreux, plus on désire se différencier. Les sous-catégories improbables de touristes se multiplient, souvent à base d'anglicismes qui dissimulent mal une nouveauté toute relative, comme en témoigne ce petit tour d'horizon de « nouveaux touristes ».

Les *backpackers*, d'abord. Littéralement : ceux qui voyagent avec un sac à dos. Comme les *vanlifers*, ils sont les dignes héritiers des routards des années 1970. À l'époque, des Occidentaux sensibles à la culture hippie suivaient la route de la soie, à la recherche de la sagesse orientale et d'une vie meilleure – on parlait alors de la « *Hippie Trail* », un long chemin pas vraiment formalisé qui partait des capitales d'Europe pour atteindre l'Inde, le Népal, l'Afghanistan ou Bangkok avec des escales à Istanbul et Téhéran.

Marijuana, opium, mœurs légères… Les *flower children* de l'époque n'ont pas laissé que de bons souvenirs sur leur passage, même si leur mauvaise réputation est sans doute exagérée. Cinquante ans plus tard, leurs descendants semblent avoir meilleure presse. Ils ont plus de moyens, et sont moins contestataires. C'est une « jeunesse privilégiée et bourrée de contradictions » qui a « du mal à sortir des sentiers battus », résume Juliette Marie dans un article assassin[148]. Pour elle, ces voyageurs passent d'une enclave de *backpackers* à l'autre, et entrent peu en contact avec les locaux. Initialement, c'est l'envie de voyager sans en avoir les moyens qui pousse les jeunes à partir façon randonneurs. Mais peu à peu s'ajoute un autre motif : la quête de soi et d'authenticité, qui n'est pas toujours compatible avec les Airbnb et les valise à roulettes. La « *Hippie Trail* » aurait laissé place à la « *Banana Pancake Trail* », manière un brin moqueuse de dire que ces voyageurs sac au dos suivent à la trace les cafés et restaurants qui proposent des *pancakes* à la banane et autre *comfort food* internationale. En Amérique latine, on parle plus volontiers de la « *Gringo Trail* », mais c'est la même idée.

Récemment, une variante très étrange de ces routards a fait son apparition : les *begpackers*. Le phénomène a beau être marginal, il est tellement surprenant qu'il mérite d'être cité ici. Contraction de *backpackers* et de *beg*, « mendier », le *begpacker* est un touriste à sac à dos qui demande aux locaux quelques pièces pour faire durer ses vacances, façon *Pékin Express*. L'idée que de jeunes Occidentaux adorent l'Asie parce qu'ils peuvent s'y faire masser par des mamies pour une poignée de roupies vous choque ? Les *begpackers* sont une version dégénérée de cette quête du *cheap*. Un romantisme de la précarité poussé dans des extrêmes inimaginables où les classes moyennes des pays hôtes, souvent pauvres, sont censées permettre à une poignée d'Occidentaux en quête d'authenticité de poursuivre leur rêve. En plus de supporter leurs solos de tambourins dans les transports en commun, ceux-ci devraient s'acquitter d'une obole. En Australie, ces voyageurs fauchés font la queue avec les clochards de Melbourne pour profiter des repas gratuits donnés par l'Armée du Salut… qui se retrouve parfois à court de nourriture avant d'avoir terminé sa tournée[149]. La quête de soi, au détriment de tous les autres.

Moins glauques et plus nombreux, les tour-du-mondistes, qui sont généralement munis d'un billet « Tour du monde ». Celui-ci leur permet de faire escale dans des pays sélectionnés à l'avance et dans un sens unique, est-ouest ou l'inverse. En six mois ou un an, on peut enchaîner une dizaine de destinations et boucler un tour. C'est grisant, et c'est l'assurance de voir (et de montrer) un tas de choses. Des glaciers, des jungles, des montagnes, des déserts, des mégapoles et des villages ; des cultures et des gastronomies radicalement différentes. C'est l'expérience d'une vie, le *break* idéal ou même « un plus pour le CV », assurent la presse et les agences de tourisme[150]. On préfère passer de pays en pays plutôt que de séjourner plus longtemps dans un seul endroit. On cultive le sentiment de multiplier les expériences existentielles en se dépaysant. Là encore, la mise en mouvement est au cœur du projet. On ne s'imagine pas passer six mois, statique, dans un hôtel d'Oaxaca. Ce serait pourtant l'occasion de s'immerger pour de bon dans une culture locale, d'avoir ses habitudes à la *cantina* du coin, voire de se mettre à lire la presse locale en espagnol. Le but du tour-du-mondiste, c'est de tout voir, d'accumuler et de cocher des destinations. Comme chez les nomades numériques et les *vanlifers*, c'est la nouveauté qui suscite l'intérêt.

L'habitude est perçue comme une sorte de piège, un rappel de la vie sédentaire, banale et répétitive.

Les camping-caristes, quant à eux, évoquent forcément quelque chose de moins branché. Des retraités rarement inscrits sur Pinterest, et peu au fait des dernières tendances en aménagement intérieur. Ils fréquentent à peu de chose près les mêmes endroits que les *vanlifers* dont ils sont une version populaire et plus âgée. « Une étude révèle leur véritable visage », annonce *Le Monde du camping-car* en septembre 2018[151]. Pas des tueurs en série ni des pervers diaboliques, comme pouvait le laisser présumer ce titre, mais… des couples de retraités. « 67 % voyagent en couple et près de la moitié d'entre eux (48 %) ont plus de 60 ans. Leurs professions ? Sans surprise, 51 % des Français interrogés sont retraités. Ceux qui travaillent encore sont d'origine sociale très variable : 22 % employé ou ouvrier ; 13 % chef d'entreprise, profession libérale ou cadre supérieur ; 10 % profession intermédiaire ; 6 % pour le reste », nous apprend le magazine de référence.

Ils voyagent en camping-car en moyenne 20 jours par an, et 80 % d'entre eux sont propriétaires de leurs véhicules. D'après la Fédération des campeurs, caravaniers et camping-caristes, il y aurait plus de 417 000 camping-cars en France, ils seraient 1,5 million en Europe, et leur nombre serait en constante augmentation partout sur le continent. Les immatriculations de véhicules neufs ont bondi de 15 % au premier trimestre 2015[152]. L'année 2017 a été « qualifiée d'exceptionnelle pour l'ensemble du marché européen » et l'année 2018 a aussi rempli ses promesses. En 2017, pour la première fois, plus de 100 000 nouveaux véhicules ont été mis sur le marché. En Suède et aux Pays-Bas, les ventes de camping-cars ont augmenté de plus de 20 % entre 2016 et

2017 ; en Espagne, de presque 50 %. En France, la croissance a été de 8,6 %, mais le pays représente encore 20 % des camping-cars immatriculés en Europe.

Gens du voyage, le mouvement comme histoire

Il y a un côté poétique à l'expression « gens du voyage », qui est à l'origine un terme administratif. Une catégorie fourre-tout qui regroupe ceux qui n'entraient pas dans les cases existantes. Des personnes qui vivent dans des « résidences mobiles », et qui ne disposent donc ni de domicile ni de résidence fixe. Ce terme « regroupe une multiplicité de populations, qu'elles soient d'origine rom (Manouches, Gitans, Tsiganes ou Roms d'Europe de l'Est) ou non rom (Yéniches)[153] ». Ils seraient entre 250 000 et 300 000 d'après le Sénat, qui précise : « Parmi eux, on distingue trois catégories de personnes : les *itinérants*, qui se déplacent en permanence sur l'ensemble du territoire national en n'effectuant que de courtes haltes ; les *semi-sédentaires*, qui ont des attaches fortes sur un territoire et dont les déplacements se limitent la plupart du temps aux frontières d'un département ou d'une région ; les *sédentaires*, installés de manière permanente, généralement sur un terrain dont ils sont propriétaires ou locataires. » Non, les « gens du voyage » ne sont pas toujours des voyageurs…

Le terme apparaît pour la première fois en 1972, dans les décrets d'application d'une loi de 1969 sur leurs conditions de circulation. Et s'il est préféré à celui de Roms, utilisé dans le reste de l'Europe, c'est que la Constitution française ne permet pas de discriminer ses citoyens selon leur origine ethnique. Juridiquement, ces nomades, comme les vagabonds et les personnes errantes, font pourtant l'objet de lois spécifiques, depuis des siècles. À partir de la fin du XIXe siècle, ils sont considérés comme « asociaux indésirables[154] », des citoyens qui, même s'ils sont français, n'ont pas exactement les mêmes droits que les sédentaires. « Nomades, bohémiens et vagabonds » font l'objet d'un recensement en 1895 ; quelques années plus tard, les nomades sont fichés ; en 1908, on réglemente leur circulation. En 1912 enfin, c'est l'apparition du carnet anthropométrique : une pièce d'identité destinée aux seuls nomades, sur laquelle apparaissent les empreintes digitales et une description physique. Comme si le nomade, en raison de sa mobilité, devait être plus facilement identifiable que son concitoyen sédentaire. En 1969, ce carnet anthropométrique cède la place au livret de circulation, qui ne disparaît définitivement qu'en 2017. Jusqu'à cette date, les gens du voyage, y compris ceux de nationalité française, devaient disposer d'une pièce d'identité supplémentaire pour être en règle.

Difficile de ne pas y voir une forme de racisme d'État. Mais cela illustre aussi l'impossibilité pour nos sociétés – et particulièrement lorsqu'elles sont très centralisées, comme la France – d'intégrer le nomadisme comme un mode de vie possible, et choisi. Depuis 1999, plusieurs commissions nationales consultatives des gens du voyage ont été mises en place[155]. La dernière l'a été en 2015, et est composée de trois groupes de travail. L'un planche sur la culture, définie comme englobant « tout ce qui permet aux individus d'appréhender le monde et les rapports sociaux, d'y agir individuellement et collectivement et de se situer par rapport à une mémoire partagée[156] », un deuxième sur la mémoire et un troisième sur la réglementation. Culture, mémoire : on sent bien que, si l'origine ethnique des « gens du voyage » n'est pas mise en avant, c'est tout de même elle qui permet de les regrouper sous cette appellation. Aucune chance donc de voir un jour les questions qui préoccupent les nouveaux nomades débattues par cette commission nationale. En revanche, on peut imaginer que si ces modes de vie se généralisaient, des structures similaires seraient créées pour répondre à leurs enjeux.

Migrants, les forçats du voyage

Actuellement, plus de 70 millions de personnes vivent loin de chez elles, forcées de quitter leur domicile pour échapper à des violences. Ces migrants forment le plus important groupe de nomades du monde, mais c'est une paille comparée aux 7,7 milliards de *Sapiens* avec qui on partage cette planète. Pour autant, ce phénomène qui prend de l'ampleur est l'un des enjeux centraux de nos sociétés. En 2015, il a provoqué un double choc que l'Europe a reçu en pleine face. 1,8 million de personnes, venues notamment de Syrie et d'Afghanistan, ont tenté d'entrer dans l'espace Schengen cette année-là. Et les gouvernements de l'Union européenne se sont montrés incapables de leur apporter une vraie réponse politique. 330 000 personnes se sont vu accorder une protection par l'UE en 2015. L'Allemagne a accordé un statut protecteur à 148 000 personnes, la Suède, 34 000, l'Italie, 29 000, la France 26 000. Plus récemment, ce sont les images des incroyables caravanes qui partent d'Amérique centrale et qui se dirigent vers les États-Unis. À l'ampleur de ces phénomènes s'ajoutent deux difficultés : on ne sait ni les nommer ni les quantifier. Sont-ils des réfugiés, des migrants, des exilés ?

Le premier terme est défini par la Convention relative au statut des réfugiés de juillet 1951[157] :

« Le terme de "réfugié" s'appliquera à toute personne qui craignant avec raison d'être persécutée du fait de sa race, de sa religion, de sa nationalité, de son appartenance à un certain groupe social ou de ses opinions politiques, se trouve hors du pays dont elle a la nationalité et qui ne peut, ou, du fait de cette crainte, ne veut se réclamer de la protection de ce pays ; ou qui, si elle n'a pas de nationalité et se trouve hors du pays dans lequel elle avait sa résidence habituelle, ne peut ou, en raison de ladite crainte, ne veut y retourner. »

Le réfugié est donc un demandeur d'asile dont la démarche a abouti. Mais on voit d'ici la latitude que cette définition laisse aux pays d'accueil, seuls à même de juger qui craint « avec raison » d'être persécuté, et qui le craint à tort…

Le second, « migrants », s'est généralisé en 2015, quand ils mouraient par milliers en Méditerranée. Les médias et les politiques choisissent alors ce mot, perçu comme neutre. Mais, note le journaliste britannique Daniel Trilling[158], « ce terme-là semble dénué de contexte ; il n'est précédé ni d'un "im" ni d'un "é", qui indiqueraient que ceux qu'il caractérise ont une histoire et un futur. Il sous-entend plutôt un présent éternel : ce sont des migrants, ils se déplacent, c'est leur truc. Jusqu'en 2015, c'est une description que je me serais attendu à retrouver dans des documentaires sur la nature pour décrire des animaux, plutôt que des êtres humains ». Le troisième, « exilés », a la préférence de certaines associations qui le jugent plus humanisant. Il a l'avantage de ne pas être utilisé par les institutions.

Les chiffres, ensuite. En vingt ans, le nombre de personnes déracinées a doublé, et la solidarité n'est pas au rendez-vous, déplore Filippo Grandi, haut commissaire des Nations Unies pour les réfugiés[159]. 70,8 millions de déracinés, c'est plus que « la population de la Turquie », s'inquiète-t-il, et c'est une estimation basse. Pas de quoi crier au « grand remplacement » pour autant : plus de 41 millions[160], soit environ 58 % d'entre eux, sont des déplacés internes – des personnes qui ont fui leur domicile, mais pas leur pays. Il y a donc 25,9 millions de réfugiés, dont un sur cinq est Palestinien. 80 % des réfugiés sont accueillis dans des pays voisins du leur, et 80 % (qui sont donc souvent les mêmes) le sont dans un pays en développement. En 2013, l'Europe, et ses plus de 500 millions d'habitants, a enregistré 435 000 nouvelles demandes d'asile. En 2014, ce chiffre a bondi pour atteindre 626 000, et il a dépassé le million l'année suivante et celle d'après. En 2017, il est redescendu à 650 000[161].

Cette mise en mouvement forcée des peuples a rappelé à l'Europe qu'elle n'était pas isolée du reste de la planète. Des lieux reculés ont soudain vu les projecteurs du monde entier braqués sur eux pour des raisons tragiques. En France, il s'agit évidemment de la vallée de la Roya et des Hautes-Alpes. Des coins perdus, des cols peu fréquentés sont devenus les terrains d'affrontement de l'extrême droite et de militants antifascistes ou « *no borders* » : un condensé des déchirures idéologiques de la société européenne.

Les migrations ne sont ni un problème européen ni une menace civilisationnelle. Elles sont un phénomène global, qui doit être traité comme tel et qui a toutes les chances de prendre de l'ampleur. Une étude de la Banque mondiale opportunément accompagnée du hashtag #Groundswell (lame de fond) révèle que le dérèglement climatique pourrait générer 140 millions de déplacés internes d'ici 2050 dans trois régions du monde : l'Afrique subsaharienne, l'Asie du Sud et l'Amérique latine. Soit des zones d'où l'émigration est déjà importante. Pour Pascal Canfin[162], à l'échelle mondiale, ce chiffre se trouverait quelque part entre 250 millions et 1 milliard d'ici la moitié du siècle… C'est flou, mais cela a de quoi inquiéter. Selon ces estimations, le nombre d'humains nomades va exploser. Après s'être sédentarisé en soumettant la nature, *Sapiens* devra reprendre la route, précisément à cause d'une nature « dénaturée »… On devra alors bien reconnaître que la sédentarité a été une erreur de parcours. Depuis plusieurs années, les géologues se déchirent pour savoir s'ils doivent entériner la notion d'Anthropocène, qui désignerait une nouvelle période géologique profondément impactée par les activités humaines. D'autres chercheurs, sociologues, anthropologues, philosophes, se sont déjà approprié cette notion. Ils débattent de sa date de début, quelque part entre 50 000 AP et 1950, mais aussi de son nom. Certains préfèrent parler de Capitalocène et d'autres, de « Poubéllien » ou d'Âge des déchets. Je propose d'ajouter « Sédentarocène » à la liste : cette parenthèse durant laquelle les humains ont cessé de chercher leurs ressources horizontalement, pour aller les chercher dans le sol. Le « Sédentarocène », c'est le triomphe de la verticalité.

Travailleurs en mouvement, les précurseurs du renouveau nomadique

Si on plaçait les voyageurs sur un spectre, les exilés occuperaient l'une de ses extrémités. L'autre serait occupée par… les expatriés. Il y a un siècle et demi, les deux termes pouvaient s'employer indifféremment : le premier signifie « hors du sol », le second, « hors de son pays ». Aujourd'hui pourtant, tout les oppose. Les « expats » sont ceux qui ont choisi de quitter leur pays, généralement pour poursuivre des études ou travailler : des migrants économiques légaux, en quelque sorte. Il y aurait 66,2 millions d'expatriés dans le monde en 2017 (contre 52,8 millions en 2013), dont 70 % d'actifs et 8,5 % d'étudiants. En 2021, leur nombre pourrait dépasser les 81 millions[163]. Parmi eux, 2,5 millions sont français et environ 40 % résident en Suisse, aux États-Unis, au Royaume-Uni, en Belgique ou en Allemagne[164]. Les « expats » tomberaient évidemment dans la catégorie des « *slow nomads* », ces voyageurs qui prennent leur temps, puisque la plupart d'entre eux restent plusieurs années à l'étranger.

Les élites cosmopolites, quant à elles, changent de destination en permanence mais vivent le plus souvent dans leur pays d'origine. Issues du monde académique, diplomatique, économique, intellectuel, artistique, médiatique, politique… elles passent facilement d'un cocktail tokyoïte à une conférence genevoise, se côtoient dans un restaurant éphémère mexicain ou à une remise de prix parisienne, dépassent les clivages nationaux pour se fondre dans une identité « transnationale », et se sentent partout chez elles. Toujours en mouvement, rodées aux *lounges* des aéroports, elles évoluent dans une nouvelle géographie morcelée, composée essentiellement de grandes métropoles et de quelques enclaves campagnardes. New York est voisine de Milan, elle-même banlieue de Londres ou Paris. Entre ces pôles, rien. « Que nous est-il arrivé, pour que l'on reconnaisse plus de monde quand on déambule dans les soirées de Davos, que lorsqu'on marchait dans les parcs de nos villes ? » s'étonnait l'ancien vice-secrétaire général de l'ONU Mark Malloch Brown[165].

Pour l'anthropologue Jonathan Friedman[166], « les discours sur la mondialisation, le multiculturalisme et l'hybridation ne sont pas une création des intellectuels, mais l'expression spontanée d'une expérience liée à une position particulière dans le système global des relations étatiques et interétatiques[167] ». Si les intellectuels relaient ces discours, ce n'est pas par idéologie mais parce qu'ils correspondent à la vie qu'ils mènent. Or, cette vie leur paraissant souhaitable, ils en font le modèle à suivre. Mais, écrit l'anthropologue, ces élites dont « l'identité cosmopolite est au centre de l'identification » n'apparaissent pas n'importe quand. Elles se développent en période de crise historique du capitalisme marchand – comme celle qui, depuis les années 1970, conduit lentement à un déplacement du centre de production du monde, des États-Unis à l'Asie de l'Est. C'est comme si la baisse des exportations de produits manufacturés était compensée par une hausse des exportations des personnes, censées disséminer leur culture et leurs valeurs dans un monde qui leur échappe en tant que marché.

À l'opposé de ces voyageurs cosmopolites, d'autres travailleurs peuplent plutôt les interstices : bordures de nos villes ou campagnes délaissées. On les appelle *travellers* ou punks à chien, faute de mieux. Ils vivent dans des camions, sont souvent saisonniers et revendiquent leur marginalité et leur liberté. La réalisatrice Gabrielle Culand leur a consacré plusieurs reportages[168], et prépare actuellement un long-métrage sur le sujet. « Ce qui m'a intéressée, c'est évidemment leur mode de vie nomade, qui fait rêver, mais aussi l'aspect "ouvriers itinérants", explique-t-elle. C'est un mode de vie qui permet de répondre à un marché de l'emploi segmenté, où tu n'as plus de CDI. Les mecs se déplacent selon les saisons, dans toute l'Europe. Ils n'ont pas à être logés, ils travaillent avec leur camion. C'est le retour d'un fonctionnement qui existait au XIXe mais qui avait disparu au XXe. »

Ces *travellers* européens trouvent leurs origines dans la Grande-Bretagne des années 1990. Des « teufeurs » comme la mythique bande de Spiral Tribe parcourent le pays de fête en fête. Leurs imposants camions permettent notamment de transporter le matériel. Mais on peut leur trouver d'autres ancêtres, outre-Atlantique : ces *travellers* européens font penser aux *hobos*, ces saisonniers qui traversaient les États-Unis à bord des trains de fret. Ces voyageurs fauchés ont inspiré la littérature, de l'écrivain *beat* des années 1950 Jack Kerouac au journaliste Ted Conover[169], pour les mêmes raisons que celles qui ont séduit Gabrielle. Ces travailleurs-*travellers* précaires et mobiles charrient avec eux un imaginaire bouillonnant. Ce sont des vagabonds, des présences inquiétantes qui peuplent les marges de nos villes, mais aussi des symboles de la liberté et de l'altérité. Ils revendiquent leurs différences, ils sont fiers de ne pas faire partie de notre monde. « Ils estiment vivre un mode de vie alternatif, ils se situent beaucoup dans la contestation d'un monde qui consomme trop – ils sont dans une optique de décroissance. Le discours ne colle pas toujours à la réalité, mais beaucoup d'entre eux ont profondément envie de vivre autrement », explique Gabrielle. Après plusieurs années de nomadisme, ils sont nombreux à revenir à la sédentarité, la trentaine passée. Certains « vont acheter un terrain, construire une cabane, élever des poules ou faire du maraîchage ». Ils mettent en œuvre les compétences qu'ils ont acquises lors de leur vie sur la route, dans des domaines très variés : « l'agriculture, la construction, les plantes, l'artisanat… »

Ce qui les motive, c'est aussi, toujours, le désir de liberté. Mais « est-ce qu'il est effectif ? s'interroge Gabrielle. Les gens sont quand même dépendants des patrons, c'est un mode de vie très dur, à l'ancienne, avec des galères, des contraintes.

La liberté c'est une notion philosophique difficile à définir », qui s'exprime ici à travers l'absence de « train-train ». Le mouvement permanent favorise les surprises, les rencontres : quelque part, on est plus libre précaire en camion, que précaire en appartement.

La route, la nature, la surprise et le changement sont les vecteurs de cette liberté. Ces *travellers* sont les précurseurs des *vanlifers* européens. Ils leur ont pavé la voie, en quelque sorte. Ils ont repéré les premiers bons *spots*, fait germer l'idée qu'on pouvait vivre dans un camion, et ainsi de suite. Mais si les *vanlifers* leur empruntent certains codes et aspirations, on trouve aussi de très nettes différences entre ces deux groupes. Gabrielle Culand témoigne : « Ils sont toujours en bandes, c'est vraiment la meute. C'est très rare qu'il y ait des gens tout seuls : il y a cette envie de vivre à plusieurs, un refus de l'individualisme et du quant-à-soi. » Les *vanlifers*, s'ils sont en constant contact sur les réseaux, et se retrouvent pour certains grands événements, vivent leur expérience en solo, un véhicule à la fois. Chaque véhicule représente une cellule, un foyer indépendants, qui ne sont pas destinés à intégrer des groupes plus larges.

Contrairement aux *vanlifers*, qui ont les faveurs d'à peu près tout le monde, les *travellers* sont rarement les bienvenus. On associe les « punks à chien » aux bières fortes type 8.6, à des musiques « barbares » et à l'odeur de la pisse. Pour Gabrielle, cette défiance vis-à-vis d'eux vient d'une incompréhension et de projections erronées, comme en témoignent les commentaires laissés sous l'une des vidéos qu'elle a réalisées : « Dans ces commentaires, je lis, en creux, l'impossibilité pour [les sédentaires] de se remettre en question. Les gens se déchargent, il y a une espèce de haine et de mépris de ces communautés qui est assez hallucinante. C'est la nouvelle figure du vagabond, donc on projette ce qu'il y a de pire dessus, mais c'est aussi un fantasme. Il y a un sentiment de haine et de mépris qui est nauséabond, mais qui se comprend. Aujourd'hui la norme, c'est de courir après les nouvelles technologies et d'être dans une course effrénée à la réussite. Il y a un refus de tout ça dans cette communauté, qui est incompréhensible pour certains. Et même si c'est de manière grossière ou mal digérée, [les *travellers*] posent les vraies questions : on sait tous qu'on ne peut pas continuer à vivre comme on vit, mais personne ne change. Eux le font, mais de manière un peu extrême, radicale : c'est pas l'intelligentsia qui vit comme ça. »

La *vanlife*, elle, présente un visage moins clivant, davantage en phase avec les valeurs dominantes, et est donc moins sujette à caution. Elle n'attire d'ailleurs pas les mêmes personnes. Comme on l'a vu, les *vanlifers* sont souvent réalisateurs, graphistes, *community managers*, traducteurs... ils écrivent, photographient, et exercent des métiers valorisés. En face, chez les *travellers*, on trouve surtout « des manuels, qui ont des savoir-faire d'ouvriers. D'anciens charpentiers, des gens qui ont fait de l'agriculture, des pâtissiers qui en avaient marre d'être apprentis », décrypte Gabrielle. *Vanlifers* et *travellers* partagent parfois une même précarité économique, mais ne sont pas du tout perçus de la même façon par le reste de la société.

Les travailleurs nomades, cosmopolites ou explorateurs d'interstices, ont donc planté les ferments du renouveau nomadique qui prospère aujourd'hui. Et chez toutes ces populations, il y a une chose qui ne change pas : se mettre en mouvement c'est tenter de trouver une place dans le monde.

2. NOUS SÉDENTAIRES, FACE AUX NOUVEAUX NOMADES

Les nouveaux nomades se définissent par rapport aux sédentaires, dont ils ne s'éloignent finalement jamais. Bordures des villes ou campagnes pour les « tinistes » et les *vanlifers*, bordures de l'Occident pour les nomades numériques. Tous ont besoin du monde « fixe ». Ils n'en sont pas affranchis et ne cherchent d'ailleurs pas à l'être. On peut donc les considérer comme des « rurbains », c'est-à-dire des personnes qui habitent des zones anciennement rurales, mais qui profitent de services typiquement urbains. Tous reposent sur les différents types d'infrastructures mis en place par la société. Il s'agit d'abord des réseaux de communication : routes, Internet et réseau mobile, aéroports. Mais aussi des points de ravitaillement, comme les supermarchés, les stations-service ou les points d'eau.

Beaucoup de *vanlifers* qui sont aussi *digital nomads* restent connectés en permanence à la ville par leur travail. « On a rarement des terrains en centre-ville ! » plaisante Yann, le « tiniste » solognot. Mais c'est souvent là que se trouvent les emplois. Entre deux changements de terrain, les voici eux aussi « rurbains ». Les nomades du numérique, enfin, ont fui les centres bondés des capitales européennes mais ont constamment besoin d'une bonne connexion Internet. Ils restent en périphérie des zones économiques dont ils dépendent. La rurbanité est un non-espace, une zone frontière qu'on a du mal à identifier, ignorée des politiques de la ville. Modestement (et souvent inconsciemment), les nouveaux nomades y créent des lieux d'échange entre urbain et rural. Le meilleur exemple en est sans doute

La Mutinerie, ce « coworking rural » au cœur du Perche. Des urbains viennent y passer quelques jours, et l'équipe qui vit sur place s'investit dans la vie rurale, tout en gardant de fortes connexions avec la ville.

Le tissu social des sédentaires leur est aussi précieux – davantage qu'à leurs prédécesseurs. Chez les « derniers nomades », le nomadisme était le mode d'existence de sociétés entières, il est aujourd'hui le fait d'individus. Le reste de leur groupe social étant resté sédentaire, c'est lui qui configure en partie les déplacements nomades. On revient voir sa famille, on effectue un détour pour rendre visite à des amis… Pour les *vanlifers*, la rencontre avec les sédentaires est permanente. On change chaque jour ou presque de lieu et donc de voisins, d'épiciers et ainsi de suite. On évolue en fait de sédentaires en sédentaires. Chez les « tinistes », la relation aux sédentaires se fait sur une durée plus longue. On sympathise avec le propriétaire du terrain sur lequel on s'installe, on trouve quelques habitudes avant de lever le camp.

Finalement, les nomades numériques sont peut-être ceux qui fréquentent le moins les sédentaires. Leur vie est ponctuée de conférences, de séjours, de découverte de nouveaux espaces de travail partagé… ce qui leur permet d'évoluer en permanence dans un monde peuplé de nomades. En revanche, au sein même de leur communauté, nombre d'entre eux finissent par élire un lieu de prédilection où poser leurs valises. Les créateurs d'espaces de travail partagé par exemple. Ainsi, ceux qui permettent aux *digital nomads* d'être « partout chez eux » sont souvent ceux qui ont eux-mêmes arrêté d'être en mouvement.

Cette dépendance des nomades aux sédentaires ne va pas sans poser quelques problèmes. À ce sujet, Sophie, la

Française qui passe une partie de l'année à Bali, est particulièrement lucide : « Le fait qu'on ne paie pas d'impôts, c'est un problème. Ce n'est pas éthique, parce qu'on vit à Bali mais on n'y paie aucune taxe. Et le gouvernement a énormément de mal à accueillir autant de gens. Les routes ne peuvent plus nous supporter, il y a beaucoup trop de trafic. La gestion des poubelles, de l'eau, l'immobilier, qui est extrêmement cher… »

Ainsi, les nomades peuvent parfois tirer avantage des sédentaires, en profitant de leurs investissements, sans en payer le prix. Mais considérer les *digital nomads* comme des fraudeurs fiscaux serait trop facile. Ce que révèle cet exemple, c'est que les sédentaires n'ont pas encore pris acte du renouveau nomadique, et que les États n'ont donc pas élaboré de dispositifs concrets pour les intégrer : « Ce n'est pas qu'on ne veut pas payer de taxes au gouvernement indonésien, reprend Sophie. S'ils me demandaient une taxe, et qu'ils avaient un accord avec la France, je paierais une partie à l'État indonésien et une partie à l'État français sans problème. Mais il n'y a pas d'infrastructures pour ça, donc énormément de gens sont dans une zone grise. »

Ni radicaux ni marginaux, les nouveaux nomades nous tendent un miroir à peine déformant. Qu'ils vivent dans un van ou qu'ils volent d'un aéroport à l'autre, ils ont les mêmes doutes, les mêmes aspirations, les mêmes rêves et les mêmes angoisses que leurs contemporains sédentaires. Ils sont stressés, pensent au travail, recherchent le bonheur, sont obsédés par les réseaux sociaux et conscients qu'ils devraient y passer moins de temps, ont envie de sauver la planète mais ont du mal à refréner leurs désirs de voyage, rêvent d'ancrage local et de parcourir la planète…

J'ai retrouvé dans le discours des *vanlifers* les mêmes arguments que dans celui de mes amis sédentaires. La prise de conscience qu'il faut modifier nos manières de consommer, l'impression d'un déclassement, l'attrait pour la frugalité et le rejet de la politique, qui se traduit notamment par le refus de penser des actions collectives, préférant des changements individuels. Les « tinistes » tiennent un discours qu'on retrouve aussi chez ceux qui quittent les centres urbains pour la campagne, à la recherche d'un loyer moindre et d'un peu de verdure. Les nomades digitaux ont les mêmes réflexions que les bons élèves du capitalisme : ils cherchent des marchés, réduisent leurs coûts de fonctionnement, optimisent leurs recettes et multiplient les expériences. Ces comportements, ce sont aussi ceux de nombreux sédentaires d'aujourd'hui. En fin de compte, s'il y a une rupture, ce n'est pas tant entre nomades et sédentaires, qu'entre groupes socioculturels et classes d'âge.

Demain, tous nomades ?

Pour Pieter Levels, le Néerlandais créateur de l'application Nomad List, qui passe une grande partie de son temps à Bali, cela ne fait aucun doute. Il y aura un milliard de *digital nomads* en 2035, annonce-t-il en 2015 lors d'une conférence au DNX, un festival pour nomades numériques. En une dizaine de minutes, le *serial entrepreneur* égraine les statistiques et les informations qui conduiront, selon lui, à cette explosion du nomadisme[170]. Voilà le faisceau d'indices qui devraient conduire à l'émergence de son monde idéal :

– Les travailleurs indépendants comptent pour 30 % des actifs états-uniens, contre 10 % en 1990. En 2035, ils devraient représenter plus de la moitié des travailleurs. D'après la plateforme de travail en ligne *UpWork*, 56,7 millions d'États-Uniens auraient travaillé en *freelance* en 2018 alors qu'en France, on compte environ 2,8 millions d'indépendants, soit 10 % des actifs.

– Internet est de plus en plus rapide. Si la moyenne mondiale se situe actuellement aux alentours de 100 mégabits, « ce sera 100 gigabits en 2035 ». Ce qui signifie qu'on pourra télécharger 12,5 gigaoctets de données par seconde – soit l'intégrale de la saison 8 de *Game of Thrones* en moins de trois secondes, si tant est que vous ayez envie de la revoir dans une quinzaine d'années.

– La 6G sera disponible à peu près partout sur la planète. En Europe, la 5G suscite autant d'inquiétudes que d'espoirs, et elle est loin d'être déployée. Mais Pieter Levels a raison : la Chine planche déjà sur la 6G, un réseau qui nous permettrait par exemple de télécharger une centaine de films en une minute, et elle rêve[171] de la voir déployée en 2030.

– Le mariage bat de l'aile. En 1960, 72 % des États-Uniens de plus de 18 ans étaient mariés ; ils n'étaient plus que 50 % en 2016[172]. Pour Pieter Levels, cette baisse des mariages se traduit automatiquement par une baisse du nombre des propriétaires : les couples non mariés ont moins tendance que les autres à devenir propriétaires.

– Dans un élan qui se rapproche plus de la projection fantaisiste que de la prospective, Levels imagine des avions supersoniques permettant de relier Londres à Shanghai en quatre heures, pour moins de 150 dollars. La conséquence ? On se pointera à l'aéroport comme à la gare routière et on sautera dans le premier avion pour Buenos Aires ou Moscou afin d'y rejoindre un ami dont on aura appris la localisation sur Instagram…

Ces éléments – plus ou moins étayés – permettent au jeune développeur de faire le calcul suivant : 9 milliards d'humains en 2035, dont 6 milliards de travailleurs, dont la moitié d'indépendants... et, à la louche, un tiers d'entre eux *digital nomads* ou *remote workers*. Soit 1 milliard de voyageurs-travailleurs connectés. Dans le rêve de Pieter Levels, cette nouvelle classe cosmopolite se retrouvera dans des quartiers *high-tech* dotés de logements interconnectés et de transports en commun efficaces. Des enclaves « vertes », à l'image du projet immobilier de Tianfu New Area dans le Sichuan, au centre de la Chine, qui doit précisément être achevé en 2030. Sur les prévisualisations en 3D des promoteurs, les bâtiments d'un blanc étincelant se marient à merveille avec la verdure, omniprésente. Une gare intégrée à ces jardins, véritable « pôle multimodal[173] » où se croiseront lignes de bus, de tramway et de métro, évoque le nouveau Forum des Halles parisien et son imposante canopée de verre et de métal. « L'air est pur, car il n'y a ni voitures ni industries... ça m'a l'air plutôt pas mal », lance le Néerlandais à son public.

Plus la vidéo avance, moins je parviens à me laisser embarquer dans le monde idéal que décrit Pieter Levels. Ce voyageur patenté semble être quelqu'un de sensé, passionné et plutôt humaniste... alors, pourquoi sa vision d'un monde nomade me met-elle si mal à l'aise ? Parce que sous ses abords angéliques – enthousiasme débordant, yeux bleus perçants, sourire franc –, Levels promeut un monde d'exclusion, où la loi du plus fort n'est plus entravée par l'action des gouvernements. Il refuse de penser aux systèmes qui régiraient les villes, les avions, les connexions Internet lui permettant de vivre. Pour un écoquartier, combien de lumpenprolétaires ? Ce sont des questions qui ne se posent pas chez les *digital nomads*.

Le paroxysme de cette vision apocalyptique qui ne dit pas son nom est atteint quand Levels évoque les futurs enfants des nomades numériques. « On va avoir des enfants et on se rapprochera enfin de la race du futur, qui ressemble à ça », s'enthousiasme-t-il. Derrière lui, sur l'écran géant où est projetée sa présentation, s'affichent deux visages. Celui d'une femme jeune et belle, mate de peau aux yeux verts en amande, à la longue chevelure blonde et frisée – un petit air de Beyoncé. Et celui d'un jeune homme aux traits fins, à la peau plus claire mais aux yeux également verts et profilés, fine moustache, cheveux bruns en bataille comme un Johnny Depp propret qui n'aurait pas embrassé à outrance ses racines cherokee. « C'est comme si… les Asiatiques, les Africains et les Blancs se mélangeaient. Les gens vont finir par ressembler à ça, et ça peut être grâce à nous. Quoi de plus beau que d'avoir une seule belle race, et pas de racisme ? Parce que le racisme est impossible si tout le monde est de la même race », poursuit-il en ouvrant les bras pour enjoindre au public de rêver avec lui.

Le travail indépendant va continuer de progresser, et le trafic aérien devrait doubler d'ici vingt ans[174] : le rêve angoissant de Pieter Levels pourrait donc partiellement devenir réalité. Mais on peut aussi rêver d'un futur nomadique moins polarisé, qui réconcilie l'humain, ses semblables, et son environnement. Imaginons[175]. En 2050, le centre de Paris a perdu 25 % de ses habitants et parmi ceux qui restent, un quart a plus de 60 ans[176]. C'est le même scénario dans les autres grandes capitales européennes. Elles sont devenues des destinations de luxe dont les appartements s'arrachent sur Airbnb. Les jeunes générations dans l'impossibilité de s'y loger ont profité du développement du télétravail et du recours aux indépendants. Elles ont pris des cartes, compilé des données, repris à leur compte les stratégies des *digital nomads*, à une nuance près : elles ont joué collectif.

Des cartes du monde en licence libre répertorient, sur la base du bénévolat, les *vanlifers*, les « tinistes » et toute la galaxie des habitats alternatifs : *travellers*, yourtes, cabanes, tipis... Les communautés se cristallisent autour de certains de ces points fixes, qui deviennent des repaires, des oasis. Du foyer insurrectionnel à la mairie gérée par une liste citoyenne, un éventail de possibles se développe. Bientôt, ces lieux forment un réseau : ils sont connectés par les nomades qui circulent de l'un à l'autre. On trouve de tout, parmi ces voyageurs. Des manuels, des bricoleurs qui vendent leurs services d'une ville à l'autre, des développeurs, des photographes et même, pourquoi pas, encore quelques blogueurs ou *community managers* qui profitent pleinement du système capitaliste tout en s'épanouissant dans ses marges – le nouveau monde nomade a compris que la pureté éthique ne servait pas sa cause, et que l'ère des pensées uniques était révolue.

Un Nomad List d'un nouveau genre fait son apparition. Là aussi, on classe les destinations nomades en fonction de données collectées automatiquement et d'informations récoltées auprès de locaux. Tendances de l'équipe municipale, projets associatifs ou militants, besoins... permettent à chacun de prévoir son itinéraire nomade. On manque d'un boulanger à Savigné-sur-Lathan ? Un *vanlifer* vient se garer dans le village et se met au fournil. Au moment de partir, un « tiniste » prendra sa place, à moins qu'il n'ait formé un sédentaire. Peu à peu, le maillage de ce réseau s'intensifie. Les nomades permettent une reconquête du territoire.

Des villages nomades se créent, à l'image de ceux des « *white birds* » des déserts d'Amérique du Nord. Les « oiseaux blancs », c'est le nom qu'on donne à ces retraités qui ont revendu leur maison pour passer leurs dernières années en camping-cars, imitant les oiseaux migrateurs, étés dans le nord, hivers dans le sud. Ils se regroupent à la saison froide, forment avec leurs véhicules des camps qui rappellent ceux des pionniers de l'Ouest, circulaires autour d'un feu. Ici, c'est la même chose. Deux ou trois poignées de *tiny houses* qui font un village pendant quelques semaines. L'occasion d'échanger des savoir-faire, d'effectuer quelques réparations, de prendre des nouvelles. Les voyageurs manœuvrent dans cet archipel bancal mais joyeux, certains cèdent aux sirènes de la sédentarité, dans les mégapoles qu'ils avaient fuies ou en créant de nouveaux îlots. Pas de grand soir, pas de combat politique, mais une pointe de piraterie qui devrait séduire les équipages déjà sur la route.

Déjà tous nomades

Et si les nouveaux nomades n'étaient que la partie émergée de l'iceberg ? Quand j'ai commencé à m'intéresser aux *vanlifers*, aux « tinistes » et aux *digital nomads*, les regrouper sous cette étiquette m'a semblé évident parce qu'ils avaient fait du déplacement le centre de leur vie. Mais alors que j'avançais dans mes recherches, que je rencontrais des voyageurs et que je me mettais à écrire, je me suis aperçu que tout le monde autour de moi était en mouvement, bien plus que je ne l'avais réalisé – peut-être parce que, contrairement à d'autres étés, j'ai passé celui-ci vissé sur une chaise à raconter la vie d'inconnus qui, eux, se déplaçaient en permanence !

Certaines de ces pages ont été écrites dans un train pour Metz, ou sur la terrasse d'un café à Gières, mais la plupart l'ont été à Montpellier. Dans mon appartement, pendant que ma compagne suivait un *workshop* en Italie ou rendait visite à sa famille en Suède. Dans le jardin d'un couple d'amis qui était en résidence artistique à Taïwan. Sur la terrasse d'un autre couple d'amis, qui traversait la France pour les vacances et qui se prépare à partir deux mois en Nouvelle-Zélande avec leur fils de six mois. J'ai interviewé des nomades depuis mon bureau, que je partage avec un Parisien marié à une Américaine rencontrée à Amiens. Il se déplace sur des salons, en France et en Italie, elle au Sénégal ou en Afrique du Sud, tous deux dans le cadre de leur travail. La première fois que ce projet de livre a été évoqué, mon père et mon frère aîné vivaient en Guyane. Quand j'ai commencé mes recherches, le second était au Chili ; il était sur l'île de Pâques quand je rencontrais Pierre et son bus-auberge dans les Landes ; au Vietnam quand je commençais la rédaction et à Chambéry au moment d'envoyer ce texte à mon éditeur – texte relu par une consœur sur le point d'acheter son propre camion aménagé.

Entre-temps, mon père était rentré en France, j'avais perdu le fil des escapades de mon frère, ma mère passait au Mexique et ma sœur se baladait entre Aix-en-Provence, la région parisienne et les Hautes-Alpes. Mon voisin de palier a pédalé dans la moitié de la France et suivi une formation entre Arles et la Grèce ; un autre a traversé les États-Unis et vient de redécoller pour la Sicile… Quant aux nomades avec qui j'ai discuté : Florent a revendu son van au Canada mais poursuit une vie nomade, Yann et Charlotte se préparent à installer leur Couledouce en Corrèze, les *Fenêtres sur le monde* ont traversé l'Alaska, les *Roammates* se dirigent vers le Portugal pour écrire un nouveau guide et Pierre et son bus continuent de trimballer des surfeurs entre la Bretagne et le Maroc.

La plupart du temps, lorsque j'ai évoqué le sujet de mon livre, mes interlocuteurs m'ont renvoyé vers de nouvelles sources. Un anthropologue anarchiste, une émission de téléréalité, un ami d'amis qui vit en camion ou sur un bateau, un extrait de livre, un nouveau village de *tiny houses* aquatiques... Cette abondance de références m'a fait réaliser à quel point les questions de nomadisme étaient prégnantes aujourd'hui, et structurent partiellement notre quotidien, souvent sans qu'on s'en aperçoive.

Quand l'inspiration ne venait pas, je me plongeais dans le dernier roman de Patrick Deville, qui semble faire deux fois le tour du monde pour chacun de ses livres, eux-mêmes fourmillant de vies d'autres voyageurs, qui ont traversé la planète depuis des siècles. 85 000 Français sont partis dans le cadre du programme européen Erasmus en 2018, plusieurs millions de personnes déménagent en France chaque année et on occupe en moyenne 4,6 logements au cours de notre vie, sans compter ceux de notre vie étudiante (allez savoir pourquoi ils sont exclus de la statistique)... Vous voyez le topo, c'est le monde entier qui est en mouvement. On se croit sédentaires, mais il se pourrait bien qu'on se trompe. Nos structures le sont, indéniablement : nos villes, nos gares, nos institutions... Mais pas ceux qui les composent et les font vivre. Certains, qui passent cinq, dix ans ou plus dans un même logement méritent plus que d'autres l'appellation de « *slow nomads* », c'est vrai. Le mouvement fait bel et bien partie de nos vies, à tel point qu'on ne sait plus très bien qui est véritablement sédentaire.

Partir n'a jamais été aussi facile. Est-ce une bonne ou une mauvaise chose ? Forcément, un peu des deux : plus les voyages sont longs, plus ils valent le coup, et les modes de vie des nomades sont incroyablement romantiques. Mais ils ont un coût pour l'environnement – surtout celui des *digital nomads*, grands consommateurs de voyages en avion – et les nouveaux nomades doivent en prendre conscience.

Même si on le voulait, on ne peut pas tous mener la vie de rêve des *vanlifers* influents ou des pontes du nomadisme numériques. On peut en revanche s'aménager des escapades nomades à peu de frais. Les exemples abondent sur Internet, ou sur les rayons de la librairie où vous avez trouvé ce livre – souvent, les conseils des nomades se résument d'ailleurs à un « il suffit d'oser », aussi banal que véridique. Personne n'avait besoin d'un mode d'emploi de plus, encore moins d'un qui soit écrit par quelqu'un qui n'a jamais véritablement mené une vie nomade. L'expérience qui sous-tend ce livre est celle d'un nomadisme intérieur. Un long voyage à travers quelques références et réflexions, élaborées au fil de lectures et de rencontres avec les nouveaux nomades. Ces rencontres, physiques ou non, dessinent une nouvelle carte, mentale et géographique, dans laquelle j'espère que vous aurez pris plaisir à déambuler. Avec un peu de chance, ces pages feront naître des discussions, autour d'un feu de camp ou dans un terminal d'aéroport. Le nomadisme vous tente ? Allez-y, essayez. Pendant votre lecture, j'ai pris le temps de jeter deux, trois vêtements dans un sac à dos. À l'heure qu'il est, je campe peut-être sur la côte basque avec mon fidèle break noir. À moins que je ne traverse un continent à sac à dos, que je déguste enfin cette fameuse noix de coco dans un coworking balinais, ou que j'aménage mon propre van… Mais le plus probable, c'est que je sois toujours exactement au même endroit, en train de recueillir les histoires qui alimenteront mon prochain livre.

*

NOTES

1. Définition et étymologies tirées du *Trésor de la langue française informatisé*, et de la neuvième édition du *Dictionnaire de l'Académie française*.

2. Cité par Yves Pedrazzini, « Néo-nomadisme », in *Dictionnaire*, Forum Vies mobiles, 29 octobre 2013 [en ligne].

3. Sophie Archambault de Beaune et Antoine Balzeau, *La Préhistoire. Chronique de l'homme*, Paris, Éditions Chronique et CNRS éditions, 2009.

4. A.P. signifie « avant le présent », soit 1950.

5. Sophie Archambault de Beaune et Antoine Balzeau, *La Préhistoire. Chronique de l'homme*, ouvr. cit.

6. Yuval Noah Harari, *Sapiens. Une brève histoire de l'humanité*, Paris, Albin Michel, 2015.

7. *Id.*

8. Pierre Bonte, *Les Derniers Nomades*, Paris, Solar, 2004.

9. André Bourgeot, « La notion de nomadisme : mobilité, flexibilité, dispersion », séminaire de doctorat de l'EHESS, 10 décembre 2008 [vidéo, en ligne].

10. Pierre Bonte, *Les Derniers Nomades*, *op. cit.*

11. Hunter S. Thompson, « Security », *The Spectator*, 1955.

12. David Dobbs, « Restless Genes », *National Geographic*, janvier 2013 [en ligne].

13. Richard A. Friedman, « A Natural Fix for A.D.H.D. », *New York Times*, 31 octobre 2014 [en ligne].

14. Ici, la culture ne désigne ni la production artistique, ni l'action de cultiver la terre, mais l'activité humaine, pensée par les modernes comme indépendante de la nature.

15. Olivier Pascal-Moussellard, « Bruno Latour dissèque les "Modernes" », *Télérama*, 8-14 septembre 2012.

16. Fabrice Flipo, « L'enjeu écologique – lecture critique de Bruno Latour », *Revue du MAUSS*, La Découverte, 2006, Hal, archives-ouvertes.fr [en ligne].

17. Bruno Latour, « Le rappel de la modernité – approches anthropologiques », ethnographiques.org, n° 6, novembre 2014 [en ligne].

18. Une phrase à l'origine incertaine, qu'on attribue à tort à Confucius.

19. Paul Salopek, « A Twenty-Four-Thousand-Mile Walk Across Human History », *The New Yorker*, 17 juin 2019 [en ligne].

20. « The Incredible Story of a Man Traveling the World on Foot », *GQ India*, 21 mai 2018 [en ligne].

21. Paul Salopek, « A Twenty-Four-Thousand-Mile Walk Across Human History », art. cité.

22. Jacques Lecomte, *Le monde va beaucoup mieux que vous ne le croyez !*

Paris, Les Arènes, 2017.

23. Olivier Mialet, « Mais oui, malgré les apparences, le monde va mieux », *Les Inrockuptibles*, 28 mai 2017 [en ligne].

24. « La première génération qui aura moins que la précédente », *Le Monde*, 10 mars 2009 [en ligne].

25. L'idée selon laquelle, après la guerre froide, la démocratie libérale allait s'imposer comme le seul système de gouvernement des humains, défendue notamment dans le livre du même nom de Francis Fukuyama.

26. Nadine Coll, « Un jour, j'ai disparu… », *psychologies.com*, 30 janvier 2019 [en ligne].

27. Julien Chavanes, « J'ai disparu pendant six jours », *Néon*, 20 avril 2016 [en ligne].

28. Nolwenn Mousset, « Heureux comme un *freelance* en France », *Les Échos Start*, 17 mars 2017 [en ligne].

29. #vanlifediaries : carnets de la *vanlife* ; #vanlifemovement : mouvement *vanlife* ; #rvlife : vie de camping-car ; #homeiswhereyouparkit : ta maison est là où tu la gares ; #homeonwheels : maison sur roues ; #theroadismyhome : la route est ma maison ; #travellife : vie de voyage ; #nomadiclife : vie nomade ; #travelwithus : voyagez avec nous ; #lifegoal : objectif de vie.

30. Marie Verhoeven, « Récits contemporains sur la fin de l'école », *in* Bernard Delvaux, Luc Albarello et Mathieu Bouhon (dir.), *Réfléchir l'école de demain*, Louvain-la-Neuve, De Boeck Supérieur, 2015.

31. John Moravec (dir.), *Knowmad Society*, Minneapolis, Education Futures, p. 20.

32. Ocean Howell, « The Poetics of Security: Skateboarding, Urban Design, and the New Public Space », 2001.

33. « Méfions-nous de l'idéologie du nomadisme », *Le Monde*, 24 juin 2011 [en ligne].

34. Instagram de Foster Huntington, 16 novembre 2011.

35. Stab Mag, « Culture Shifters With the Man Behind #vanlife, Foster Huntington », YouTube, 23 avril 2018 [en ligne].

36. L pour longueur, H pour hauteur. Cette unité de mesure, qui peut varier d'un constructeur à l'autre, signifie, en gros, que leur Master est plus long et plus haut que le modèle « de base ».

37. En 2013-2014, Gaëtan et sa famille ont parcouru plus de 30 000 kilomètres entre l'Argentine et les États-Unis à bord d'un pick-up équipé d'une cellule.

38. « C'est un bus de ouf, les mecs, il est putain de dément. Putain, mon gars. Une auberge de surf roulante ? Oh putain. Meeeec ! Beau boulot, vieux, c'est génial ! C'est une super idée, mec, bravo, félicitations. T'as une carte de visite ? Je vais en parler à tous mes potes. C'est trop stylé. Nous, on est les hippies garés juste derrière vous. T'as un site Internet ? Mec, c'est vraiment génial, félicitations. »

39. Pierre fait notamment référence à *Let's be nomads*, le projet d'un couple de Belges qui parcourt les stations de ski à bord d'un bus scolaire

américain aménagé, qui peut accueillir six clients.

40. « *In real life* », acronyme utilisé sur Internet pour différencier la vie « réelle » de la vie virtuelle.

41. Instagram de *Wild Human Life*, 28 mai 2019.

42. Une station chic des Alpes italiennes, qui a accueilli les Jeux Olympiques d'hiver en 1956, et les retrouvera en 2026.

43. « Ils ont décidé de vivre dans un van », Brut, 10 novembre 2018 [vidéo en ligne]

44. « Enquête Budget de famille 2011 », Insee, 2014 [en ligne].

45. « Pauvres, moyens, riches ? Comment le revenu vous classe », Centre d'observation de la société, 14 février 2019 [en ligne].

46. Chiffres de l'OCDE donnés par Martial You, « Le budget de la classe moyenne française a-t-il vraiment baissé ? », RTL, 12 avril 2019 [en ligne].

47. Hermann Hesse, *Siddhartha*, Paris, Le Livre de Poche, 1980.

48. « Les parties de chasse secrètes des grands patrons », *Capital*, 10 février 2017 [en ligne].

49. Alec Wilkinson, « Let's Get Small », *The New Yorker*, 18 juillet 2011.

50. Étienne, « Remorque pour tiny house : comment bien la choisir ? », *Collectif Tiny House*, 16 décembre 2016 [en ligne].

51. Selon lavieimmo.com, le loyer moyen en France en 2017, charges comprises, s'élevait à 631 euros – « En France, le loyer moyen a légèrement augmenté en 2017 », 3 janvier 2018 [en ligne].

52. Prix d'achat moyen au mètre carré pour un appartement : 1 160 euros. Moyenne réalisée d'après les prix affichés par plusieurs sites immobiliers.

53. Les plans du « Poelito » sont disponibles en *open source* sur le site lowtechlab.org.

54. Alec Wilkinson, « Let's Get Small », art. cité.

55. Chez la grande prêtresse audiovisuelle Oprah Winfrey.

56. Vauhini Vara, « Small World », *The Believer*, 1er février 2019.

57. « Tiny House : échec ou réussite ? », chaîne YouTube « Voyage voyages », 11 mars 2019.

58. Alec Wilkinson, « Let's Get Small », art. cité.

59. Mona Chollet, *Chez soi*, Paris, La Découverte, 2015.

60. *Id.*

61. *Id.*

62. Catherine Rollot, « La mini-maison dans la prairie », *Le Monde*, 4 août 2019 [en ligne].

63. *Id.*

64. Simon Barthélémy, « Des idées contre la crise du logement étudiant à Bordeaux », *Rue 89 Bordeaux*, 10 mai 2019 [en ligne].

65. « Un village de *tiny houses* pour étudiants », *Ma Tiny House*, 24 juin 2019 [en ligne].

66. Matthieu Maurer, « Le premier village de *tiny houses* de France cherche ses futurs habitants », *18h39*, 2 août 2019 [en ligne].

67. Lisa Hör, « L'Écosse inaugure son premier village de *tiny houses* pour

loger des personnes sans-abri », *18h39*, 18 mai 2018 [en ligne].

68. Disponible sur legifrance.gouv.fr.

69. Benjamin, « Loi ALUR – Yourte, tipi, roulotte, mobile-home et *Tiny house* vont trouver leur place dans les règles d'urbanisme », *Tiny House France*, 21 février 2014 [en ligne].

70. Littéralement, *La Semaine de travail de quatre heures : Échappez aux horaires de bureau, vivez où vous voulez et rejoignez le club des nouveaux riches*, traduit sous le titre *La Semaine de quatre heures – Travaillez moins, gagnez plus et vivez mieux !*, Montreuil, Pearson, 2008.

71. Site de l'éditeur.

72. Beverly Yuen Thompson, « Digital Nomads: Employment in the Online Gig Economy », *Researchgate*, janvier 2018 [en ligne].

73. Antonia Scholz, « The Reinvention of Nomadic Identity », *Nomad Think Tank*, 1er mars 2019 [en ligne].

74. Tim Ferris, *The 4-Hour Workweek*, New York, Crown Publishing Group, 2009, p. 118.

75. Shannon O'Donnell, « A Little Expat Living… Cost of Living in Chiang Mai, Thailand (2019) », *A Little Adrift*, 4 février 2019 [en ligne].

76. Benjamin Wallace, « American Culthoppers », *New York Magazine*, 10 juillet 2017 [en ligne].

77. « Pas de compétences ? Pas de problème » ; « Le bon plan pour prendre sa retraite en étant millionnaire : la retraite pour les *digital nomads* » ; « Penser différemment pour atteindre des objectifs ambitieux ».

78. Prix originaux en dollars convertis en euros au taux de change du 13 juin 2019 (1 $ = 0,89 €).

79. tielandtothailand.com.

80. Ancien journaliste à *Libération*, spécialiste reconnu de la Thaïlande, Arnaud Dubus s'est suicidé en avril 2019.

81. Arnaud Dubus et Bruno Jetin, « Tahïlande : Vers le point de rupture », dans F. Robinne et J. Jammes (éd.), *Asie du Sud-Est 2014*, Paris et Bangkok, Les Indes savantes – IRASEC, 2014.

82. Suttinee Yuvejwattana, « Thailand Expects a Record 41.1 Million Foreign Tourists in 2019 », *Bloomberg*, 28 janvier 2019 [en ligne].

83. Ian Lloyd Neubauer, « The big problem with the so-called 'digital nomad' life in Bali », news.com.au, 10 juin 2019 [en ligne].

84. Jeu de mots entre le nom de la ville et *hub*, « centre, plaque tournante ».

85. Le *microdosing* consiste à ingérer de minuscules quantités de drogues psychédéliques, plus ou moins régulièrement.

86. Marie Charrel, « La face sombre du miracle économique au Portugal », *Le Monde*, 17 mai 2019 [en ligne].

87. *Property Index – Overview of European Residential Markets*, Deloitte, septembre 2018.

88. On pourrait traduire ces titres par : *Une nation d'indépendants* ; *Les Communautés de start-ups* ; *La Toile* (ouvrage consacré à l'économie dite colla-

borative) ; *Le Manuel du coworking* et *Partager ou mourir*.

89. Nicolas Santolaria, « Le nouveau salarié, un "Touareg du tertiaire" en perpétuelle transhumance », *Le Monde*, 14 mars 2019 [en ligne].

90. Concept élaboré par l'écrivain et poète anarchiste américain Hakim Bey. Si celui-ci refuse d'en donner une définition, on peut dire qu'il est proche des utopies pirates et qu'il a inspiré des hackers, des altermondialistes, des anarchistes et des militants libertaires.

91. Sarah Nabli, « Medellin, foyer des Digital Nomads », *Socialter*, hors-série « Moi Freelance, le guide des indépendants 2018 », mars 2018.

92. Joël Le Pavous, « La Hongrie, "Silicon Valley de l'Est" ? », *Slate*, 16 mars 2015 [en ligne].

93. « Budapest, nouvel eldorado des start-up », *L'Express L'Entreprise*, 27 août 2014 [en ligne].

94. « Pourquoi Budapest est la meilleure destination pour les entrepreneurs », *Forbes*, 15 mars 2019 [en ligne].

95. April Rinne, « One of Estonia's first "e-residents" explains what it means to have digital citizenship », *Quartz at Work*, 1er avril 2018 [en ligne].

96. Émilie Laystary, « Devenir e-resident : comment la nationalité numérique fait rayonner l'Estonie », France 24, 29 octobre 2018 [en ligne].

97. Rosie Spinks, « Digital nomads can soon "make it official" with a new visa from Estonia », *Quartzy*, 27 février 2018 [en ligne].

98. William Finnegan, *Jours barbares*, Paris, Éditions du Sous-Sol, 2017. L'auteur y raconte sa vie passée à chasser les vagues, et regrette l'époque où le surf était une activité marginale.

99. *Id.*, p. 488.

100. Jim Puzzanghera, « A decade after the financial crisis, many Americans are still struggling to recover », *The Seattle Times*, 10 septembre 2018 [en ligne].

101. Klint Finley, « This Guy Is Launching 12 Startups In 12 Months », *Wired*, 27 août 2014.

102. *The New Nomads*, Gestalten, 2015.

103. Cité par Yves Pedrazzini, dans « Néo-nomadisme », art. cité.

104. « Ma vie en van ».

105. Florent Conti, *Ma vie en van*, Bernay, City Éditions, 2019, les citations suivantes sont également tirées de son livre.

106. Alexandre des Isnards et Thomas Zuber, *L'open space m'a tuer*, Paris, Hachette Littératures, 2008.

107. « Les matins, 10 janvier 2018 », *Papiers, la revue de France Culture*, n° 25, été 2018.

108. Tatouage d'un nomade croisé dans les Alpes.

109. Adèle Van Reeth est productrice et animatrice des *Chemins de la philosophie*, sur France Culture.

110. Tim Cresswell, « The Politics of Mobility », YouTube, 2 décembre 2013.

111. Amélie Mougey, Manon Le Charpentier et Sergio Membrillas, « Les routards de l'auto », *Le Quatre Heures*, 1er octobre 2014 [en ligne].

112. Corinne Soulay, « Mobilité : une si lointaine banlieue... », *National Geographic*, 24 avril 2019.

113. Chiffres : Henley Passport Index, 2019.

114. Henri Lefebvre et Catherine Régulier, « Le projet rythmanalytique », *Communications*, 1985. Consulté sur Persée [en ligne].

115. Damien Leloup, « Devenir riche sur Internet sans rien faire : les mirages du "dropshipping" », *Le Monde*, 31 juillet 2019 [en ligne].

« Sur le papier, c'est la recette idéale pour faire fortune. Elle permet d'ouvrir une boutique mondiale sans frais, d'importer des marchandises sans devoir gérer de stocks, et de réaliser facilement des marges gigantesques. Pourtant, le "dropshipping" est loin d'être la poule aux œufs d'or que promettent de nombreux sites et youtubeurs, experts autoproclamés du commerce.

Le principe de cette pratique, parfaitement légale, consiste à supprimer une étape dans la chaîne commerciale : là où une boutique commande des marchandises à un fournisseur pour ensuite les vendre à un client, le "dropshipper" attend d'effectuer une vente avant de passer commande à son fournisseur, et fait livrer les produits directement au client.

En pratique, le terme désigne surtout les boutiques en ligne qui vendent des produits achetés à des géants de l'export chinois comme Aliexpress (groupe Alibaba) et les font livrer directement à des clients en Europe, aux États-Unis, au Brésil ou en Israël. »

116. Pierre Bonte, *Anthropologie des sociétés nomades – Fondements matériels et symboliques (première partie)*, cours dispensé à l'université de Paris VIII, second semestre 2006, p. 11.

117. *Id.*

118. Audrey Garric et Cécile Bouanchaud, « Le succès inattendu des théories de l'effondrement », *Le Monde*, 5 février 2019 [en ligne].

119. Brice Couturier, « Orwell et la décence ordinaire », *Avoir raison avec George Orwell*, France Culture, 3 juillet 2017 [en ligne].

120. *Id.*

121. Philippe Bertrand, « La France sur le chemin de la déconsommation », *Les Échos*, 12 janvier 2017 [en ligne].

122. Fanny Parise, « La "dé-consommation", nouvelle forme de distinction sociale ? », *The Conversation*, 4 février 2018 [en ligne].

123. *Id.*

124. Voir Carina Chocano, « The Coast of Utopia », *Vanity Fair*, août 2019 [en ligne].

125. C'est la raison qu'avance Instagram pour justifier sa décision.

126. « Oups, Facebook admet avoir écouté des conversations privées », *Libération*, 15 août 2019 [en ligne].

127. Emerging Technology from the arXiv, « The hispter effect: Why anti-conformists always end up looking the same », *MIT Technology Review*, 28 février 2019.

128. Voir par exemple *Cash Investigation*, « Plastique, la grande intox », 11 septembre 2018 [en ligne].

129. Mona Chollet, *Chez soi*, *op. cit.* Sauf indication contraire, toutes les

citations de ce chapitre sont extraites de cet ouvrage.

130. Page Facebook de *Tiny House Livingston*, 4 août 2019.

131. Leonard Koren, *Wabi-sabi for Artists, Designers, Poets and Philosophers* (1994), Point Reyes, Imperfect Publishing, 2008, cité par Mona Chollet.

132. Pat O'Malley, « Foster Huntington Stopped Working for the Man and Started Living in a Van », *Vice*, 11 octobre 2013 [en ligne].

133. Stéphane Vial, *L'être et l'écran*, PUF, Paris, 2013.

134. Nathan Jurgenson, « About Real Life », *Real Life*, 20 juin 2016 [en ligne]. *Real Life* est un média en ligne qui explore la manière dont on vit avec les technologies. Il est financé par Snapchat.

135. Sam Wainwright Douglas, *Citizen Architects*, Carnivalesque Films / Big Beard Films, 2010.

136. Julien Damon, « Un milliard d'habitants dans les bidonvilles ? », *Observatoire des inégalités*, 20 octobre 2017 [en ligne].

137. Grégoire Allix, « Sur les deux milliards de Terriens en plus en 2050, la moitié vivra dans un bidonville », *Le Monde*, 27 juin 2019 [en ligne].

138. Fondation Abbé Pierre, *L'État du mal-logement en France en 2017 – Rapport annuel #22*, janvier 2017 [en ligne].

139. Projet de loi ALUR, étude d'impact, Assemblée nationale, 25 juin 2013.

140. « Dépenses contraintes, le poids du logement », Centre d'observation de la société, 27 août 2018 [en ligne].

141. *Le Parc de logements en France au 1er janvier 2018*, Insee, 2 octobre 2018 [en ligne].

142. Geoffroy de Lagasnerie, *Penser dans un monde mauvais*, Paris, PUF, 2017, p. 11-12.

143. Henry David Thoreau, *Walden ou la Vie dans les bois*, Paris, Gallimard, coll. « L'imaginaire », 1990, p. 9.

144. Thomas Coëffé, « Chiffres Facebook 2019 », Blog du modérateur, 4 juillet 2018 [en ligne].

145. Les clubs de *bikers* parleraient de « *hangaround* », « qui tourne autour » ou « qui traîne avec ». Ce terme désigne les motards autorisés à rouler avec le club, mais pas à porter ses couleurs.

146. *Déclaration de Mexico sur les politiques culturelles,* Conférence mondiale sur les politiques culturelles, Mexico, 26 juillet – 6 août 1982.

147. Organisation mondiale du tourisme, « International Tourism Highlights, 2019 Edition », août 2019 [en ligne].

148. Juliette Marie, « Comment les *backpackers* sont devenu·e·s des touristes comme les autres », *Cheek Magazine*, 3 juillet 2018 [en ligne].

149. Christopher Gillett, « Backpacker beggars: Salvos say tourists eat food meant for homeless », *Herald Sun*, 9 novembre 2014 [en ligne].

150. Voir par exemple « Faire un tour du monde : un plus pour le CV ? », *L'Express*, 26 février 2016, ou « Bien vendre son année sabbatique sur son CV », *Le Monde*, 5 janvier 2015.

151. Antoine Chapenoire, « 5 vérités sur les camping-caristes », *Le Monde du camping-car*, 13 septembre 2018 [en ligne].

152. « Chiffres clés du secteur du tourisme de plein air », ffcc.fr [en ligne].

153. « Gens du voyage », Le Défenseur des droits [en ligne].

154. Emmanuel Filhol, « La loi de 1912 sur la circulation des "nomades" (Tsiganes) en France », *Revue européenne des migrations internationales*, 2007 [en ligne].

155. D'après le site du gouvernement, « la Commission nationale consultative des Gens du voyage est présidée par Dominique Raimbourg. Elle est composée de représentants de ministres, d'élus, de représentants associatifs et de personnalités qualifiées ».

156. Charte d'objectifs Culture – Gens du voyage et Tsiganes de France.

157. Modifiée et élargie en 1967.

158. Daniel Trilling, « How the media contributed to the migrant crisis », *The Guardian*, 1er août 2019 [en ligne].

159. « Le nombre de personnes déracinées à travers le monde dépasse 70 millions ; le chef du HCR appelle à davantage de solidarité », UNHCR, 19 juin 2019 [en ligne].

160. Chiffres de l'excellent tableau dynamique popstats (popstats.unhcr.org).

161. Chiffres : Eurostat.

162. Pascal Canfin, « Défense : "Il y a davantage de réfugiés climatiques que de réfugiés liés aux conflits dans le monde" », *Le Monde*, 27 mars 2018 [en ligne].

163. « Global expat numbers set to soar to 87.5m by 2021 », Financial Planning Today, 16 juillet 2018 [en ligne].

164. France Diplomatie, « La communauté française à l'étranger en chiffres », février 2019 [en ligne].

165. David Rothkopf, *Superclass: The Global Power Elite and the World They Are Making*, New York, Farrar, Straus and Giroux, 2009.

166. Jonathan Friedman a élaboré une « anthropologie des systèmes mondiaux », qui pense les structures sociales au-delà des frontières de la société elle-même. Ainsi, un empire ou un État-nation par exemple sont aussi imbriqués dans le commerce mondial et d'autres structures qui les dépassent. Il a aussi travaillé sur les transformations des sociétés occidentales.

167. « Cosmopolitan Elites, Organic Intellectuals and the Re-Configuration of the State », dans Gueye Abdoulaye, Kouvouama Abdel, Piriou Anne et Wagner Anne-Catherine (dir), *Figures croisées d'intellectuels. Trajectoires, modes d'action, productions*, Paris, Karthala, 2007, p. 431-454.

168. Certains sont disponibles sur sa page Vimeo (https://vimeo.com/gabrielleculand).

169. Auteur d'*Au fil du rail*, Paris, Éditions du Sous-Sol, 2016.

170. Pieter Levels, « There Will Be 1 Billion Digital Nomads by 2035 », YouTube, 25 octobre 2015.

171. Masha Borak, « Forget 5G, China is working on 6G – but what does it do? », *Abacus News*, 14 novembre 2018 [en ligne].

172. Pew Research Center, « As U.S. marriage rate hovers at 50%, educa-

tion gap in marital status widens », 14 spetembre 2017 [en ligne].

173. D'après la description du constructeur de la gare sur son site Internet (arep.fr).

174. Sébastien Meurs, « Le surprenant retour de l'aile d'avion à anneau », *Capital*, 28 mai 2019 [en ligne].

175. Cette « balade nomade » est notamment inspirée d'une interview d'Alain Damasio (Agnès Rousseaux et Barnabé Binctin, « Créer une pluralité d'îlots, d'archipels, est la seule manière de retourner le capitalisme », *Basta Mag*, 12 juillet 2019 [en ligne]).

176. « La population de Paris à l'horizon 2050 », Insee, 2017 [en ligne].

CHEZ ARKHÊ

EN LIBRAIRIE

- Daniel ARASSE, *Le Portrait du Diable*
- Paul-Laurent ASSOUN, *L'Énigme de la Manie*
- Philippe BARTHEROTTE, *Sugar Baby*
- Franco BASAGLIA, *L'Institution en Négation*
- Jacques BERLIOZ, *L'Art de poser les (bonnes ?) questions*
- Ken BINMORE, *La Théorie des Jeux, une introduction*
- J. BASCHET, J.-C. BONNE, P.-O. DITTMAR,
Le Monde Roman, Par delà le bien et le Mal
- Régis BOYER, *Islande, Groënland, Vinland*
- Maurice DAUMAS, *Qu'est-ce que la Misogynie ?*
- Pierre-Emmanuel GUIGO, *Com & Politique*
- Hilario FRANCO JUNIOR, *Le pays de Cocagne (Histoire)*
- Camille LE DOZE, *La Puce (Histoire)*
- Patrick GRAILLE, *Le Troisième Sexe*
- Boris GROYS, *Portrait de l'artiste en Masochiste*
- Bertrand LEGENDRE, Corinne Abensour, *Entrer en Littérature*
- Bertrand LANÇON, Adeline Gargam, *Histoire de la Misogynie*
- Jean MAUREL, La bête qui pense, *Victor Hugo Philosophe*
- Rémy OUDGHIRI, *Ces Adultes qui ne Grandiront Jamais*
- S. SAND, D. PENSLAR, A. SHLAÏM, *Israël face à son Passé*
- Jean-Claude SCHMITT, *L'Invention de l'Anniversaire*
- Robert SEGAL, *Les Mythes, une introduction*
- Bertrand TILLIER, *La Belle Noyée, Enquête sur l'inconnue de la Seine*
- Patrick TORT, *Darwinisme et Marxisme*
- Camille VIÉVILLE, *Le Portrait Nu : Figurer le Corps*
- Paul VEYNE, Louis MARIN, *Propagande, Expression, Roi*
- Markos ZAFIROPOULOS, *L'Œil Désespéré par le Regard*

NOUVEAUTÉS

- Lauren Boudard, Dan Gieselhart, *Les Possédés*
- Jean-Laurent Cassely, *La Révolte des Premiers de la Classe*
- Jean-Laurent Cassely, *No Fake*
- Marianne Celka, *Vegan Order*
- Vincent Cocquebert, *Millennial Burn-out*
- F. Besson, P. Guena, A. Marin, C. Kikuchi, *Actuel Moyen Âge I et II*
- Quentin Girard et Louis Moulin, *Paris démasqué !*
- Charlotte Hervot, *(Petit) Guide de survie sur Instagram*
- Daniel Jaquet, *Combattre au Moyen Âge*
- Christiane Klapish-Zuber, *Se Faire un Nom*
- Bertrand Lançon, *Poil et Pouvoir*
- Jérémy Lemarié, *Surf : Une histoire de la glisse…*
- Jean Levi, *La Chine en Guerre*
- Angelica Montanari, *Cannibales*
- Didier Musieldak, *L'Atelier Occidental du Terrorisme*
- Pascale Robert-Diard, *La Part du Juge*
- Jean-Claude Schmitt, *Penser par Figures*
- S. Saeki, P.-F. Souyri, *Samouraïs*
- Dimitri Tilloi-d'ambrosi, *L'Empire Romain par le Menu*
- Bertrand Vidal, *Survivalisme, Êtes vous prêts pour la fin du monde*

À PARAÎTRE

- *Les Grand-Remplacés : une fracture française,* Paul Conge
- *Les Voyages d'Hadrien,* Dimitri Tilloi-d'ambrosi

Découvrez notre actualité et des extraits exclusifs de nos ouvrages sur *www.arkhe-editions.com*

ACHEVÉ D'IMPRIMER
POUR LE COMPTE DES
ÉDITIONS ARKHÊ PAR
L'IMPRIMERIE
CORLET I
DÉPÔT LÉGAL
JANVIER 2020

Imprimé en France
N° d'impression : 20010151